中国能源政策研究院前沿研究系列

全球能源互联网背景下安徽省能源电力发展研究

Energy and Electricity Development of Anhui in the Context of Global Energy Interconnection

林伯强　陈　煜　编著

科学出版社

北　京

内 容 简 介

本书对全球能源互联网背景下安徽省经济、能源、电力和环境发展进行研究。全书可以分为三个主要部分：第一部分为对安徽经济社会发展现状和能源电力发展现状的分析；第二部分探讨全球能源互联网对安徽远景能源电力发展的新要求和安徽远景能源电力发展路径，并对安徽远景经济社会发展、远景负荷特性发展、远景能源电力供需与发展进行预测；第三部分为全球能源互联网下安徽能源电力发展提出结论与政策建议。

本书的读者对象为能源及相关行业的研究人员和从业人员，其对能源政策当局、能源经济学者及能源一线实践者也有一定的参考价值。

图书在版编目（CIP）数据

全球能源互联网背景下安徽省能源电力发展研究＝Energy and Electricity Development of Anhui in the Context of Global Energy Interconnection / 林伯强，陈煜编著. —北京：科学出版社，2018.7

（中国能源政策研究院前沿研究系列）

ISBN 978-7-03-058210-2

Ⅰ. ①全… Ⅱ. ①林… ②陈… Ⅲ. ①能源工业-工业发展-研究-安徽 ②电力工业-工业发展-研究-安徽 Ⅳ. ①F426.2 ②F426.61

中国版本图书馆 CIP 数据核字（2018）第 141314 号

责任编辑：范运年 王楠楠 / 责任校对：王萌萌
责任印制：师艳茹 / 封面设计：无极书装

科 学 出 版 社 出版

北京东黄城根北街 16 号
邮政编码：100717
http://www.sciencep.com

保定市中画美凯印刷有限公司印刷
科学出版社发行 各地新华书店经销
*

2018 年 7 月第 一 版 开本：720×1000 1/16
2018 年 7 月第一次印刷 印张：15
字数：288 000

定价：98.00 元

（如有印装质量问题，我社负责调换）

作 者 简 介

　　林伯强，美国加利福尼亚大学（Santa Barbara）经济学博士。现任厦门大学中国能源政策研究院院长、能源经济与能源政策协同创新中心主任、博士生导师，是 2008 年教育部（长江学者）特聘教授。其目前主要的研究和教学方向为能源经济学和能源政策。国内兼任国家能源委员会能源专家咨询委员会委员，国家发展和改革委员会能源价格专家咨询委员会委员，中国能源学会副会长，新华社特聘经济分析师，中央人民广播电台特约观察员。国际方面现兼任达沃斯世界经济论坛能源顾问委员会委员和达沃斯世界经济论坛全球议程低碳能源理事会委员。

前　　言

伴随着中国经济近几十年来的快速增长，能源环境资源约束逐步趋紧、社会可持续发展压力逐步显现。如何清洁、高效、稳定地保障能源的供应，已经成为能源行业所面临的一项重要课题，全球能源互联网战略构想应运而生。全球能源互联网是集能源传输、资源配置、市场交易、信息交互、智能服务于一体的"物联网"，是创造巨大经济、社会、环境综合价值的和平发展平台。通过以清洁能源、智能电网和特高压骨干网技术深度融合为核心，以清洁替代和电能替代战略为途径，推动能源发展方式转变，全球远景能源电力格局将发生根本性变化。

安徽省作为连接东部长江三角洲（简称长三角）负荷中心与西部电源中心的枢纽，在全球能源互联网中有着重要的地位。全球能源互联网将创造巨大的生产力，为世界经济的发展带来能源要素的解放，极大地推动了技术进步和产业升级，成为经济增长的强大引擎。安徽省作为东部的重要省份之一，应该牢牢抓住全球能源互联网带来的机遇，推进全省特高压电网、智能电网的建设以及清洁能源的发展，为全省经济的绿色、和平、友好发展奠定基础。本书在全球能源互联网背景下，对安徽省远景经济、远景能源电力发展进行探讨。

安徽远景经济社会发展水平是直接决定安徽远景能源电力发展的重要因素。当前安徽经济社会发展水平与全国尚存较大差距，2015 年安徽人均国内生产总值（gross domestic product，GDP）仅为全国的 72%，人均用电量为全国的 66%，人均生活用电量为全国的 77%，城镇化率低于全国 5.6 个百分点。根据经济社会发展规划，"十三五"期间，安徽将力争与全国同步建成全面小康社会，安徽远景经济社会发展潜力如何、能否赶超与何时赶超全国并达到中等发达国家省份水平，对研究安徽远景能源电力发展意义重大。

虽然不能否认现实中的种种实施困难，但在互联网和智能技术的支持下，全球能源互联网战略将是大势所趋。安徽远景能源电力发展将面临全新和更高的要求。围绕"两个替代"战略，积极超前探索研究全球能源互联网背景下安徽远景能源电力发展路径、安徽远景能源电力供需，对助力安徽实现清洁、绿色、高效的能源生产消费模式，以及科学、前瞻地指导安徽远景电力发展的功能定位、发展路径意义重大。

全球能源互联网是智能化的能源体系，它的发展将深刻地改变人类的生产生活方式，并极大地改善自然生态环境。根据一般的发展规律，在达到能源消费峰值前，经济的发展将导致能源需求不断上升。近年来，传统能源消费随着经济的增长而不断增加，这进一步带来了各种污染物排放的增加。"十二五"期间，安徽省能源消费量从 9708 万吨标准煤增长到 12332 万吨标准煤，年均增长率为 4.9%。而安徽省的能源消费结构还是以较不清洁的煤炭为主，2015 年，安徽省的能源消费结构中煤炭占比 77.1%，石油占比 16.2%，天然气占比 3.7%，非化石能源占比 3%。化石能源的使用导致的二氧化硫、氮氧化物和烟尘等各类污染物的排放，对生态环境以及居民的健康有极大的影响。未来，随着经济社会的进一步发展，如何平衡经济与环境需求将成为安徽省需要直接面对的重要问题。全球能源互联网要求把握能源革命的新机遇，加快推进清洁替代，这为安徽省实现经济可持续发展提供了思路。

全球能源互联网的核心在于能源电力，能源电力是保障经济社会发展的重要基石，可以说，电气化水平基本上可以代表一个地区的综合发展水平。而安徽省目前电能占终端能源的比例仅为 20%，不仅远低于发达国家，在国内也处于较低的水平。而全球能源互联网所提出的推进电能替代，减少化石能源的直接使用，对安徽省实现清洁化发展、提升经济发展的质量有积极的作用。

基于上述问题，本书对全球能源互联网背景下安徽省能源电力发展进行研究，全书共分为三部分：第一部分对安徽经济社会发展现状和能源电力发展现状进行分析；第二部分首先对全球能源互联网对安徽远景能源电力发展的新要求和安徽远景能源电力发展路径进行探究，在发展新要求和发展路径的基础上，对安徽远景经济社会发展、远景负荷特性发展、远景能源电力供需与发展进行预测；第三部分基于以上研究，为全球能源互联网下安徽能源电力发展提出结论与政策建议。

本书得到国网安徽省电力公司"全球能源互联网背景下安徽省能源电力发展研究"项目的支持，还得到福建省能源经济与能源政策协同创新中心资金、厦门大学繁荣计划特别基金的资助。

本书是团队合作的结果，厦门大学能源经济与能源政策协同创新中心、厦门大学中国能源政策研究院、厦门大学中国能源经济研究中心的杜之利、刘奎、田鹏、贺加欣、谭睿鹏、张广璐、仵金燕、朱俊鹏、陈宇芳、陈星、葛佳敏、陈语等参与了本书的撰写与校正工作；国网安徽省电力公司经济技术研究院的陈煜、叶彬、叶斌、马静、王宝、冯沛儒等参与了第 2～第 4 章、第 6 章、第 8 章的撰写。特别感谢我的博士研究生吴微所做的大量组织和协调工作。

林伯强

2018 年 1 月 10 日

目　　录

第1章 概　　述

1.1　本书研究背景和意义

能源是社会生产力的核心和动力源泉，是人类社会可持续发展的基础。能源和社会经济的发展有着紧密的联系。面对目前化石能源短缺、生态环境破坏等问题，人类社会可持续发展面临着极大的挑战。2015 年 9 月 26 日，习近平主席在联合国发展峰会上，倡议构建全球能源互联网，推动以清洁和绿色方式满足全球电力需求。2015 年 11 月 30 日，在巴黎召开的《联合国气候变化框架公约》第 21 次缔约方大会（简称巴黎气候变化大会）上，中国提出力争 2030 年单位国内生产总值（gross domestic product，GDP）二氧化碳排放比 2005 年下降 60%～65%，非化石能源占一次能源消费的比例为 20%左右。

人类社会可持续发展对能源清洁、绿色、高效利用的要求日益紧迫，全球能源互联网顺应形势，将推动能源发展方式转变，使能源发展摆脱资源、时空和环境约束，实现清洁能源高效开发、利用，推动水电、风能、太阳能等清洁能源成为主导能源，让人人享有充足的能源供应，为经济社会发展带来持续的强劲动力。

改革开放以来，安徽省经济得到了快速的发展。2015 年，安徽省 GDP 为 22005.6 亿元，比上年增长 8.7%，人均 GDP 为 35997 元。虽然安徽省经济增长比较快，然而与接壤六省相比，其 GDP 排名倒数第二，与全国各省相比，排名第 14 位。随着安徽省的经济发展和人均 GDP 水平的提升，三次产业增加值的结构一直处于不断变化之中。三次产业增加值比例由 1995 年的 32.26∶36.46∶31.28 调整为 2015 年的 11.16∶49.75∶39.09。在全球能源互联网带动下，世界的生产方式和组织结构将发生深刻变革，产业结构和社会生产力将得到极大提高。安徽省应抓住这一轮契机，合理分配能源、优化产业结构、带动新兴产业发展，保证安徽省经济的稳定与发展。

本书在全球能源互联网大背景下，研究安徽省远景能源电力发展，以期为安徽省在电力规划、电力布局以及电力建设方面提供决策参考。

1.2　国内外研究综述

1.2.1　能源结构的研究

能源是人们赖以生存的基础，自从石油危机爆发后，能源生产和消费的结构及其预测受到能源领域学者的高度关注。

国外学术界主要从能源替代、能源-经济等角度研究能源结构问题。Tahvonen 和 Salo 认为能源生产先从可再生资源向化石能源过渡，再由化石能源向可再生能源过渡，并刻画了化石能源价格下降和消费增长的阶段，这与霍特林模型显著不同[1]。Silva 等认为两类能源替代弹性为常数，即采用固定替代弹性（constant ehasticity of substitution，CES）型的生产函数刻画最终产品的生产，通过建立一个一般均衡模型，分析能源替代过程中的长期均衡特征[2]。Lafforgue 等的模型中还考虑了碳捕捉与储存下的能源替代轨迹[3]。自从协整理论被提出后，其已经在能源领域广泛运用。Apergis 和 Payne 在多变量框架内分析了美国的六个中部城市 1980～2004 年能源消费与经济增长间的关系，建立了协整分析和误差校验模型[4]。Sözen 和 Areakliogliu 基于 GDP 及人口增长率，应用神经网络方法建立了土耳其的能源预测模型，预测未来土耳其能源消费的水平，还用基于能源指标（包括已建设的生产量、能源容量、能源进出口量）、国民生产总值（gross national product，GNP）和 GDP 三种方法训练的人工神经网络说明了应用经济指标对能源消费量预测的有效性[5]。

国内的研究主要集中在以下两个方面。其一，我国能源结构的预测。一些学者从能源系统工程的角度，利用 MARKAL（market allocation）模型，预测我国或某一地区的一次能源结构和电源结构[6-8]。还有一些学者将马尔可夫模型应用到能源结构预测中，预测了我国能源消费结构的动态变化，并以此为基础分析我国二氧化碳和污染物排放等问题[9, 10]。其二，我国能源结构优化问题。林伯强等研究我国能源结构的战略调整，在考虑了最优节能量的基础上和在碳排放约束下，以最小化能源消费的社会总成本为目标建立最优化模型，通过可计算一般均衡（computable general equibrium，CGE）模型模拟能源成本增加对于宏观经济的影响，认为如果要在 2020 年以前将排放限制在更低水平，可能会需要以牺牲经济增长和地市进程为代价[11]。王锋和冯根福研究能源结构优化对于碳排放强度的贡献，通过对 2011～2020 年能源需求和能源结构的预测，分析三种情景下的能源强度下降状况，发现能源结构调整幅度越大，碳强度的下降幅度越大[12]。邱立新等采用多目标决策方法，以能源投资最小、环境污染治理费用最少为目标函数，进行各类能源消费量的优化[13]。

1.2.2　关键技术的研究

由于电网存在峰谷差的不同，储能调峰可以保持电力系统发电和负荷的基本平衡，有效减小负荷峰谷差。另外，在未来智能电网的不同配电系统中，将会出现如风能、太阳能等多种可再生能源电力，储能技术的推广应用，可以有效整合配置这些能源资源，从而大幅提高资源的综合利用率，平衡各种可再生能源发电输出的波动。目前储能技术可以划分为：①以动能和势能的形式储存电能的机械储能，如抽水蓄能、压缩空气蓄能、飞轮储能等；②以电磁能量为储存介质的电磁储能；③以电化学反应为能量转换途径的化学储能，如超级电容器和各种蓄电池[14, 15]。除了从技术角度，还有学者从抽水蓄能电站在电网中的作用和效益角度阐述了发展抽水蓄能电站解决电网调峰及经济运行的问题[16]。

随着智能电网的建设，需求侧管理作为电力工业密不可分的一部分，显得尤为重要。在国外，电力负荷调节的技术手段和经济手段是最早实施的电力需求侧管理，许多国家采用开关钟控制负荷和实施分时电价制度[17]。有学者基于大数据挖掘方法进行电力价格预测，也有学者基于博弈论的思想探讨了在未来智能电网背景下的需求侧管理技术[18, 19]。在国内，曾鸣和汪晓露使用可计算一般均衡的方法对电力需求侧管理项目的经济影响及环境影响进行了分析，认为对于一个给定的福利影响水平，清洁发展机制下的电力需求侧管理项目可以有效地减少产生的排放量[20]。翟学书和王炳根据国内外多年来的需求侧管理经验，表述了做好需求侧管理工作的四大要素，着重对政府在需求侧管理工作中的主导作用进行了专题研究[21]。而在电动汽车参与需求侧管理的电力负荷调节作用上，学者也有不同见解，Fernández 等认为，电动汽车选择在非峰荷下充电可以使电网改建成本下降[22]；Adolfo 和 Biagio 则认为电动汽车充电负荷具有随机性，可能导致电网负荷高峰增加[23]。

1.2.3　经济社会发展预测研究

经济社会发展预测研究主要包括对 GDP、产业结构以及人口的预测，本书利用索洛模型"增长的核算"方法对安徽省经济发展状况进行分析，并对其未来的经济发展进行预测；在人口预测方面，本书利用自回归分布滞后模型（auto-regressive distributed lag model，ADLM）对安徽省各地市的人口进行预测；同时，在经济发展方面，本书利用马尔可夫模型对安徽省的产业结构进行预测。

1）索洛模型相关研究

推动经济增长的因素有诸多方面：资本积累、劳动力投入、人力资本与技术的提高、城镇化建设以及政治制度的稳定与全球化的资本流动等。按照索洛模型"增长的核算"方法分析，经济增长的最大动因便是生产要素的积累与发展，而要素主要包括三个方面：资本、劳动力与全要素生产率（total factor productivity，TFP）。国内外有很多学者利用索洛模型对经济增长进行了分析。Caraiani 利用索洛模型对 1990~2004 年罗马经济波动性进行模拟，结果表明，索洛模型可以很好地解释经济波动[24]。韩立杰等利用索洛模型选取 1978~2004 年的数据，实证研究了资本、劳动和技术进步对我国经济增长的影响[25]。Ding 和 Knight 利用增强索洛模型，分析了影响中国经济增长的主要因素[26]。高新才和李俊衡以索洛模型为基础，结合各项经济指标，对陕西省 1990~2009 年经济增长的方式、质量和稳态水平作了实证性质的分析[27]。卿宇娇选取我国实际经济数据并且利用索洛模型，分别计算出资本投入、劳动力投入以及技术进步这三方面对我国经济增长的实际贡献率，并实证分析了它们对我国经济增长的影响[28]。丁然根据我国 1994~2008 年的相关数据，对我国 GDP Y、固定资本投资 K、从业人员数量 L 等时间序列数据运用计量经济方法建立计量模型，利用索洛经济增长理论实证研究了资本、劳动力投入和技术进步对我国经济增长的影响[29]。胡蕾基于索洛模型，利用新古典增长理论对我国 1982~2009 年的数据进行收集，实证分析了资本、劳动、技术进步对经济增长的贡献率[30]。周侯勋通过索洛模型分析了资本投入、技术进步对我国新常态下经济增长的作用[31]。

2）人口预测模型研究

人口预测问题是人口学理论研究的核心问题之一。预测技术的不断创新、发展，使人口预测模型日益丰富多彩，各具特色。任强和侯大道基于 Leslie 矩阵和自回归滑动平均（autoregressive moving-average，ARMA）模型构建了人口预测的随机方法[32]。门可佩等根据 1949~2005 年中国人口发展的最新统计资料，提出并建立了离散灰色增量模型和新初值灰色增量模型，对未来中国人口发展趋势进行了预测研究[33]。王周喜等在马尔萨斯人口模型的基础上，引入了考虑众多影响因素的人口模型，尤其是人口迁移，提出了人口预测的非线性动力学研究[34]。杨青生以广州市城市人口预测为例，针对城市人口预测中信息不充分的特点，采用灰色系统理论建立了 1992~2006 年的人口动态增长模型[35]。Härdlea 等通过年龄性别比人口预测对德国的人口进行了预测[36]。

随着回归分析方法、计量经济学的不断发展，以时间序列分析方法为基础的 ADLM 用于中国人口预测已有了一定进展。时间序列分析方法建立模型不考虑以人口理论或经济理论为依据的解释变量的作用，而是依据变量本身的变化规律，利用外推机制描述和预测时间序列的变化。安和平以 ADLM 为基础，以人口年增长量作为被解释变量，人口年增长量的滞后值、人口年出生率和人口年死亡率的滞后值作为解释变量，分别设计了两类四个模型，并从中筛选出较优的包含人口年增长量的滞后值的中国人口自回归分布滞后预测模型和不包含人口年增长量的滞后值的中国人口预测模型[37]。

3）马尔可夫模型相关研究

马尔可夫模型最早由马尔可夫（Markov）提出，鉴于马尔可夫模型的优良性质，目前其已经广泛运用于各个领域的预测研究。李伟等利用 BP（back propagation）神经网络-马尔可夫模型对油料消耗进行了预测，将预测结果与实际值进行了对比分析，得出了 BP 神经网络-马尔可夫模型能够对油料消耗进行准确预测的结论[38]。纪礼文采用马尔可夫模型对股票市场进行预测，具体分析上证综合指数的涨跌率[39]。马颖运用马尔可夫区制转移向量自回归（Markov switching vector autoregression，MS-VAR）模型再次对中国 1978～2010 年的能源消费与经济增长之间的关系进行了研究[40]。Jarrow 采用马尔可夫模型，分析了信用风险利差的期限结构[41]。Longini 等使用分期马尔可夫模型估计已经接受各种感染阶段的 603 名人类免疫缺陷病毒（human immunodeficiency virus，HIV）感染个体的队列中获得性免疫缺陷综合征（acquired immunodeficiency syndrome，AIDS）的潜伏期的分布和平均长度[42]。张相珍运用灰色-马尔可夫模型对 2012 年山东省电力消费量进行了预测，通过模型精度的比较，证明该模型是有效的[43]。刘金全和郑挺国在利率期限结构中通过纳入马尔可夫区制转移，将传统 CKLS（Chan-Karoli-Longstall-Saunders）模型推广到更为一般的状态相依的 CKLS 模型，并将其应用于对我国 1996 年 1 月～2006 年 3 月银行间同业拆借市场六组不同到期日的月度加权平均利率的研究[44]。孙红丽等基于马尔可夫过程，建立了企业人力资源供给预测模型[45]。

　　基于以上研究综述不难发现：①在能源结构的预测研究方面，国内外研究都比较成熟，可借鉴的方法也较多，为本书提供了借鉴；②目前国内外在关键技术研究方面，以储能技术的研究为例，多是对技术方面的阐述，较少有其对负荷变化影响的研究，而且基本没有对其社会福利进行估算，电动汽车方面也没有在替代率不同的情况下考察负荷调节作用，因此虽然以上研究有借鉴价值，但还有可深入研究之处；③在对经济发展进行预测研究方面，本书采用的索洛模型、马尔可夫模型以及 ADLM 已经被各领域的学者广泛使用，基于以往的研究基础，本书通过运用这些模型对安徽省经济发展进行分析预测，具有一定可靠性和准确性。

1.3　本书主要研究内容

　　第一，从安徽省 GDP 及增长、产业和工业结构变化、工业和服务业内部各行业走势、居民收入及增长、人口规模和城镇化率，以及人均 GDP、人均居民收入等与全国及周边省份对比等角度，全面剖析"十五"以来，尤其是"十二五"期间安徽经济社会发展情况；同时从安徽能源资源储量及开发利用、能源生产和消费总量及结构、电力生产和消费总量及结构、主要污染物和碳排放总量及结构、人均能源电力消费量变化及其与全国和周边省份对比等角度，全面剖析"十五"以来，尤其是"十二五"期间安徽能源电力发展情况。

　　第二，围绕全球能源互联网"两个替代"战略，结合上述对安徽能源电力发展情况的分析结论，探析全球能源互联网背景下，安徽远景能源电力发展面临哪些迫切的新要求；同时以安徽远景能源电力发展面临的迫切新要求为指导，深入研究安徽远景主要时间节点（2020 年、2030 年、2050 年）在化石能源和清洁能源开发利用，潜力规模及技术效率提升，终端工业各行业、服务业各行业以及居民消费用能方式、用能结构、节能技术进步和主要污染物及碳减排技术潜力，先进电力技术类型、商业应用时点、发电效率等各方面的发展路径与主要发展目标。

第三，结合全球能源互联网战略对安徽新能源、装备制造等行业的发展促进，研究安徽远景主要时间节点（2020 年、2030 年、2050 年）经济发展潜力和发展水平，量化经济社会发展主要指标；研究安徽远景产业和工业结构变化与全球能源互联网背景下智能电网技术、需求侧响应及负荷管理技术对安徽远景负荷特性的单独及综合定量影响，预测安徽远景主要时间节点主要负荷特性指标，为远景电力、电量、调峰平衡、用电最大负荷预测提供基础；同时分析储能和新能源技术的应用潜力及其对于国网安徽省电力公司（简称安徽电网）的影响。

第四，基于安徽远景经济社会发展预测结果和远景能源电力发展路径与主要目标结果，构建定量化远景展望模型，预测安徽远景主要时间节点的能源电力供需、主要污染物及碳排放结构、电气化水平，并从特高压电力受进规模等角度，根据研究需要，设定必要的不同情景开展研究，并对结果进行合理解释。

第五，以全省远景经济社会发展预测为基础，深入探索研究远景主要时间节点各地市经济社会发展布局。在经济社会远景发展布局基础上，从农业、工业、建筑业、服务业模块，定量测算远景各地市、各模块用电布局情况，形成远景主要时间节点各地市全社会用电量布局结果。进而结合各地市产业发展变化，研究各地市远景负荷特性变化，最终得到各地市远景全社会最大负荷布局结果。

1.4　创新之处

本书在全球能源互联网背景下研究安徽省远景电力发展路径，这在国内尚属首次，对全国其他省份的远景电力布局具有很好的启迪和参考作用，同时对助力安徽实现清洁、绿色、高效的能源生产消费模式，以及科学、前瞻地指导安徽远景电网发展的功能定位、发展路径和布局安排意义重大。

本书在角度和方法上也存在几个创新点。

第一，在全球能源互联网背景下，通过安徽省社会经济和能源电力的现状突出发展清洁替代和电能替代的必要性，突出发展智能电网的必要性，还结合安徽省社会经济和能源电力远景预测说明全球能源互联网的可行性，突出智能电网、特高压技术、储能技术等发展的经济可行性。各角度的研究都在现有研究基础上进行了借鉴和突破。

第二，通过采用目前学界较为流行的统计分析方法，如协整理论、BP 神经网络算法、可计算一般均衡模型等分析方法，从化石能源和清洁能源开发利用，潜力规模及技术效率提升，终端工业各行业、服务业各行业及居民消费用能方式、用能结构、节能技术进步和主要污染物及碳减排技术潜力，先进电力技术类型、商业应用时点、发电效率等角度，研究安徽远景主要时间节点能源电力发展需要沿着怎样的有效路径来实现全球能源互联网的战略要求，并量化主要发展目标。研究结果具有高度的严谨性和参考性，对安徽省远景电力布局具有重要的参考作用。

　　第三，安徽省远景能源电力供需状况、能源电力生产与消费形态、主要污染物及碳排放结构、电气化水平等结论的获得，均需构建有效的情景预测模型。而远景能源电力供需受经济社会发展水平、能源电力发展路径与目标的综合影响，受经济社会与能源电力发展的诸多技术参数共同影响和决定，是一个复杂系统问题，因此供需预测模型构建难度较大。而本书在考虑到各种影响因素后，构建有效的情景预测模型，对安徽省远景的预测水平做出了严密的定量分析。

参 考 文 献

[1]　Tahvonen O，Salo S. Economic growth and transition between renewable and nonrenewable energy resources[J]. European Economic Review，2001，45（8）：1379-1398.

[2]　Silva S，Soares I，Afcnso O. Economic and environmental affect under resource scarcity and substitution between renewable and non-renewable resources[J]. Encrgy Policy，2013，54：113-124.

[3]　Lafforgue G，Magné B，Moreaux M. Energy substitutions，climate change and carbon sinks[J]. Ecological Economics，2008，67（4）：589-597.

[4]　Apergis N，Payne J E. Energy consumption and economic growth in Central America：Evidence from a panel cointegration and error correction model[J]. Energy Economics，2009，31（2）：211-216.

[5]　Sözen A，Areakliogliu E. Prediction of net energy consumption based on economic indicators（GNP and GDP）in Turkey[J]. Energy Policy，2007（35）：4981-4992.

[6]　陈文颖，吴宗鑫.用 MARKAL 模型研究中国未来可持续能源发展战略[J].清华大学学报（自然科学版），2001，41（12）：104-106.

[7]　陈长虹，科林·格林，吴昌华. MARKAL 模型在上海市能源结构调整与大气污染物排放中的应用[J]. 上海环境科学，2002，21（9）：515-519.

[8]　何旭波. 补贴政策与排放限制下陕西可再生能源发展预测——基于 MARKAL 模型的情景分析[J].暨南学报（哲学社会科学版），2013，35（12）：1-8.

[9]　牛东晓，孙伟，赵磊. 基于转移矩阵识别的马尔可夫能源结构预测模型[J].华北电力大学学报，2004，31（3）：59-61.

[10]　林伯强，蒋竺均. 中国二氧化碳的环境库兹涅茨曲线预测及影响因素分析[J].管理世界，2009，4：27-36.

[11]　林伯强，姚昕，刘希颖. 节能和碳排放约束下的中国能源结构战略调整（英文）[J]. 中国社会科学（英文版），2010（2）：91-110.

[12]　王锋，冯根福. 优化能源结构对实现中国碳强度目标的贡献潜力评估[J].中国工业经济，2011（4）：127-137.

[13]　邱立新，雷仲敏，周田君.中国能源结构优化的多目标决策[J].青岛科技大学学报（社会科学版），2006，22（3）：49-54.

[14] Blasko V，Kaura V. A new mathematical model and control of a threde-phase AD-DC voltage source converter[J]. IEEE Transactions on Power Electronics，1997，12（1）：1231-1238.

[15] Douangsyla S，Infarack P，Kanthee A，et al. Modeling for PWM voltage source converter controlled power transfer[C].International Symposium on Communications and Information Technologies 2004，Sapporo，2004：87-92.

[16] 陈允鹏. 发展抽水蓄能电站是电网调峰和经济运行的选择[J].中国能源，2005，27（8）：31-34.

[17] 周昭茂.电力需求侧管理技术支持系统[M]. 北京：中国电力出版社，2007.

[18] Mohsenian-Red A H，Wong V W S，Jatskevich J，et al. Autonomous demand-side management based on game-theoretic energy consumption scheduling for the future smart grid[J]. IEEE Transactions on Smart Grid，2010，1（3）：320-331.

[19] Huang D，Billinton R. Effect of load sector demand side management applications in generating capacity adequacy assessment[J]. IEEE Transactions on Power Systems，2012，27（1）：335-343.

[20] 曾鸣，汪晓露.引入清洁发展机制的电力需求侧管理项目一般均衡分析[J].华东电力，2009，37（12）：1965-1969.

[21] 翟学书，王炳.政府在需求侧管理工作中应发挥主导作用[J].大众用电，2005，11：6.

[22] Fernández L P，san Román T G，Cossent R，et al. Assessment of the impact of plug-in electric vehicles on distribution networks[J]. IEEE Transactions on Power Systems，2011，26（1）：206-213.

[23] Adolfo P，Biagio C. The introduction of electric vehicles in the private fleet: Potential impact on the electric supply system and on the environment[J]. Italy Energy Policy，2010，38（8）：4549-4561.

[24] Caraiani P. Modeling the economic growth in Romania with the Solow model[J]. Romanian Journal of Economic Forecasting，2007，4（1）：77-88.

[25] 韩立杰，于海滨，刘喜波. 基于索洛模型对我国经济增长的实证分析[J]. 北方工业大学学报，2007，19（3）：62-64.

[26] Ding S，Knight J. Can the augmented Solow model explain China's remarkable economic growth？A cross-country panel data analysis[J]. Journal of Comparative Economics，2009，37（3）：432-452.

[27] 高新才，李俊衡. 陕西省经济增长质量的动态研究——基于索罗模型的考察[J]. 西北大学学报（哲学社会科学版），2011，41（2）：21-25.

[28] 卿宇娇. 基于索洛模型对经济增长的实证分析[J]. 商，2012（9）：102.

[29] 丁然. 我国经济增长因素的实证分析——基于索洛模型[J]. 重庆与世界（学术版），2011，28（9）：20-24.

[30] 胡蕾. 基于索洛模型的我国经济增长实证分析[J]. 现代商贸工业，2011，23（19）：7-9.

[31] 周侯勋. 资本投入、技术进步与我国经济增长的新常态——基于索洛模型的实证分析[J]. 中国市场，2015（42）：25-28.

[32] 任强，侯大道. 人口预测的随机方法：基于 Leslie 矩阵和 ARMA 模型[J]. 人口研究，2011（2）：28-42.

[33] 门可佩，官琳琳，尹逊震. 基于两种新型灰色模型的中国人口预测[J]. 经济地理，2007，27（6）：942-945.

[34] 王周喜，胡斌，王琪萍. 人口预测模型的非线性动力学研究[J]. 数量经济技术经济研究，2002，19（8）：53-56.

[35] 杨青生. 基于灰色系统理论的广州市人口预测[J]. 统计与决策，2009（11）：49-51.

[36] Härdle W K，Wolfgang K，Mysickova A. Stochastic population forecast for Germany and its consequence for the German pension system[R]. Berlin：Humboldt University，2009.

[37] 安和平. 中国人口预测的自回归分布滞后模型研究[J]. 统计与决策，2005（16）：4-7.

[38] 李伟，王红旗，严乔乔. BP 神经网络——马尔科夫模型在军用油料消耗预测中的应用研究[J]. 中国储运，2012（1）：125-126.

[39] 纪礼文. 马尔科夫模型在股票市场中的应用[J]. 投资与合作，2010（9）：8.

[40] 马颖. 能源消费与经济增长——基于马尔科夫区制转移向量自回归模型的研究[J]. 北京交通大学学报（社会科学版），2013（1）：35-41.

[41] Jarrow R A. A Markov model for the term structure of credit risk spreads[J]. Review of Financial Studies，2004，10（2）：481-523.

[42] Longini I M，Clark W S，Byers R H，et al. Statistical analysis of the stages of HIV infection using a Markov model[J]. Statistics in Medicine，1989，8（7）：831-843.

[43] 张相珍. 山东省电力消费量的灰色-马尔科夫模型预测[J]. 知识经济，2012（12）：55，57.

[44] 刘金全，郑挺国. 利率期限结构的马尔科夫区制转移模型与实证分析[J]. 经济研究，2006（11）：82-91.

[45] 孙红丽，何永贵，张文建，等. 马尔科夫模型在企业人力资源供给预测中的应用[J]. 华北电力大学学报（自然科学版），2004，31（5）：56-58.

第2章 安徽经济社会发展现状分析

本章通过梳理统计年鉴等相关资料来源的数据,将从安徽省 GDP 及增长、产业和工业结构变化、工业(煤炭开采和洗选业、其他采矿业、化工行业、非金属行业、黑色金属行业、有色金属行业、装备制造业、其他制造业、电力燃气水生产和供应业等)和第三产业(批发零售业,交通运输、仓储和邮政业,住宿和餐饮业,信息传输、计算机服务和软件业,金融业,房地产业,租赁和商务服务业,教育,公共事业及管理组织等)内部各行业走势(对应行业产品产量、增加值等)、居民收入及增长、人口规模和城镇化率,以及人均 GDP、人均居民收入等指标对安徽经济社会发展现状进行全面翔实的分析。此外,本书将安徽省的经济社会发展现状与全国及其周边省份进行对比,全面剖析"十五"以来,尤其是"十二五"期间安徽经济社会发展情况。对比省份主要选取其周边的华东和中部省份,这里选择江苏省、浙江省、江西省、山东省、河南省、湖北省、湖南省作为参考。

2.1 安徽经济总量及人均概况

安徽省地处中东部地区,资源丰沛、交通便捷、人文自然条件优越,东部毗邻江苏、浙江,北部与山东接壤,是承接沿海发达地区经济辐射和产业转移的前沿地带;西有湖北、河南,南有江西,是中国实施西部大开发,加快中西部发展战略的桥头堡,具有独特的承东启西、连南接北的区位优势,在全国整体经济格局中一直都占有重要的地位。安徽既是南北商旅的辐辏通衢,又是连接沿海城市与中西部内陆城市腹地的过渡地带。再从地理位置来看,其正好处于中原地区的襟喉之地。中部崛起的中部六省调研报告明确指出了安徽的崛起目标:实施东向战略、发展东向经济,融入长三角,依靠高科技,抓好两流域(长江、淮河),唱好黄(黄山)煤(煤炭)戏。从战略层面看,中央逐步加大中部崛起战略的实施力度,以及安徽省享有的皖江示范区、合芜蚌试验区、中原经济区、大别山扶贫连片开发等国家级战略平台,带来了很多政策支持。

改革开放以来,安徽的社会生产力更是得到了极大的解放,经济总量不断扩大,产业结构逐步优化,人民生活水平不断提高,各项社会事业全面进步,安徽省逐步迈入了一个加速崛起的新阶段。图 2-1 给出了 1995~2015 年安徽省 GDP 及人均 GDP 水平,到 2015 年末,安徽省 GDP 达到 22005.63 亿元,与 2014 年相比，安徽省 GDP 的增长率约为 8.7%，人均 GDP 达到 35997 元。三次产业增加值比例由 1995 年的 32.26：36.46：31.28 调整为 2015 年的 11.16：49.75：39.09，全省工业增加值为 9264.82 亿元，工业化率达到 42.1%，成为安徽省的支柱产业。

　　图 2-2 是安徽省与周边七个省份 GDP 的对比，从图 2-2 中可以看出，虽然总体上安徽省经济近 20 年来一直保持着较快的增长速度，但与周边省份之间的差距仍然十分明显。

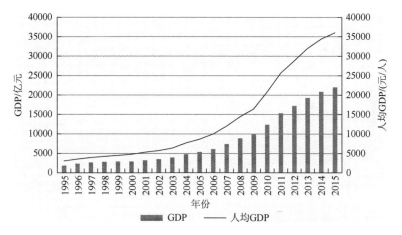

图 2-1　1995～2015 年安徽省 GDP 及人均 GDP 水平

资料来源：CEIC 数据库，笔者整理制图

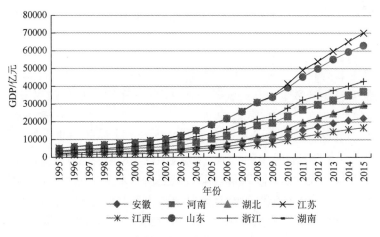

图 2-2　安徽省与周边七省 GDP 的对比

资料来源：CEIC 数据库，笔者整理制图

整体来看，江苏省 2015 年 GDP 高达 70116.38 亿元，在 8 个省份的经济总量

中居于首位，紧随其后的是山东省，而安徽省仅超过了江西省，排名倒数第二位。安徽省 2015 年 GDP 不足江苏省的 1/3，约为山东省的 1/3、浙江省的 1/2。

　　图 2-3 为历年来安徽省按不变价格计算的 GDP 增长率情况及其与全国 GDP 增长率的对比。从图 2-3 中可以看出，2007 年以前，安徽省 GDP 增长率和全国水平走势相似，二者相比时高时低。然而从 2007 年以后，安徽省 GDP 增长率一直维持在高于全国 GDP 增长率的状态下。即使与周边七省相比，也可以发现类似变化，从图 2-4 可以发现，在 2007 年以前，安徽省 GDP 的增长率和其他七省相比

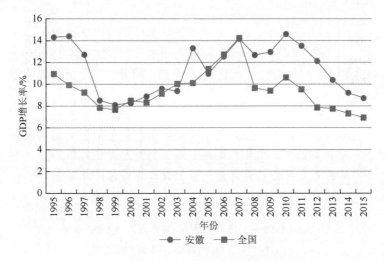

图 2-3　安徽省 GDP 增长率与全国水平的对比

资料来源：CEIC 数据库，笔者整理制图

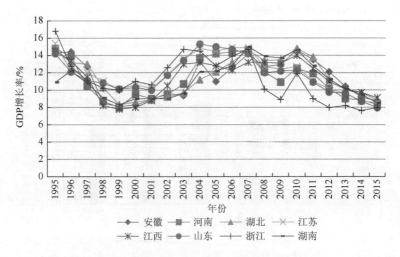

图 2-4　安徽省与周边七省 GDP 增长率的对比

资料来源：CEIC 数据库，笔者整理制图

也并不占优势，一直处于相对较低的位置，然而从 2007 年以后，安徽省 GDP 的增长率就一直处于八省中的中上水平，其中，2015 年安徽省 GDP 增长率为 8.7%，在八省中排名第三。

图 2-5 为安徽省与周边七省人均 GDP 的对比，从图 2-5 中可以看出，江苏省的人均 GDP 从 2009 年超过浙江，成为最高，2015 年江苏省人均 GDP 为 87995 元/人，浙江第二，山东第三，安徽省 2015 年人均 GDP 稍低于江西，在八省中位列末位。2015 年安徽省人均 GDP 为江苏省的 2/5，不足浙江省的 1/2。

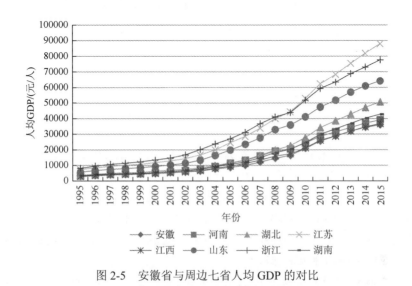

图 2-5　安徽省与周边七省人均 GDP 的对比

资料来源：CEIC 数据库，笔者整理制图

安徽经济不仅与周边地区之间存在差距，在全国范围内，情况也不甚乐观。2015 年，安徽经济总量占全国 GDP 的 3.2%左右，人均 GDP 低于全国平均水平，约为全国人均 GDP（49992 元/人）的 72%。

2.2　安徽产业结构概况

随着安徽省的经济发展和人均 GDP 水平的提升，三次产业增加值的结构一直处于不断变化之中。图 2-6 显示了安徽省三次产业增加值对经济总量贡献的分布情况。改革开放以来，安徽省产业结构调整的步伐加快，1978 年三次产业增加值对安徽省 GDP 的贡献比例为 47.18：35.55：17.27，图 2-6 显示了在安徽省 GDP 不断上升的情况下，第一产业增加值占安徽省 GDP 的比例从 1995 年的 32.26%持续下降到 2015 年的 11.16%，下降幅度高达 21.1 个百分点；第二产业比例从 1995

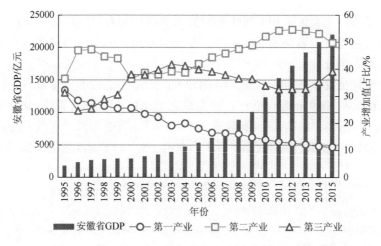

图 2-6　安徽省 1995～2015 年三次产业增加值贡献比例图

资料来源：CEIC 数据库，笔者整理制图

年的 36.46%上升到 2015 年的 49.75%，上升幅度高达 13.29 个百分点；第三产业比例从 1995 年的 31.28%上升到 2015 年的 39.09%，上升了 7.81 个百分点。与 1995年相比，第一产业比例持续大幅下降，第二产业比例在波动中稳步上升，第三产业比例则表现出波动上升的趋势。2010 年以后三次产业增加值对经济总量的贡献渐趋稳定，第二产业主体作用明显，产业结构达到"二、三、一"的层次，安徽省进入工业化中期加速发展阶段。

纵观 1995～2015 年安徽省三次产业结构变化，可以发现：第一产业增加值在安徽省 GDP 中所占的比例呈现出了不断下降的趋势；第二产业增加值占安徽省 GDP 的比例则呈现出不断增长的趋势，这就说明了安徽省的工业化进程已经有了很大的发展，对地区经济起到了明显的推动作用；第三产业在安徽的发展中呈现出的是较为平稳的发展状况，表现在其占安徽省 GDP 的比例总体比较平稳。

但是，从图 2-7 及图 2-8 显示的全国和安徽省周边七省 2015 年三次产业增加值贡献比例来看，安徽省第二产业增加值对安徽省 GDP 的贡献虽然高于全国和周边七省，但第三产业发展则相对不足，对安徽省 GDP 的贡献低于全国和周边七省，同时图 2-6 显示了安徽省第三产业增加值对安徽省 GDP 的贡献在 2005～2011 年有逐年下降的趋势，直到 2011 年以后才重新上升。这其中可能的原因是第二产业的主体作用在中部崛起战略和皖江城市带承接产业转移示范区规划等政策的影响下得到强化，第三产业的发展则相对弱化，这种相对落后的产业结构正成为经济转型升级的瓶颈，需要着重发展第三产业，加快形成理想优化的"三、二、一"产业结构层次。全国的产业结构显示为"三、二、一"，而在安徽省周边七省中，也只有浙江、江苏显示为"三、二、一"。从图 2-8 中可以看出 2015 年安徽省的产业结构与江西、河南最为接近，三者均为农业大省。

　　下面重点关注第二产业中的工业结构变化情况，图 2-9 为安徽省 1995～2015 年工业增加值占安徽省 GDP 的比例变化趋势图，可见其在 2004 年之后有一段时间的快速增长，在 2012 年左右达到一个最高点，之后开始有小幅度的下降趋势。

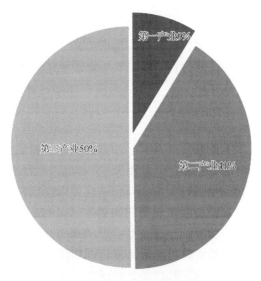

图 2-7　2015 年全国三次产业增加值贡献比例图

资料来源：CEIC 数据库，笔者整理制图

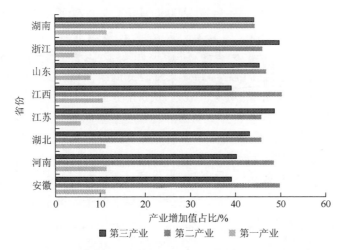

图 2-8　安徽省与周边七省 2015 年三次产业结构的对比

资料来源：CEIC 数据库，笔者整理制图

将其与全国平均水平进行对比发现，全国工业增加值占比一直保持一个较为平稳的状态，而安徽省工业增加值占比在 2008 年以前基本低于全国水平，2008年以后开始超过全国的工业增加值占比。2015 年，安徽省工业增加值占安徽省GDP 的 42.1%，与 1995 年相比，上升了 11 个百分点。

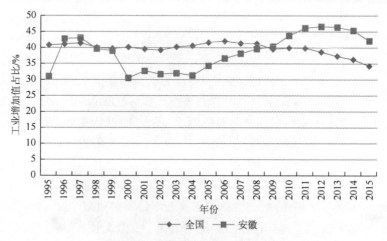

图 2-9　安徽省工业增加值占比与全国平均水平比较

资料来源：CEIC 数据库，笔者整理制图

图 2-10 为安徽省和周边七省的工业增加值占比的对比，从图 2-10 中可以看

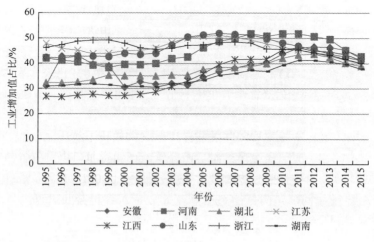

图 2-10　安徽省与周边七省工业增加值占比的对比

资料来源：CEIC 数据库，笔者整理制图

出，在 2004 年以前，安徽省工业增加值占比相对较低，仅高于江西省工业增加值占比，在八省中排名倒数第二，在 2010 年后迅速上升并在 2014 年超过河南省成为第一，2015 年安徽省的工业增加值占比在八省中排名第二。

以三次产业增加值对产业进行的总体分析往往不能全面地反映具体产业中行业结构的发展情况，因此，本书将分行业对安徽省的产业发展作进一步分析，以此来判断具体行业对经济发展的影响。

首先来看第二产业内部各行业的走势情况。图 2-11 为安徽省 2014 年第二产业内部各行业的工业销售产值在第二产业销售产值的占比情况，这里仅列出了份额在 4%以上的具体行业，从中可以看出，在第二产业内部中，制造业所占份额最大，2014 年安徽省第二产业销售产值为 36505.45 亿元，其中制造业销售产值为 32989.73 亿元，占第二产业销售产值的 90%以上，而在制造业内部中要数电气机械及器材制造业的贡献最大，其工业销售产值为 4296.22 亿元，占第二产业销售产值的 11.77%。

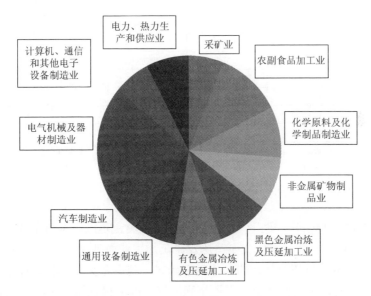

图 2-11　安徽省 2014 年占第二产业销售产值份额较大的内部各行业

资料来源：《中国工业统计年鉴 2015》，笔者整理制图

表 2-1 给出了安徽省 2005～2014 年第二产业内部部分主要行业工业销售产值，从表 2-1 中可以发现，电气机械及器材制造业的工业销售产值一直以来都处在较高的水平上，为更加直观地分析，图 2-12 给出了安徽省 2005～2014 年第二产业内部部分主要行业工业销售产值，可以从图 2-12 来观察分析。

表 2-1　安徽省 2005～2014 年第二产业内部部分主要行业工业销售产值　（单位：亿元）

年份	采矿业	农副食品加工业	化学原料及化学制品制造业	非金属矿物制品业	黑色金属冶炼及压延加工业
2005	334.33	211	279.48	184.19	469.67
2006	422.84	266.25	342.12	251.3	508.46
2007	504.15	436.85	480.47	337.52	760.1
2008	843.96	670.57	644.81	480.74	1160.73
2009	925.2	904.36	801.65	588.04	1058.8
2010	1258.75	1276.12	1115.32	906.73	1349.12
2011	1590.13	1856.69	1520.25	1400.01	1761.88
2012	1543.93	2199.67	1602.7	1575.7	1948.47
2013	1616.2	2514.06	1926.28	1892.24	2051.75
2014	1515.16	2801.52	2132.94	2223.41	2220.53
年份	有色金属冶炼及压延加工业	通用设备制造业	电气机械及器材制造业	计算机、通信和其他电子设备制造业	电力、热力生产和供应业
2005	269.99	146.67	417.63	82.08	401.83
2006	495.92	199.1	570.84	110.8	468.02
2007	626.98	293.16	825.72	128.33	536.99
2008	713.99	436.4	1086.87	152.13	1031.74
2009	726.87	519.99	1391.33	182.44	1224.11
2010	1164.09	856.77	1936.58	283.66	1445.52
2011	1552.87	1219.83	2995.54	561.95	1821.28
2012	1489.33	1346.15	3470.26	768.99	2183.74
2013	1741.73	1662.11	3945.08	1036.41	2433.48
2014	2003.05	1858.74	4296.22	1574.95	1835.11

资料来源：《中国工业统计年鉴 2015》。

　　从图 2-12 可以看出，近十年来电气机械及器材制造业一般都处于第一位，仅在 2005 年、2008 年低于黑色金属冶炼及压延加工业而处于第二位，且在 2010 年后发展更加快速，与其他行业的差值越来越大，独占鳌头。黑色金属冶炼及压延加工业虽然起初占据份额较大，但近年来发展速度大幅减缓，2014 年已降至第三位。安徽省种类众多、储量丰富的资源优势推动了采矿业的迅速发展，支撑并带动着安徽省工业的发展。采矿业在 2011 年以前发展迅速，然而自 2011 年开始增速已经降低，甚至出现几次负增长。这一点从图 2-13 看更加直观，图 2-13 是安徽省与周边七省采矿业产值增加趋势图。可以看出，安徽省采矿业的产值增速开始减缓，甚至在有些年份出现下降。将各制造业合起来看，制造业所占份额十分大，作为安徽省工业第一主导行业，其生产总值、增速和技术水平一直处于高速发展态势，是全省工业稳增长、调结构的坚实支撑。

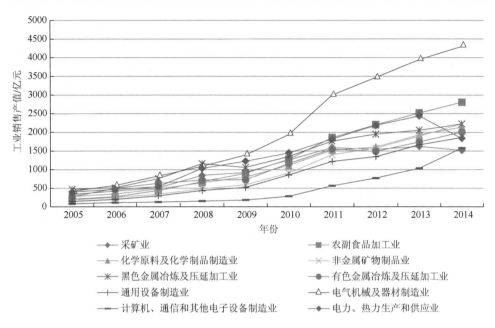

图 2-12　安徽省 2005～2014 年第二产业内部部分主要行业工业销售产值

资料来源：《中国工业统计年鉴 2015》，笔者整理制图

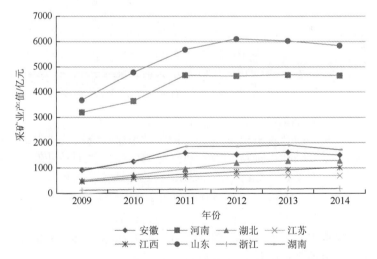

图 2-13　安徽省与周边七省采矿业产值增加趋势图

资料来源：《中国工业统计年鉴 2015》，笔者整理制图

接下来从安徽省工业内部各行业产品产量走势情况对工业各行业的发展情况进行分析。

图 2-14 给出了安徽省 1995～2015 年主要工业产品产量，从图 2-14 中可以看出，安徽省众多基础产业获得了较大发展。20 年来，安徽省发电量、钢材、水泥等工业产品的产量分别呈数十倍增长。其中，汽车产量从 1995 年的 3.03 万辆增加到 2015 年的 117 万辆，增长了 37 倍有余；彩色电视机从 1995 年的 20.29 万台增加到 2015 年的 733.54 万台，增长了 35.2 倍；家用电冰箱从 1995 年的 150.37 万台增加到 2015 年的 2703.18 万台，增长了 17 倍；钢材产量从 1995 年的 267.57 万吨增加到 2015 年的 3334.7 万吨，增长了 11.5 倍；家用洗衣机由 1995 年的 127.72 万台增加到 2015 年的 1725.2 万台，增长了 12.5 倍；粗钢产量从 1995 年的 325.45 万吨增加到 2015 年的 2506 万吨，增长了 6.7 倍；发电量从 1995 年的 310.32 亿千瓦·时增加到 2015 年的 2061.89 亿千瓦·时，增长了 5.6 倍；水泥产量从 1995 年的 1982.6 万吨增加到 2015 年的 13207.86 万吨，增长了 5.7 倍；生铁产量从 1995 年的 428 万吨增加到 2015 年的 2092.5 万吨，增长了 3.9 倍。

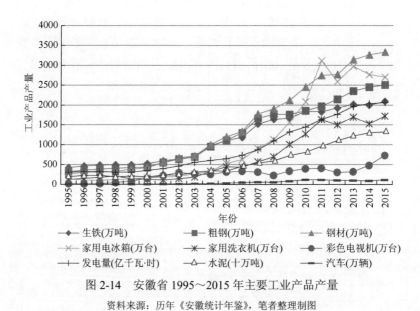

图 2-14 安徽省 1995～2015 年主要工业产品产量

资料来源：历年《安徽统计年鉴》，笔者整理制图

下面将安徽省主要工业产品产量与全国产量进行对比，图 2-15 为历年来安徽工业产品产量占全国产量的份额趋势图。

从图 2-15 可以看到，安徽省生产的家用电冰箱、家用洗衣机占全国产量的份额较高，且二者的比例变化情况类似，在 2011 年份额达到最高，之后几年有小幅下降，2015 年分别占全国产量的 33.82%、23.72%。水泥占全国产量的比例一直保持着稳定的缓慢增加状态，2015 年达到 5.6%。而其他的生铁、粗钢、钢材、发电量等占全国产量的份额基本都保持在 3%～4%。

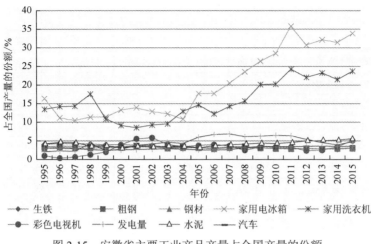

图 2-15　安徽省主要工业产品产量占全国产量的份额

资料来源：历年《安徽统计年鉴》，笔者整理制图

接下来考察安徽省第三产业内部各行业增加值的变化情况，表 2-2 是安徽省 2004～2015 年第三产业内部各行业增加值。由于自 2004 年起，第三产业内各行业统计口径发生变化，前后不宜比较，表 2-2 中只列出了 2004 年以后的各行业增加值数据。

表 2-2　安徽省 2004～2015 年第三产业内部各行业增加值　　（单位：亿元）

行业	2004 年	2005 年	2006 年	2007 年	2008 年	2009 年
批发零售业	349	393.75	449.63	525.71	611.15	733.19
交通运输、仓储和邮政业	319.79	336.39	409.64	483.04	443.81	467.92
住宿和餐饮业	95.73	96.27	112.17	132.62	144.35	157.14
信息传输、计算机服务和软件业	93.64	108.52	125.67	139.97	149.65	159.33
金融业	94.1	127.05	130.25	154.73	313.81	359.6
房地产业	188.28	231.66	247.76	294.99	431.27	497.94
租赁和商务服务业	65	83.22	86.18	103.22	151.76	200.29
科学研究、技术服务和地质勘查业	84.16	63.45	74	83.55	85.61	87.66
水利、环境和公共设施管理业	27.37	29.34	37.92	44.42	51.25	58.08
居民服务和其他服务业	128.61	115.8	166.07	183.33	143.52	103.71
教育	190.8	213.5	255.62	295.85	303.5	311.14
卫生、社会保障和社会福利业	129.72	104.94	114.99	136.31	136.6	136.88
文化、体育和娱乐业	38.9	39.75	53.85	61.24	56.59	51.94
公共管理和社会组织	158.79	194.13	208.2	235.9	286.61	337.33

续表

行业	2010 年	2011 年	2012 年	2013 年	2014 年	2015 年
批发零售业	887.66	1050.6	1223.9	1375.3	1500.28	1640.93
交通运输、仓储和邮政业	527.02	589.82	650.21	730.36	784.44	791.72
住宿和餐饮业	193.78	252.62	268.95	314.98	347.66	417.81
信息传输、计算机服务和软件业	180.3	193.61	190.73	201.65	215.46	331.79
金融业	396.17	503.85	617.62	912.77	1046.67	1241.87
房地产业	532.17	634.92	665.76	711.71	807.33	870.07
租赁和商务服务业	245.33	284.67	351.87	430.84	532.84	831.52
科学研究、技术服务和地质勘查业	94.91	117.34	132.68	136.35	152.65	144.13
水利、环境和公共设施管理业	71.49	97.83	106.92	112.3	121.01	120.26
居民服务和其他服务业	109.44	136.72	165.75	217.98	262.32	377.85
教育	337.23	382.15	412.89	390.23	434.26	509.61
卫生、社会保障和社会福利业	154.51	205.21	247.46	263.07	310.42	342.44
文化、体育和娱乐业	64.32	81.24	92.43	127.66	154.96	199.34
公共管理和社会组织	339.37	445.38	501.23	551.4	602.74	672.26

资料来源：《安徽统计年鉴 2016》。

　　从表 2-2 中可以发现，在第三产业内部，批发零售业的增加值最高，且远超其他行业，批发零售业作为安徽省传统的支柱产业和优势产业，处于产业的成熟期，但由于其产业结构层次较低，发展后劲相对不足。而金融业发展快速，在 2015 年的行业增加值中其已经升至第二位。

　　下面着重观察第三产业内部批发零售业，交通运输、仓储和邮政业，住宿和餐饮业，金融业，房地产业，租赁和商务服务业，教育等行业的走势，图 2-16 是安徽省 2004～2015 年第三产业内部重点行业增加值走势图，具体如下。

　　从图 2-16 中可以看出，近年来在安徽省第三产业里，金融业的发展势头最猛，增加值从 2004 年的 94.1 亿元增长到 2015 年的 1241.87 亿元，年均增速达到 26.4%，并于 2013 年增加值赶超交通运输、仓储和邮政业从而位列第二。交通运输、仓储和邮政业的增加值由 2004 年的 319.79 亿元增长到 2015 年的 791.72 亿元，年均增速虽然只有 8.6%，在这几个行业中增速并不算快，但是其一直保持较为稳定的增长状态，且其增加值一直以来都处于中上水平。年均增速排名第二的是租赁和商务服务业，从 2004 年的 65 亿元到 2015 年的 831.52 亿元，年均增速为 26.1%，尽管增速较快，但由于其基数太小，其增加值在整体中的排名依然处于中下水平，2015 年排名第四。年均增速排名第三的为房地产业，从 2004 年的 188.28 亿元增

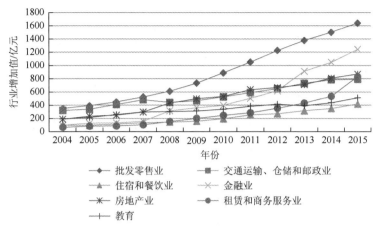

图 2-16　安徽省 2004~2015 年第三产业内部重点行业增加值走势图

资料来源：历年《安徽统计年鉴》，笔者整理制图

长到 2015 年的 870.07 亿元，年均增速为 14.9%，一直处于稳定的连年增长状态，2015 年行业增加值排名第三。金融业、房地产业等新兴产业的迅速发展，也表明安徽省第三产业正向高层次、多样化迈进。增速排名前两位的金融业、租赁和商务服务业均为现代服务业，当前经济新常态下安徽省致力于加快推进现代服务业的发展壮大，未来有很大可能演变为安徽省新的主导产业。

接下来，对安徽省第三产业内部重点行业所提供的服务量进行分析。

近年来，安徽省全省铁路、民航、公路的通车（航）里程都有很大增长，运输工具和技术装备水平也得到改善。通信和邮电业的发展基本满足了国民经济持续增长和社会发展的需要，而且已成为国民经济新的增长点。图 2-17 为安徽省 1995~2015 年交通运输业所提供的服务量，从图 2-17 中可以发现，在 2008 年以前，各指标都以相对平稳的速度增长，2008 年以后，货物周转量以高速增长，不过 2008 年的迅猛提升有一部分原因是统计口径的变化，所以 2008 年前后的数据不宜相互比较。自 2013 年起，中华人民共和国交通运输部每五年进行一次专项调查，每 2~3 年开展一次抽样调查。2015 年交通部门开展了公路、水路运输小样本抽样调查，确定了当年运输量基数，与上年数据不可比。

图 2-18 为安徽省 1995~2015 年铁路、公路、水运货运量的比较，从图 2-18 中可以看出，对于安徽省而言，最重要的运输方式是公路运输，公路货运量的占比常年在 70% 以上，铁路货运量的占比则呈现出下降的趋势，至 2015 年，已经下降至 2.9%，水运货运量的占比在 2013 年的快速提升是由于其统计口径的变化。1995 年，铁路、公路、水运货运量的比例为 13.4∶74.1∶12.5，发展至 2015 年，该比例已经变为 2.9∶66.7∶30.4。可见对于安徽省来说，公路运输对于其货物运输的重要性。

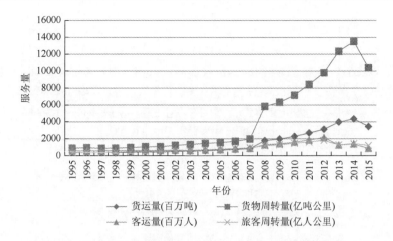

图 2-17　安徽省 1995～2015 年交通运输业所提供的服务量

资料来源：历年《安徽统计年鉴》，笔者整理制图

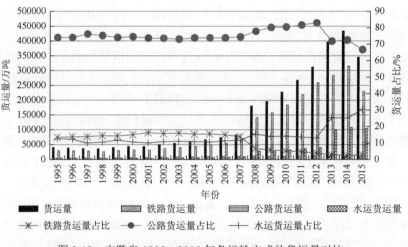

图 2-18　安徽省 1995～2015 年各运输方式的货运量对比

资料来源：历年《安徽统计年鉴》，笔者整理制图

图 2-19 为安徽省 1995～2015 年铁路、公路、水运客运量的占比变化情况，可以发现，20 年来，各种运输方式对于安徽省客运量的贡献比例基本没有变化，公路客运量的占比常年保持在 90%左右，水运客运量占比略有下降，2015 年为 0.2%。2015 年的情况与 1995 年相比，铁路客运量占比有 5.4 个百分点的上升，水运客运量占比有 1.3 个百分点的下降，公路客运量占比有 4.1 个百分点的下降。

表 2-3 列出了安徽省 2002～2015 年的邮政、电信业务总量以及快递量，其中与 2001 年相比，2015 年的邮政业务总量增长了 6 倍有余，电信业务总量增长了

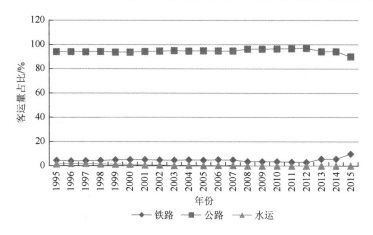

图 2-19　安徽省 1995～2015 年各运输方式的客运量对比

资料来源：历年《安徽统计年鉴》，笔者整理制图

将近 6 倍，快递量增长了 98 倍有余，其中快递量在 2007 年迅猛增长是由于统计口径的变化，2006 年及以前为邮政特快专递，2007 年起为规模以上（年业务收入 200 万元以上）快递服务企业业务量。

表 2-3　安徽省 2002～2015 年邮政、电信业务总量以及快递量

年份	邮政业务总量/亿元	电信业务总量/亿元	快递量/万件
2001	16.18	103.8	401.3
2002	17.1	130.56	400.3
2003	18.81	150.57	426.3
2004	19.27	203.71	432.5
2005	19.91	258.26	506.4
2006	23.18	331.98	565.9
2007	27.74	420.28	1611.57
2008	32.42	530.26	1945.94
2009	38.82	664.6	2362.41
2010	45.93	841.62	3604.2
2011	36.85	332.34	6628.32
2012	45.87	372.23	9731.35
2013	57.54	476.44	13755.5
2014	80.84	549.18	23859.08
2015	116.19	707.27	39935.6

资料来源：历年《安徽统计年鉴》。

　　图 2-20 为安徽省 1997～2015 年的保险保费收入，可以看到，近 20 年来，保险业得到了充足的发展，保费收入由 1997 年的 29.6 亿元增长到 2015 年的 698.92 亿元，足足增长了 22 倍有余。不过在 2011 年保费收入有小幅下降，之后的保费收入增速也渐趋变缓，与之前的高速发展状态相比现在处于稳步增长状态。

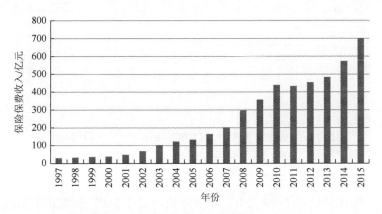

图 2-20　安徽省 1997～2015 年保险保费收入

资料来源：历年《安徽统计年鉴》，笔者整理制图

　　图 2-21 为安徽省公共事业中五类保险的参保人数，可以发现，在五类保险中参保人数一直居于首位的是城镇职工参加养老保险，从 2006 年的 495.22 万人到 2015 年的 857.5 万人，增长了 73%。排名第二的是城镇职工基本医疗保险，由 2006 年的 441.2 万人增长到 2015 年的 763.3 万人。参保工伤保险的人数近年来迅速增

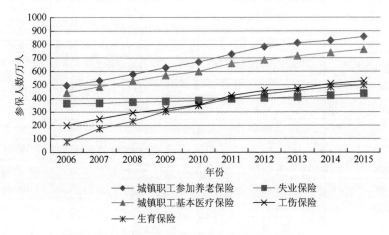

图 2-21　安徽省 2006～2015 年五类保险的参保人数

资料来源：历年《安徽统计年鉴》，笔者整理制图

加，并于 2011 年超过失业保险参保人数成为第三。在五类保险中参保人数增长最不明显的是失业保险，2006 年为 362.56 万人，2015 年为 436.6 万人。

现在来对安徽省工业、第三产业内部具体行业的发展作一下小结，对于安徽省而言，采矿业、制造业是安徽省的支柱产业，当前处于最佳的产业发展状态，应拓宽产业发展路径继续巩固它们作为主导产业的地位，但采矿业处于产业界限边缘，要在注重环保的基础上提高资源利用效率，提高行业产值。批发零售业是经济发展不可或缺的行业，可通过产业间融合、技术创新、基础设施完善等措施使行业发展重新提振，稳定其应有的发展水平。对于金融业、租赁和商务服务业等近年来快速发展的行业，由于其结构发展层次较高，可以进一步加大政策支持力度，使其尽快成为全省新的主导产业，支撑经济的转型升级。同时应在产业适度多元化的基础上，结合安徽省区域发展的优势、劣势、机会和挑战，减少弱势产业，集中发展当前或潜在的优势产业，促使有限的资源产生最大的经济效益，实现产业结构优化调整。

因此，从行业发展的角度来看，安徽省当前要在稳步推进采矿业、制造业等行业发展的基础上，大力发展金融业、租赁和商务服务业等行业，通过促进主导产业的提升转变来实现经济转型升级。

2.3　安徽城镇化及城乡收入概况

安徽省工业化进程的推进，伴随着的是其城镇化的快速发展。中华人民共和国成立初期，安徽省各个地市中，人口大于 10 万人的只有蚌埠一个地市，全省的人口总量还没有 3000 万人。然而截止到 2015 年底，安徽省全省一共有 16 个地级市，105 个县、市与县辖区，1249 个乡镇级行政区。2015 年，全省的常住人口达到 6143.6 万人，其中城镇人口总量更是增加至 3103 万人，城镇人口所占的比例为 50.5%。安徽省城镇化发展过程主要可分为两大阶段。第一阶段为 1953～1977 年，这一时期为低速发展阶段。在这二十多年里，我国实行了城乡二元化的户籍管理制度，为了促进城市的经济发展，限制了农村人口向城市的迁移，割断了城乡之间的人口流动。这也是阻碍安徽省城镇化发展的脚步的历史原因。另外，在这一时间段，对社会主义认识不够清楚，导致安徽全省乃至全国范围的社会动荡和经济建设的盲目性等问题。这些问题也在很大程度上影响了安徽省的城镇化建设。第二阶段为 1978 年～现在，这一阶段是城镇化建设的快速发展时期。从中共十一届三中全会以来，随着改革开放脚步的逐步加深加快，安徽省的工业化进程不断提高，城镇化建设不断加速，尤其是 21 世纪以来，国家提出了中部崛起战略，安徽省也开始实施东向发展的战略，这些都极大地刺激了安徽省的工业化、城镇化的发展。"十一五"期间，国家将城镇化建设作为经济社会发展的四大战略之一，安徽省不甘落后大力实施中心城市带动和城乡统筹战略；而后的"十二五"时期，安徽省更是积极地推进工业化、城镇化发展，制定了"十二五"城镇化发展规划，重点组织实施新型城镇化工程。截止到 2015 年末，安徽省全省城镇化率达到 50.5%。

根据诺瑟姆曲线，可以知道当一个地区的城镇化率达到 30% 时，该区域就进入了城镇化建设的加速发展阶段。城市的工业化快速发展，推动着人口向城市的大量迁移，第二产业成为国民经济的主导力量，与此同时，第三产业比例也开始不断上升，城市人口快速增加，城市的规模得到扩大，数量也得到增加。2002 年安徽省的城镇化率就已经达到了 30.7%，因此可以说，从 2002 年起安徽省的城镇化建设迈入了快速发展阶段。2002～2015 年，全省城镇化率提高了 19.8 个百分点。表 2-4 列出了安徽省 2002～2015 年来的城镇人口和城镇化率。

表 2-4　安徽省 2002～2015 年城镇人口和城镇化率

年份	城镇人口/万人	城镇化率/%
2002	1886	30.7
2003	1972	32
2004	2086	33.5
2005	2170	35.46
2006	2267	37.10
2007	2368	38.70
2008	2485	40.50
2009	2581	42.10
2010	2558	42.94
2011	2674	44.80
2012	2784	46.50
2013	2886	47.86
2014	2990	49.15
2015	3103	50.50

资料来源：CEIC 数据库。

近些年来，安徽省城镇化发展取得了显著的成绩，城镇化水平有了大幅度的提升。但是，从全国的城镇化发展程度来看，安徽省的城镇化发展水平仍然低于全国的平均发展水平。这主要由于安徽省是传统的农业大省，工业化建设基础薄弱，城镇化发展受历史和现实影响较大。此外，安徽省是农民工的输出大省，人口众多，经济发展方面欠缺活力等限制性因素的影响，使全省的城镇化发展水平仍然比较落后。图 2-22 为安徽省与全国城镇化率的对比，相比较可以看出，二者之间的差距仍然较大：在 1995 年时，安徽省城镇化水平低于全国平均水平约 10 个百分点，经过 20 年的快速发展，奋力追赶，截止到 2015 年末，全省城镇人口比例已经达到了 50.5%，但是与全国平均发展水平相比，仍然落后 5.4 个百分点。不过也可以看出二者之间的差距幅度已经有了较为显著的缩小。

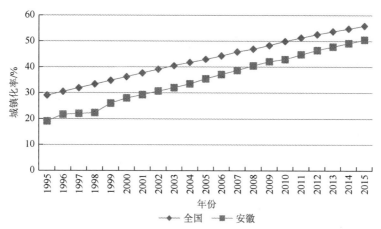

图 2-22　1995～2015 年安徽省与全国城镇化率的对比

资料来源：CEIC 数据库，笔者整理制图

图 2-23 是 2005～2015 年安徽省与周边七省年末常住人口的对比，表 2-5 列出了安徽省与周边七省城镇化率的对比，从中可以看出，从人口规模来看，最高

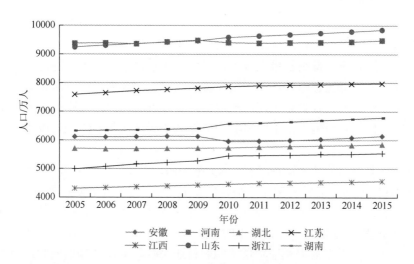

图 2-23　2005～2015 年安徽省与周边七省年末常住人口的对比

资料来源：CEIC 数据库，笔者整理制图

的为山东、河南，其次是江苏、湖南，安徽省位于第五位。然而从城镇化率来看，最高的为江苏、浙江，安徽省的城镇化率却仅高于河南，居于倒数第二位，这说明在安徽省的众多常住人口中，乡村人口数量与周边其他省份相比较高，导致其城镇化率反而低于浙江、湖北甚至江西，可见安徽省城镇化发展呈现出较为薄弱的状态。

表 2-5　2005～2015 年安徽省与周边七省城镇化率的对比　　　（单位：%）

年份	安徽	河南	湖北	江苏	江西	山东	浙江	湖南
2005	35.46	30.62	43.17	49.31	36.96	44.96	54.94	36.96
2006	37.10	32.47	43.80	51.18	38.68	46.10	55.48	38.71
2007	38.70	34.34	44.30	52.52	39.80	46.75	56.15	40.45
2008	40.50	36.03	45.20	53.70	41.36	47.60	56.58	42.15
2009	42.10	37.70	46.00	54.99	43.18	48.32	56.85	43.20
2010	42.94	38.51	49.66	60.20	43.70	49.67	61.60	43.31
2011	44.80	40.57	51.83	61.90	45.70	50.95	62.30	45.10
2012	46.50	42.43	53.50	63.00	47.51	52.43	63.20	46.65
2013	47.86	43.80	54.51	64.11	48.87	53.75	64.00	47.96
2014	49.15	45.20	55.67	65.21	50.22	55.01	64.87	49.28
2015	50.50	46.85	56.85	66.52	51.62	57.01	65.80	50.89

资料来源：CEIC 数据库。

伴随着安徽省工业化、城镇化的发展，安徽省城乡居民收入水平也得到了大幅度提高，生活条件得到了极大改善，人民生活总体上实现了由温饱向小康的历史性跨越。但值得注意的是，在国民经济高速增长以及居民收入水平大幅提高的同时，安徽省居民收入差距也在逐渐拉大。安徽省居民收入差距偏大的根本表现是城乡居民收入差距偏大，下面将从安徽省城乡居民收入差距的角度进行较为详细的分析。

1978 年以来，安徽省城乡居民收入大幅提高，人民生活水平和质量有了极大改善，城镇居民人均可支配收入由 1978 年的 211.23 元提高到 2015 年的 26935.80 元，37 年间累计增加 26724.57 元，增长近 127 倍；农村居民人均纯收入也由 1978 年的 113.43 元提高到 2015 年的 9901.07 元，37 年间累计增加 9787.64 元，增长约 86 倍。很明显，以上数据在证实城镇和农村居民收入都在增加的同时，说明了城乡居民收入差距在不断扩大。表 2-6 给出了安徽省 1995～2015 年城乡居民收入水平及差距状况，表 2-6 的统计数据反映了 1995～2015 年的安徽省城乡居民收入差距不断扩大的状况。值得注意的是，表 2-6 中城镇居民人均可支配收入是指被调查的城镇居民家庭在支付个人所得税、社会保障费以及调查户的记账补贴后的收入。如果考虑到城镇居民享受的社会保障、住房公积金等各种福利及补贴，城乡居民的收入差距还要更大。据有关学者计算，实际的城乡收入比可能在 6 倍左右。

表 2-6　安徽省 1995～2015 年城乡居民收入水平及差距状况

年份	城镇居民人均可支配收入/元	农村居民人均纯收入/元	城乡居民绝对收入差距/元	城镇居民人均可支配收入增长率	农村居民人均纯收入增长率
1995	3778.86	1302.82	2476.04	—	—
1996	4493.92	1607.72	2886.20	19%	23%
1997	4599.27	1808.75	2790.52	2%	13%
1998	4770.47	1863.06	2907.41	4%	3%
1999	5064.60	1900.29	3164.31	6%	2%
2000	5293.55	1934.57	3358.98	5%	2%
2001	5668.80	2020.04	3648.76	7%	4%
2002	6032.40	2117.57	3914.83	6%	5%
2003	6778.03	2127.48	4650.55	12%	0%
2004	7511.43	2499.33	5012.10	11%	17%
2005	8470.68	2640.96	5829.72	13%	6%
2006	9771.05	2969.08	6801.97	15%	12%
2007	11473.58	3556.27	7917.31	17%	20%
2008	12990.35	4202.49	8787.86	13%	18%
2009	14085.74	4504.32	9581.42	8%	7%
2010	15788.17	5285.17	10503.00	12%	17%
2011	18606.13	6232.21	12373.92	18%	18%
2012	21024.21	7160.46	13863.75	13%	15%
2013	23114.22	8097.86	15016.36	10%	13%
2014	24838.50	9073.63	15764.87	7%	12%
2015	26935.80	9901.07	17034.73	8%	9%

资料来源：历年《中国统计年鉴》。

将安徽省历年来的城镇居民人均可支配收入情况与周边七省及全国平均水平作对比，并显示在图 2-24 中，可以发现，在八省中，收入水平最高的是浙江，且其从 1995 年至今一直位列第一，一直位列第二的是江苏省，接下来是山东省，且其与全国平均水平的变化十分相似,而最后面的五位——湖南、安徽、河南、湖北、江西省的城镇居民人均可支配收入水平相差不大,十分接近,均低于全国平均水平。

图 2-25 给出了安徽省 1995～2015 年城乡居民绝对收入差距趋势,为更直观地分析,本书把安徽省与周边七省及全国的城乡居民绝对收入差距反映在图 2-26 中。从图 2-26 中可以看出,全国及八个省份的城乡居民绝对收入差距都呈现出逐渐扩大的趋势,浙江省的城乡居民绝对收入差距在八省中一直都是最明显的,且超过其他省份的距离也越来越大,2015 年,浙江省城乡居民绝对收入差距高达24265.49 元。城乡居民绝对收入差距位于第二位的是江苏省,紧接着的是全国平均水平,很明显安徽省的城乡居民绝对收入差距小于全国水平,在八省中处于中

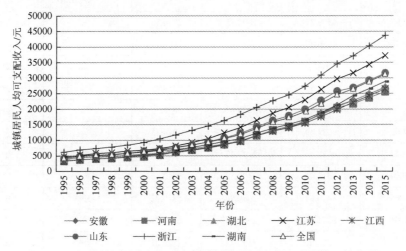

图 2-24　安徽省与周边七省及全国的城镇居民人均可支配收入趋势图

资料来源：CEIC 数据库,笔者整理制图

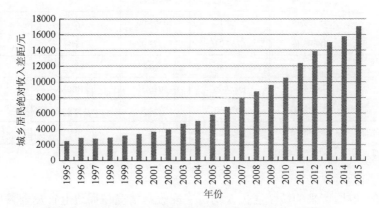

图 2-25　安徽省 1995～2015 年城乡居民绝对收入差距趋势

资料来源：历年《安徽统计年鉴》,笔者整理制图

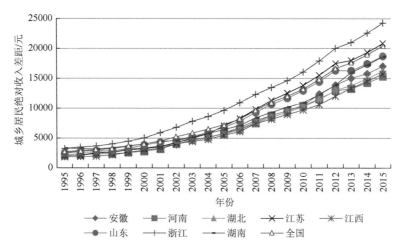

图 2-26　1995~2015 年安徽省与周边七省及全国的城乡居民绝对收入差距趋势

资料来源：历年《中国统计年鉴》，笔者整理制图

间位置，收入差距超过了河南省、湖北省和江西省。此外，还可以从图 2-25 中看出安徽省城乡居民收入差距总体上呈逐渐扩大的趋势，根据其变化轨迹，从绝对收入差距看，1995 年城镇居民人均可支配收入比农村居民人均纯收入多 2476.04 元，到 2015 年绝对差额扩大到 17034.73 元，在这二十年期间，安徽省城乡居民人均年收入的绝对额差距增加了 5.88 倍，城乡居民绝对收入差距继续扩大。其原因主要有以下三个方面：其一，国有企业经过现代企业制度改制，增强了市场竞争力与获利能力，工人工资薪酬相应得到了提高；其二，乡镇企业的发展不能适应现代化的市场要求，在传统的管理模式和落后的生产技术下，举步维艰，有的只能破产，其作为农村居民非农收入的一个重要的来源，制约了农村居民非农收入的增长；其三，自 2003 年以来，政府十分关注"三农"问题，着力于解决收入差距问题，出台实施了一系列支农、惠农政策，加大农机补贴、粮食补贴力度等，才使城乡居民的收入不至于拉得过大。

2.4 本 章 小 结

本章通过梳理统计年鉴等相关资料来源的数据，描述分析安徽省的经济社会发展现状，并将其与全国及周边省份进行对比，对比省份主要选取周边的华东和中部省份，这里选择湖南省以及与安徽省接壤的江苏省、浙江省、江西省、山东省、河南省、湖北省作为参考。

2015 年末，安徽省 GDP 达到 22005.63 亿元，在中国 31 个省[①]（自治区、直

① 本书数据不包括港、澳、台地区。

辖市）中排第 14 位，与 2014 年相比，按不变价格计算的 GDP 增长率为 8.7%，人均 GDP 达到 35997 元，在中国 31 个省（自治区、直辖市）中排第 25 位。虽然总体上安徽省经济增长快速，但其与周边省份之间的差距仍然十分明显。2015 年，安徽省 GDP 仅超过了江西省，在八个省份中排倒数第二位，安徽省 GDP 不足江苏省的 1/3，约为山东的 1/3、浙江的 1/2。不仅在 GDP 上如此，从人均 GDP 来看也显现出同样的问题。安徽省 2015 年人均 GDP 稍低于江西，在八省中位列末位，仅为江苏省的 2/5，不足浙江的 1/2。安徽经济不仅与周边地区之间存在差距，在全国范围内，情况也不甚乐观。2015 年，安徽经济总量占全国 GDP 的 3.2%左右，人均 GDP 约为全国人均 GDP（49992 元/人）的 72%。

随着安徽省的经济发展和人均 GDP 水平的提升，三次产业增加值的结构一直处于不断变化之中。三次产业增加值比例由 1995 年的 32.26∶36.46∶31.28 调整为 2015 年的 11.16∶49.75∶39.09，第二产业主体作用明显，同年全国三次产业增加值比例为 9∶41∶50，可见与全国相比安徽省第三产业发展仍处于弱势，产业结构仍需优化。与周边七省相比较，安徽省三次产业增加值比例目前与江西省、河南省最为接近，同为农业大省。2015 年，安徽省全省工业增加值为 9264.82 亿元，工业化率达到 42.1%，与 1995 年相比，上升了 11 个百分点。和周边七省相比较，在 2004 年以前，安徽省工业占比相对较低，仅高于江西省，在八省中排名倒数第二，在 2010 年后迅速上升并在 2014 年超过河南省成为第一，安徽省进入工业化中期加速发展阶段。具体从第二产业内部各行业来看，制造业所占份额最大，2014 年安徽省第二产业销售产值为 36505.45 亿元，其中制造业销售产值为 32989.73 亿元，占第二产业销售值的 90%以上，而在制造业内部，电气机械及器材制造业的贡献最大，其工业销售产值为 4296.22 亿元，占第二产业销售产值的 11.77%。

从第二产业内部各行业的产品产量来看，20 年来，安徽省发电量、钢材、水泥等工业产品的产量分别呈数十倍增长。其中，2015 年生铁产量 2092.5 万吨；粗钢产量 2506 万吨；水泥产量 13207.86 万吨；钢材产量 3334.7 万吨；汽车产量 117 万辆；彩色电视机 733.54 万台；家用电冰箱 2703.18 万台；家用洗衣机 1725.2 万台；发电量 2061.89 亿千瓦·时。

在第三产业内部各行业中，批发零售业的增加值最高，且远超其他行业，2015 年批发零售业的增加值为 1640.93 亿元，占第三产业增加值的 19.3%，虽然数值较大，但是发展后劲相对不足。其中发展势头最猛的为金融业，增加值从 2004 年的 94.1 亿元增长到 2015 年的 1241.87 亿元，年均增速达到 26.4%，在第三产业内部各行业中排名第二位，所占份额为 14.6%。年均增速排名第三的为房地产业，从 2004 年的 188.28 亿元增长到 2015 年的 870.07 亿元，年均增速为 14.9%，2015 年的增加值已经跃升为第三位，所占份额为 10.2%。金融业、房地产业等新兴产业的迅速发展，也表明安徽省第三产业正向高层次、多样化迈进。

从第三产业的产品产量来看,安徽省服务业所提供的服务量也在不断上升,2015 年安徽省货运量达到 34.6 亿吨,货物周转量达到 10387.8 亿吨公里,客运量达到 8.7 亿人,旅客周转量为 1256 亿人公里。2015 年安徽省邮政业务总量为 116.19 亿元,电信业务总量达 707.27 亿元,快递量达 39935.6 万件,全年保险业原保险保费收入达 698.92 亿元,比上年增长 22.1%。

截止到 2015 年末,安徽省常住人口达 6143.6 万人,城镇人口达 3103 万人,全省城镇化率达到 50.5%,但是与全国平均发展水平(55.9%)相比,仍然落后 5.4 个百分点。从人口规模来看,2015 年,八省中最高的为山东、河南,其次是江苏、湖南,安徽省位于第五位。然而从城镇化率来看,八省中最高的为江苏、浙江,安徽省的城镇化率却仅高于河南,居于倒数第二位,这说明在安徽省的众多常住人口中,乡村人口数量与周边其他省份相比较高,导致其城镇化率低于浙江、湖北甚至江西,可见安徽省城镇化发展呈现出较为薄弱的状态。

1978 年以来,安徽省城乡居民收入大幅提高,人民生活水平和质量有了极大的改善,城镇居民人均可支配收入由 1978 年的 211.23 元提高到 2015 年的 26935.80 元(低于全国平均水平的 31194.8 元),37 年间累计增加 26724.57 元,增长近 127 倍;农村居民人均纯收入也由 1978 年的 113.43 元提高到 2015 年的 9901.07 元,37 年间累计增加 9787.64 元,增长 86 倍。很明显,以上数据在证实城镇和农村居民收入都在增加的同时,说明城乡居民收入差距在不断扩大。

第3章 安徽能源电力发展现状

安徽处于中部六省（包括山西、河南、安徽、湖北、湖南、江西）和长三角的交汇处，具有较强的战略地位；但是其在长三角地区的地位比较边缘，而和中部其他五省的资源及经济结构特点多有不同。"十二五"之初安徽省提出要在经济、生态与文化领域打造"三个强省"的概念，另外在节能减排领域安徽省提出要在 2015 年底，单位 GDP 能耗相对于 2010 年力争下降 16 个百分点，碳排放强度下降 17 个百分点。《安徽省国民经济和社会发展第十三个五年规划纲要》（简称"十三五"规划纲要）显示，这两个目标都已超额完成。从发展阶段来看，"十二五"期间（2011～2015 年）安徽省正处于新型城镇化、工业化的加速期，大规模基础设施建设和住房建设带动水泥与钢铁消费量的增长。随着全球能源互联网的深入实施，安徽省在全国能源电力体系中将扮演更加重要的角色。

3.1 安徽省能源资源禀赋

安徽省矿产资源种类较多、储量丰富。其中煤、铁、铜、水泥用灰岩、方解石是安徽省的优势矿产，其资源储量在华东乃至全国均位于前列，是长三角经济区能源、金属和非金属原材料基地。煤炭是安徽省的优势矿产，在华东煤炭工业生产布局中地位显著。随着煤炭资源的开发利用，淮南市和淮北市已成为全国重要的能源生产基地。

安徽省是一个人口和煤炭资源大省，长期以来煤炭资源储量丰富，煤炭在一次能源消费比例中占据主要地位，而石油、天然气储量很少，可供开发和利用的更少。表 3-1 为 2014 年全国和安徽以及周边省份（河南、山东、江西、湖南、湖北、江苏、浙江）的煤炭、石油、天然气的基础储量[①]。可以看到，2014 年安徽的煤炭基础储量为 83.96 亿吨，占全国煤炭基础储量的 3.5%，在全国各省份中排第 7，前 6 位分别为山西、内蒙古、新疆、陕西、贵州和河南。在表 3-1 所列安徽周边省份中发现，安徽省的煤炭基础储量仅次于河南省，河南、安徽、山东的煤炭基础储量较大，分别居全国第 6、第 7、第 8 位，而江苏、湖南、江西、湖北、浙江的煤炭基础储量较小。

---

① 基础储量是查明矿产资源的一部分。它能满足现行采矿和生产所需的指标要求，是控制的、探明的并通过可行性或预可行性研究认为属于经济的、边界经济的部分，用未扣除设计、采矿损失的数量表示。

表 3-1　2014 年各地区主要能源基础储量

地区	煤炭/亿吨	石油/万吨	天然气/亿立方米
全国	2399.93	343335	49451.78
河南	86.49	4876.8	70.79
安徽	83.96	253.1	0.26
山东	77.22	32627.4	348.35
江苏	10.71	2965.4	24.02
湖南	6.68	—	—
江西	3.43		
湖北	3.19	1284.9	4.42
浙江	0.43	—	—

资料来源：《中国统计年鉴 2015》。

注：石油和天然气的数据为剩余技术可采储量。

对于石油和天然气而言，安徽省的基础储量都很小，2014 年安徽省的石油和天然气基础储量分别为 253.1 万吨和 0.26 亿立方米，分别占全国石油基础储量和天然气基础储量的 0.07%和 0.001%。对比周边省份，除了湖南、江西与浙江几乎没有石油和天然气资源，安徽省的石油、天然气基础储量比河南、山东、江苏、湖北四个省份都小很多。在表 3-1 所列安徽周边省份中，石油基础储量和天然气基础储量最大的都是山东省，2014 年分别为 32627.4 万吨和 348.35 亿立方米，分别占全国的 9.5%和 0.7%。

虽然安徽是煤炭资源大省，但是煤炭在开采、加工、运输与终端消费过程中相对于其他能源品种，对于环境的污染程度最高。

1）水资源

安徽省地属长江、淮河、新安江三大流域，水力资源主要分布在大别山和皖南山区二十多个山区县。长江安徽段处于长江下游，干流河道流经安庆、铜陵、芜湖、马鞍山等城市。淮河流经安徽省北部，安徽省境内流域面积 6.69 万平方公里，占安徽省流域面积的 35.8%。新安江位于安徽省最南端，发源于黄山市休宁县境内怀玉山，流经祁门、屯溪、歙县，安徽段长 242 公里。

全省多年平均水资源总量为 716 亿立方米，水资源总量在全国排名第 13 位，相对丰富；但人均水资源量较为缺乏，按常住人口计算，2010 年人均水资源量为 1202 立方米，仅为全国人均占有量的一半。大中型泵站主要集中于淮河、长江沿岸及霍邱、长丰区域。大型水库主要集中在六安、合肥、滁州、宣城、安庆。水电集中在安徽省西部（简称皖西）、安徽省南部（简称皖南）山区。并且，安徽省水资源时空分布不均，空间上呈南多北少、山区多平原少的特征。皖南、皖西山区的水资源丰富，但人口、耕地、大型工矿企业相对较少；安徽省北部（简称皖北）地区水资源极度缺乏，而人口、耕地、大型工矿企业却较为集中。特别是淮北地区，以全省约20%的水资源，支撑全省约45%的人口、50%的耕地和95%以上的煤炭生产，水资源缺乏已成为该地区经济社会发展的重要制约因素。其中，两淮区域部分煤电机组仍采用直流式供水，耗水量大，且部分电厂存在利用中深层地下水的现象，对地区生态发展造成了一定的影响。

安徽省常规水电资源并不丰富，常规水电理论蕴藏量为160万千瓦，经济可开发量为120万千瓦，目前常规水电资源已基本开发完毕。

安徽省抽水蓄能电站站址资源较为丰富，从普查情况来看，具有开发价值的站址共27处，装机容量为2825万千瓦，其中装机容量超过100万千瓦且水头高于300米的有13处，装机容量为1815万千瓦。截止到2015年底，安徽省抽水蓄能电站共3座，其中，响水涧装机容量为4×25万千瓦、琅琊山装机容量为4×15万千瓦和响洪涧装机容量为2×4万千瓦，总装机容量为168万千瓦，省内抽水蓄能资源开发利用还有很大的提升空间。绩溪抽水蓄能电站（6×30万千瓦）、金寨抽水蓄能电站（4×30万千瓦）两个站址被国家能源局批准列为安徽省2020年新建抽水蓄能电站推荐站点，目前正在开工建设，预计绩溪抽水蓄能电站2019年投产，金寨抽水蓄能电站2020年投产。另外，桐城、宁国、岳西已确定站址，但未取得路条，这几个抽水蓄能电站需要在远景考虑，各按120万千瓦考虑，另外，需要根据研究，确定远景抽水蓄能需求，抽水蓄能机组利用小时数2015年及之前为800小时，2016年已经升高至1600小时，以后的小时数至少与2016年持平。

2）太阳能及装机分布

安徽省太阳能年辐射总量为4400～5000兆焦/米^2，自南向北逐渐增加，属于全国太阳能资源三类地区[①]，发电平均年等效利用小时为1100小时。截止到2016年5月全省光伏并网容量为2321兆瓦，其中合肥936兆瓦，六安399兆瓦，芜湖354兆瓦，宿州236兆瓦，亳州170兆瓦，阜阳91兆瓦，其余地市合计135兆瓦。初步统计在建光伏电站23个，容量为660兆瓦。规划2020年全省光伏规模达到8000兆瓦。

3）核电

安徽省很早就开始了开发内陆核电资源相关的研究工作，目前经过多方多次论证确定的主要核电厂址资源有：董公山厂址、芭茅山厂址和吉阳厂址，各厂址规划装机容量均为4×100万千瓦级，芭茅山具体规划装机容量为4×125万千瓦，其他两个厂址也按此装机容量考虑，基本上核电站均按照两期建设，一期工程

---

① 根据国家气象局风能太阳能资源中心划分标准，我国太阳能资源地区分为以下四类：一类地区（资源丰富带），全年辐射量为6700～8370兆焦/米^2；二类地区（资源较富带），全年辐射量为5400～6700兆焦/米^2；三类地区（资源一般带），全年辐射量为4200～5400兆焦/米^2；四类地区，全年辐射量在4200兆焦/米^{2}以下。

2×125 万千瓦。日本福岛核事故后，核电的安全性，尤其是内陆核电的安全性问题引起了广泛的关注，安徽省的核电建设计划被搁置。

安徽省电源结构以火电为主，可再生能源发电发展潜力有限，这使未来节能减排目标的实现以及地区电力负荷快速增长需求的满足，在很大程度上仍需要依赖于核电的发展。并且国际上先进的 AP1000 第三代压水堆核电技术不断成熟，在此基础上，中国也开始了自主创新的 CAP1400 核电技术的研发，第三代核电技术具有很高的安全性，未来在安徽推广存在着较大的可能性和必要性。因此虽然短时间内安徽省的核电建设计划被搁置，但从未来长远发展和规划来看，核电可能仍然不可或缺。

4）风电

安徽省满足 70 米高度风速 5.5 米/秒、年等效利用小时 1700 小时以上开发条件的风资源为 200 万～300 万千瓦，主要分布在滁州江淮分水岭、环巢湖低山、安庆沿江和皖北低山丘陵等区域。截止到 2016 年 5 月，全省风电并网容量为 1548 兆瓦，其中滁州市 779 兆瓦，安庆市 195 兆瓦，宿州市 148 兆瓦，合肥市 99 兆瓦，宣城 98 兆瓦，马鞍山市 97 兆瓦，芜湖市规模 96 兆瓦，六安市 36 兆瓦。初步统计在建风电场 25 个，容量为 1293 兆瓦。规划 2020 年全省风电容量达到 2600 兆瓦，目前已投产和核准在建的风电装机规模已超过规划容量。其中滁州、安庆规划建设百万千瓦级风电基地，金寨风电集群容量为 800 兆瓦。

5）生物质发电（含垃圾发电）

在农作物秸秆资源方面，安徽省是农业大省，农作物秸秆资源丰富，年产量为 4000 多万吨，可能源化利用量为 1000 万～1200 万吨。2012 年发电、燃料等能源化利用量仅为 300 万吨，利用潜力较大。按 1 个装机容量 3 万千瓦农林生物质电厂年消耗 30 万吨秸秆推算，农林剩余物资源仍可满足 20 个电厂的燃料需求。农作物秸秆最大可能源化利用量按 1200 万吨考虑，按 1 个装机容量 3 万千瓦农林生物质电厂年消耗 30 万吨秸秆推算，最大可能源化利用量对应的秸秆发电最大装机容量为 120 万千瓦。

在生活垃圾资源方面，目前全省城镇生活垃圾年清运量约 800 万吨，无害化处理量为 720 万吨，其中填埋处理超过 90%，焚烧发电处理不足 10%。根据《"十二五"安徽省城镇生活垃圾无害化处理设施建设规划》，2015 年全省城镇生活垃圾无害化处理能力达到 3 万吨/日，其中垃圾焚烧处理超过 48%。按垃圾焚烧发电1 万千瓦日处理量为 500 吨垃圾推算，可建设垃圾焚烧发电装机容量为 30 万千瓦。

根据安徽省电力发展"十三五"规划，到 2020 年安徽省生物质发电规模将达到 2000 兆瓦。

6）地热能

能源结构多样化是安徽能源发展战略的重要方向之一，其中清洁能源是发展的重点。浅层地热能是指蕴藏于地表下 200 米以内岩土体、地下水和地表水中的地温热能，可广泛应用于建筑、工业、生态农业等领域的供暖、制冷、保温和热水供应。由于其吸热或放热过程没有燃烧，没有有害气体排放，浅层地热能不仅可以减少传统化石能源的消耗，还可以有效减少污染排放，是一种能够有效促进节能减排的新型、清洁、环保的可再生能源。从安徽资源条件和改变传统能源结构着眼，应当重视和加大开发利用省内广为分布的浅层地热能。

中国开发利用浅层地热能资源起步于 20 世纪 80 年代，2006 年以来在国家的大力支持和推广下，中国 31 个省（自治区、直辖市）均有浅层地热能开发利用工程。近年来，安徽相继出台了《建设领域可再生能源新技术应用示范建设实施方案》《推进浅层地热能在建筑中规模化应用实施方案》等政策措施，为推动浅层地热能的开发利用提供了有力保障。截至 2015 年底，全省浅层地热能应用建筑面积已达 1636 万平方米，如合肥市已有合肥大剧院、两淮豪生酒店、省城乡建设规划大厦、科学家园，以及华东冶金地质勘查局开发的华冶新天地、华冶翡翠湾等公共场所和住宅小区，采用了地源空调。安徽经济正处于快速发展期，一方面资源需求量巨大，另一方面对节能减排的要求越来越高。开发利用地热能资源，对发展绿色经济、低碳经济，建设生态城市，实现节能减排目标具有重要意义。

3.2　安徽省能源供需现状

图 3-1 为 2010～2015 年安徽省能源和煤炭的消费量与生产量，反映了"十二五"期间安徽省内的能源供需情况及其变化。"十二五"期间，安徽省能源消费量保持增长态势，从 9707 万吨标准煤增长到 12332 万吨标准煤，年均增长率为

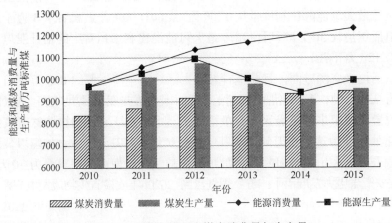

图 3-1　安徽省能源和煤炭消费量与生产量

资料来源：历年《安徽统计年鉴》

4.9%。而能源生产量呈现波动趋势，2011 年、2012 年都在增长，到 2013 年开始下降，2015 年又出现反弹，2011~2015 年能源生产量的同比增长率分别为 6.1%、6.5%、−8.1%、−6.4%、5.9%。2010~2015 年年均能源生产量为 10060 万吨标准煤。并且，这期间能源供需不平衡加重，从图 3-1 中可以看到安徽省历年的能源消费量都高于能源生产量，并且二者之间的差距大体上呈现逐年加大态势，说明安徽省能源自给率降低，越来越多的能源依靠省外调入或者进口。

　　煤炭是中国最主要的能源品种，同样是安徽省最主要的能源品种。作为煤炭资源大省，全省一次能源生产与消费量中煤炭始终占据主要地位。从图 3-1 可以看出，煤炭无论从生产量还是消费量上来看都与能源总体的走势保持高度一致。“十二五”期间，安徽省煤炭消费量保持增长态势，从 8367 万吨标准煤增长到 9473 万吨标准煤，年均增长率为 2.5%，低于能源消费量的年均增长率 4.9%，煤炭消费量占能源消费量的比例从 2010 年的 86.2%下降到 2015 年的 76.8%。煤炭需求增长慢于总能源需求增长，表明安徽省对煤炭以外的其他能源品种的需求比对煤炭的需求增长更快。煤炭生产量也呈现与能源生产量一样的波动态势，2011 年、2012 年都在增长，到 2013 年开始下降，2015 年又出现反弹，2011~2015 年煤炭生产量的同比增长率分别为 6.0%、6.3%、−8.7%、−7.2%、5.7%。2010~2015 年年均煤炭生产量为 9811 万吨标准煤，煤炭生产量占能源生产量的比例从 2010 年的 98.4%下降到 2015 年的 96.0%，说明安徽省几乎只生产煤炭，其他能源品种的产量很小。煤炭消费量和生产量占能源消费量与生产量的比例在“十二五”期间都有所下降。

　　图 3-2 为 2010~2015 年安徽省分行业能源消费结构，从图 3-2 中安徽省分行业能源消费结构来看，2015 年第一产业、第二产业、第三产业和生活消费的能源消费量分别为 221.1 万吨标准煤、8680.9 万吨标准煤、1568.2 万吨标准煤、1544.2 万吨

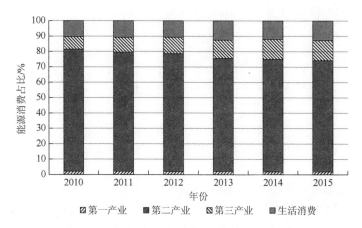

图 3-2　2010~2015 年安徽省分行业能源消费结构

资料来源：历年《安徽统计年鉴》

标准煤，占比分别为 2%、72%、13%、13%。而 2010 年第一产业、第二产业、第三产业和生活消费的能源消费占比分别为 2%、79%、8%、11%。因此，2010～2015年，随着产业结构由高耗能产业向低耗能产业的转移以及由第二产业向第三产业的转移和调整，各行业的能源消费占比也有较大变化，主要体现在第二产业能源消费比例的降低，即 2010～2015 年降低 7 个百分点，和第三产业能源消费比例的升高，即 2010～2015 年提高 5 个百分点。

图 3-3 是 2010～2015 年安徽省分行业能源消费量，从图 3-3 中各行业能源消费的变动趋势上来看，2010～2015 年各行业能源消费量都在增长。能源消费增长较快的行业为交通运输和邮电通信业，商业、饮食、物资供销和仓储业，以及其他服务业，年均增长率分别为 15%、16%、15%，这三个行业类别都属于第三产业（服务业）。因此这期间安徽省能源消费增长最快的为第三产业。除了第三产业，能源消费增长最快的行业为建筑业，期间年均增长率为 13%。再次为生活消费，期间年均增长率为 9%。能源消费增长最慢的为农、林、牧、渔、水利业和工业，年均增长率都为 3%。若按三次产业划分行业，2010～2015 年第一产业、第二产业、第三产业和生活消费的能源消费量年均增长率分别为 2%、3%、15%、9%。因此，随着经济发展和经济结构调整，安徽省第三产业的能源消费量相比第一产业和第二产业有显著的增长，生活消费的能源消费量也有较快增长。

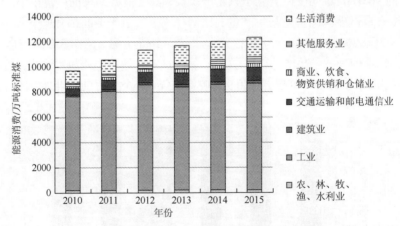

图 3-3　2010～2015 年安徽省分行业能源消费量

资料来源：《安徽统计年鉴 2015》《安徽统计年鉴 2016》

2014 年安徽省能源消费总量为 12011 万吨标准煤，在中国 31 个省（自治区、直辖市）中排 13 位。表 3-2 为 2014 年安徽及周边省份各能源品种消费量的比较，从表 3-2 中安徽省和周边省份能源消费量的对比来看，安徽省的能源消费总量低于山东、江苏、河南、浙江、湖北、湖南，而高于江西，在表 3-2 中所列 8 个省份中排第 7 位。在省份间各个能源品种消费量的对比中可以看到，安徽省只有煤炭消费量在这 8 个省份中的位次较高，排第 4 位，2014 年安徽省煤炭消费量低于山东、江苏、河南 3 个省份，高于浙江、湖北、湖南、江西 4 个省份。安徽省其他能源品种的消费量的位次均为第 5～第 7 位，而燃料油消费量排第 8 位，安徽是这 8 个省份中燃料油消费量最少的，这从另外一个角度说明了安徽省煤炭资源的重要地位。

表 3-2　2014 年安徽及周边省份各能源品种消费量比较

能源品种	山东	江苏	河南	浙江	湖北	湖南	安徽	江西	安徽位次
能源合计/万吨标准煤	36511	29863	22890	18826	16320	15317	12011	8055	7
煤炭/万吨	39562	26913	24250	13824	11888	10900	15787	7477	4
焦炭/万吨	3762	3409	2701	465	1124	1040	1065	871	5
石油/万吨	3648	3048	1978	2781	2505	1560	1311	941	7
原油/万吨	7816	3511	845	2732	1291	801	749	472	7
汽油/万吨	705	975	530	710	660	457	353	252	7
煤油/万吨	5	83	51	104	66	41	11	2	6
柴油/万吨	1265	814	800	932	864	599	663	527	6
燃料油/万吨	2472	152	49	339	136	68	10	16	8
液化石油气/万吨	207	116	177	323	138	86	93	57	6
天然气/亿立方米	75	128	77	78	40	24	34	15	6
电力/(亿千瓦·时)	4223	5013	3161	3506	1854	1514	1585	1019	6

资料来源：《中国能源统计年鉴 2015》。

图 3-4 显示了 2010～2015 年安徽省单位 GDP 能耗和单位工业增加值能耗及其变化率。安徽省 2010～2015 年能源强度（单位 GDP 能耗）在逐年减小，从 2010 年的 0.78 吨标准煤/万元下降到 2015 年的 0.60 吨标准煤/万元，累计减少 23.1%。已经超额完成安徽省在"十二五"之初提出的在节能减排领域的目标，即要在 2015 年底，单位 GDP 能耗相对于 2010 年力争下降 16 个百分点。说明安徽省在"十二五"期间的节能减排成效还是比较卓著的。

安徽工业能源强度（单位工业增加值能耗）也在逐年减小，从 2010 年的 1.33 吨标准煤/万元下降到 2015 年的 0.88 吨标准煤/万元，累计减少 33.8%，比安徽省单位 GDP 能耗减少的百分比更大。从图 3-4 中看出，安徽省历年工业能源强度都高于其能源强度，并且工业能源强度变化率的绝对值都比能源强度变化率的绝对值大，二者一致，安徽省能源强度的降低主要靠工业能源强度降低来拉动。从工业能源强度变化率的走势来看，其 2010～2013 年处于上升趋势，2014 年和 2015 年逐步下降，说明随着工业节能降耗潜力的释放，工业节能降耗的难度也越来越大。

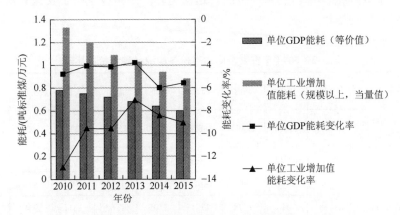

图 3-4　安徽省单位 GDP 能耗和单位工业增加值能耗及其变化率

资料来源：《安徽统计年鉴 2016》

注：GDP 按照 2010 年可比价格计算

对比图 3-5 中国、安徽及周边各省份的能源强度，2014 年，中国单位 GDP 能耗为 0.73 吨标准煤/万元（2010 年不变价，下同），同年安徽省能源强度为 0.64 吨标准煤/万元。这说明安徽省能源强度低于中国平均水平，即能源利用效率比中国平均水平要高。安徽省能源强度在图 3-5 所列省份中排第五位，高于江苏、浙江、

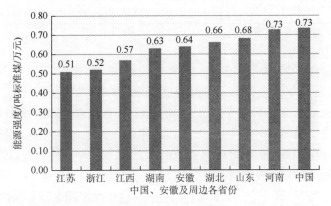

图 3-5　2014 年中国、安徽及周边各省能源强度对比

资料来源：《中国能源统计年鉴 2015》和 CEIC 数据库

江西、湖南四省，低于湖北、山东、河南三省。安徽省在能源利用方面还要借鉴江苏、浙江等能源强度较低的省份的经验，力争在节能降耗、节能减排工作中取得更大进步。

3.3　安徽省电力供需现状

2000 年以来安徽省电力消费和发电量都保持快速增长。"十五""十一五""十二五"期间安徽省电力消费的年均增长率分别为 11.5%、13.1%、8.8%，发电量的年均增长率分别为 13%、17%、7%。电力消费和发电量在"十一五"期间都是增长最快的，"十二五"期间增速放缓和近几年中国整体经济发展形势密切相关。由于电力消费状况能很好地反映经济发展状况，随着中国经济增长速度放缓，由高速增长逐渐转变为中高速增长，中国以及各个地区电力消费的增长也会相应放缓。

对比图 3-6 中安徽省电力消费和发电量可以看到，2000 年以来安徽省的发电量始终高于电力消费，并且二者的差距呈现越来越大的趋势，这表明安徽省电力送出量高于电力受进量，且二者差距越来越大。特别是"皖电东送"①淮南至上海特高压交流输电示范工程自 2013 年 9 月 25 日正式运行以来，国家利用淮南丰富的煤炭资源，加强煤电基地建设，变输煤为输电，使淮南成为华东地区的能源基地，更加方便了安徽省电力的外送。2015 年，安徽省通过"皖电东送"工程送出电量

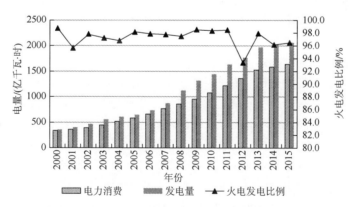

图 3-6　安徽省电力消费、发电量以及火电发电比例

资料来源：中华人民共和国国家统计局和安徽电网

---

① 1000 千伏"皖电东送"淮南—浙北—上海特高压交流工程是我国首条同塔双回路特高压交流输电工程，由我国自主设计、制造和建设，是"十二五"国家重点工程项目。该线路西起安徽淮南，经安徽南部、浙江北部，最终到达上海，全长 656 公里，跨越华东 27 个地（市）县。

1354 亿千瓦·时，通过三峡（三沪二回）、秦山核电、新富水电、天荒坪抽水蓄能共受进电力 140 亿千瓦·时。"皖电东送"能减轻铁路运输压力，减少煤炭运输污染和浪费，减轻苏、浙、沪建设电厂的土地环保压力，实现资源的优化配置。

从安徽省火电发电比例来看，2000 年以来其没有明显的变化趋势，一直处于波动状态。但是如果分阶段来看，"十五""十一五""十二五"期间安徽省火电发电比例的平均值分别为 97.1%、98.0%、96.5%。"十一五"期间火电发电比例是最高的，"十二五"期间是最低的。这很好地反映了"十二五"期间清洁能源发电发展态势良好，清洁能源发电比例增大，安徽省发电结构更清洁化。

2014 年安徽省可再生能源发电量占总发电量的 4.33%，清洁能源发电量约占总发电量的 2.72%，其中，水电、生物质发电、风电、光伏发电分别为 41.4948 亿千瓦·时、32.5660 亿千瓦·时、12.9757 亿千瓦·时、0.9542 亿千瓦·时，分别占总发电量的 2.04%、1.60%、0.64%、0.05%。近两年来，安徽省新能源和可再生能源产业发展迅速，风电、光伏发电、生物质发电项目建设全面加快。2015 年安徽省全年新增可再生能源发电装机容量为 150 万千瓦，其中，光伏发电 80 万千瓦，风电 53 万千瓦，生物质发电 14 万千瓦，水电 3 万千瓦。全省累计装机容量为 640 万千瓦，约占全省发电装机容量的 12%，其中，水电 291 万千瓦，风电 135 万千瓦，光伏发电 130 万千瓦，生物质发电 84 万千瓦。可再生能源发电量从 2014 年的 89 亿千瓦·时提高到 2015 年的 116 亿千瓦·时，同比增长 30%，占全社会用电量比例从 5.5%提高到 7%，提高 1.5 个百分点。其中非水电可再生能源发电量从 46 亿千瓦·时提高到 67 亿千瓦·时，同比增长约 46%，占全社会用电量比例从 2.9%提高到 4.1%，提高 1.2 个百分点。截至 2016 年 9 月底，安徽新能源和可再生能源累计发电装机容量为 863 万千瓦，可再生能源发电量为 128 亿千瓦·时，同比增长 10.3%，占全社会用电量比例约为 9.5%。

"十二五"期间安徽省全社会用电量年均增长 8.8%，年均增长率在中国 31 个省（自治区、直辖市）中排第七位。前六位分别为新疆维吾尔自治区（19.3%）、西藏自治区（14.7%）、海南省（11.2%）、内蒙古自治区（10.6%）、宁夏回族自治区（9.9%）、江西省（9.2%）。表 3-3 给出了中国、安徽及周边各省 2015 年的全社会用电量、人均电力消费及"十二五"期间全社会用电量年均增长率，"十二五"期间安徽全社会用电量年均增长率在表 3-3 所列省份中排第二位，仅次于江西省。2015 年中国全社会用电量为 55500 亿千瓦·时，同年安徽省全社会用电量为 1640 亿千瓦·时，在表 3-3 所列省份中排第六位，仅高于江西（1087 亿千瓦·时）和湖南（1448 亿千瓦·时）。2015 年中国人均电力消费为 4142 千瓦·时，同年安徽省人均电力消费为 2669 千瓦·时，低于全国平均水平，在表 3-3 所列省份中排第六位，仅高于江西（2381 千瓦·时）和湖南（2135 千瓦·时）。因此，尽管安徽省的全社会用电量和人均电力消费都处于较低水平，但其电力消费增长速度较快。

表3-3　中国、安徽及周边各省 2015 年全社会用电量、人均电力消费及"十二五"期间
全社会用电量年均增长率

中国、安徽及周边各省	2015 年全社会用电量/(亿千瓦·时)	2015 年人均电力消费/(千瓦·时)	"十二五"期间全社会用电量年均增长率/%
中国	55500	4142	5.7
江苏	5115	6412	5.8
山东	4243	4309	5.2
浙江	3554	6416	4.7
河南	2880	3038	4.1
湖北	1665	2846	4.6
安徽	1640	2669	8.8
湖南	1448	2135	4.3
江西	1087	2381	9.2

资料来源：安徽电网和《中国统计年鉴 2016》。

从表 3-4 中安徽省各产业电力消费比例来看，2000～2015 年电力消费占比变
化较大的为第一产业和第三产业。第一产业电力消费占比从 2000 年的 5.3%下降
到 2015 年的 1.0%，并且"十五"期间下降最快，2005 年已经下降到 2.0%，"十
一五""十二五"期间下降幅度很小。第三产业电力消费占比从 2000 年的 7.8%
上升到 2015 年的 13.0%，并且"十二五"期间上升最快，从 2010 年的 9.3%上升
到 2015 年的 13.0%，"十五""十一五"期间上升幅度很小。城乡居民用电占比
变动幅度很小。

表3-4　安徽省各产业电力消费比例　　　　　　（单位：%）

部门	2000 年	2005 年	2010 年	2015 年
第一产业	5.3	2.0	1.1	1.0
第二产业	71.2	74.9	73.5	70.6
第三产业	7.8	7.6	9.3	13.0
城乡居民用电	15.7	15.4	16.1	15.3

资料来源：安徽电网。

从表 3-5 安徽省 2015 年电力消费最大的 10 个工业行业及其电力消费来看，
工业是安徽省最主要的电力消费部门，2015 年电力消费为 1132.78 亿千瓦·时，占
当年安徽省电力消费总量的 69%。从具体的工业部门来看，安徽省电力消费主要
集中在电力、热力生产和供应业，非金属矿物制品业，黑色金属冶炼及压延加工
业，化学原料及化学制品制造业，煤炭开采和洗选业，有色金属冶炼及压延加

工业等传统的高耗能行业，这些部门主要属于重工业的范畴，高能耗、高污染是其主要特征。除此之外，食品、饮料和烟草制造业，橡胶和塑料制品业等轻工业部门的用电量也相对较高。工业分行业的用电量在一定程度上反映了安徽省的工业结构。在全球能源互联网的背景下，未来的工业行业，尤其是重工业中的高耗能产业，以"煤改电"为代表的电能替代趋势将逐渐加速。在这种情况下，对安徽省全省主要的工业部门用电情况有一个整体的把握，将会对未来的电力替代工作起到良好的促进作用。

表 3-5　安徽省 2015 年电力消费最大的 10 个工业行业及其电力消费

序号	行业	2015 年电力消费/(亿千瓦·时)
1	电力、热力生产和供应业	222.95
2	非金属矿物制品业	168.82
3	黑色金属冶炼及压延加工业	148.02
4	化学原料及化学制品制造业	134.52
5	交通运输、电气、电子设备制造业	82.12
6	煤炭开采和洗选业	57.82
7	金属制品业	38.96
8	有色金属冶炼及压延加工业	35.23
9	食品、饮料和烟草制造业	31.40
10	橡胶和塑料制品业	27.50
工业总量		1132.78

资料来源：安徽电网。

根据安徽省历年电力消费总量和安徽省 GDP，可以得到安徽省单位 GDP 的电耗及电耗变动情况。图 3-7 中安徽省单位 GDP 电耗及其变化率反映了 2010～2015 年安徽省这两项指标的变动情况。从图 3-7 中可以看出，安徽省单位 GDP 电耗整体上呈不断下降的趋势，2010 年、2011 年及 2012 年的增长率分别是–1.17%、–0.19%和–0.57%。这反映了安徽省节能减排工作取得了一定程度的效果。2013 年安徽省单位 GDP 电耗相比 2012 年有所增加，同比增长率为 1.74%，这主要是由于当年居民用电以及第三产业用电增速较快，同一时期的工业单位产值电耗仍然有所下降。2014 年和 2015 年，安徽省单位 GDP 电耗都大幅下降，同比增速为–5%和–4.87%。2010～2015 年，安徽省单位 GDP 电耗累计下降了 8.5%，安徽省的节能减排工作取得了不错的成绩。

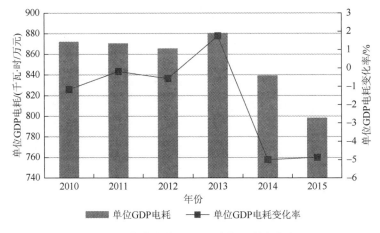

图 3-7　安徽省单位 GDP 电耗及其变化率

资料来源：《安徽统计年鉴 2015》《安徽统计年鉴 2016》

注：GDP 按照 2010 年可比价格计算

3.4　安徽省污染物排放和二氧化碳排放现状

2015 年，在全省 GDP 达到 2.2 万亿，工业化和城镇化持续推进的情况下，安徽省顺利实现"十二五"环境保护规划目标，全省环境质量保持稳中趋好。

2015 年，全省可吸入颗粒物年均浓度较上年下降 15.8%，酸雨污染状况有所减轻，超额完成大气污染防治年度目标任务。地表水总体水质属轻度污染，省辖淮河流域总体水质由中度污染好转为轻度污染，巢湖西半湖由中度富营养好转为轻度富营养。16 个设区的市集中式生活饮用水水源地水质达标率为 97.8%。城市声环境质量总体稳定，辐射环境质量和生态环境质量整体良好。

2015 年，全省 100 条河流、28 座湖泊水库总体水质状况为轻度污染。与"十一五"末相比，2015 年，全省地表水总体水质状况有所好转，Ⅰ～Ⅲ类水质断面（点位）比例上升 14.4 个百分点，劣Ⅴ类水质断面（点位）比例下降 5.6 个百分点。

图 3-8 为 2011～2014 年安徽省的废气排放情况。氮氧化物排放量呈现逐年下降的趋势，二氧化硫排放量变动较小，烟（粉）尘排放量在 2014 年有较大幅度的升高，从 2013 年的 418617 吨增长到 2014 年的 652782 吨。

根据《中国能源统计年鉴 2015》中各地区分能源品种消费量及政府间气候变化专门委员会（Intergovernmental Panel on Climate Change，IPCC）2006 年公布的各能源品种的碳排放系数，本书计算了安徽省和周边各省 2014 年的碳排放量，结果如图 3-9 所示。所考虑的能源品种有煤炭、焦炭、原油、汽油、煤油、柴油、燃料油、液化石油气和天然气。2014 年安徽省碳排放量为 413.08 万吨。各省碳排放量的位次和能源消费的位次基本保持一致。但是，2014 年，湖北能源消费总量

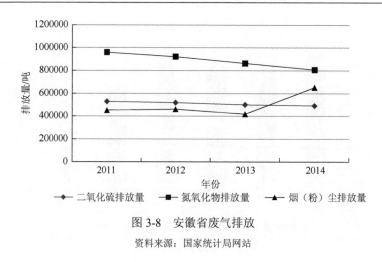

图 3-8 安徽省废气排放

资料来源：国家统计局网站

比安徽能源消费总量大，而安徽碳排放量比湖北碳排放量大，这是因为两省能源结构有差异，2014 年安徽和湖北煤炭消费量分别为 15787 万吨和 11888 万吨，安徽省较大的煤炭消费量导致其碳排放量也较大。

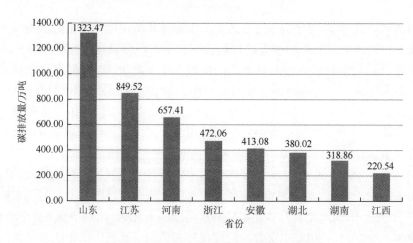

图 3-9 2014 年安徽及周边各省碳排放量

3.5 本章小结

安徽省是一个煤炭资源大省，在华东煤炭工业生产布局中地位显著。随着煤炭资源的开发利用，淮南市和淮北市已成为全国重要的能源生产基地。2014 年安徽的煤炭基础储量为 83.96 亿吨，占全国煤炭基础储量的 3.5%，在全国各省份中排第 7，前 6 位分别为山西、内蒙古、新疆、陕西、贵州和河南。对比 7 个周边省份（山东、江苏、河南、浙江、湖南、湖北、江西），安徽省的煤炭基础储量仅次于河南省，河南、安徽、山东的煤炭基础储量较大，分别居全国第 6、第 7、第 8 位。安徽省石油和天然气的基础储量都很小，2014 年分别为 253.1 万吨和 0.26 亿立方米，在周边省份中均排第 5 位，仅高于湖南、江西和浙江。周边省份中石油基础储量和天然气基础储量最大的都是山东省，2014 年分别为 32627.4 万吨和 348.35 亿立方米。在可再生能源中，安徽省水资源相对丰富，多年平均水资源总量为 716 亿立方米，水资源总量在全国排名第 13 位；但人均水资源量较为缺乏，按常住人口计算，2010 年人均水资源为 1202 立方米，仅占全国人均占有量的一半。其中，常规水电资源并不丰富，目前常规水电资源已基本开发完毕；抽水蓄能电站站址资源较为丰富，从普查情况来看，具有开发价值的站址共 27 处，装机容量为 2825 万千瓦。另外，由于安徽是农业大省，生物质发电所需农作物秸秆资源丰富，年产量 4000 多万吨，可能源化利用量 1000 万～1200 万吨。2012 年发电、燃料等能源化利用量仅 300 万吨，利用潜力较大。

　　"十二五"期间，安徽省能源消费保持增长态势，从 9707 万吨标准煤增长到 12332 万吨标准煤，年均增长率为 4.9%。2014 年安徽省的能源消费总量低于山东、江苏、河南、浙江、湖北、湖南，而高于江西，在周边省份中排第 7 位。对比省份间各个能源品种消费量，安徽省只有煤炭消费量在这 8 个省份中的位次较高，排第 4 位。而能源生产量呈现波动趋势，2010～2015 年年均能源生产量为 10060 万吨标准煤。煤炭消费量和生产量占能源消费量与生产量的比例在"十二五"期间都有所下降。煤炭消费量占能源消费量的比例从 2010 年的 86.2%下降到 2015 年的 76.8%，煤炭生产量占能源生产量的比例从 2010 年的 98.4%下降到 2015 年的 96.0%。

　　虽然安徽是煤炭资源大省，但是煤炭在开采、加工、运输与终端消费过程中相对于其他能源品种，对环境的污染程度最高。鉴于安徽省"富煤、贫油气"的化石能源禀赋以及节能减排目标的约束，安徽省需更加重视清洁能源的发展。"十二五"期间安徽省清洁能源发电发展态势良好，清洁能源发展比例增大，发电结构更清洁化。2014 年安徽省可再生能源发电占总发电量的 4.33%，清洁能源发电量约占总发电量的 2.72%，其中，水电、生物质发电、风电、光伏发电量分别占总发电量的 2.04%、1.60%、0.64%、0.05%。近两年来，安徽省新能源和可再生能源产业发展迅速，风电、光伏发电、生物质发电项目建设全面加快。

　　2015 年第一产业、第二产业、第三产业和生活消费的能源消费占比分别为 2%、72%、13%、13%。随着产业结构由高耗能产业向低耗能产业的转移以及由第二产业向第三产业的转移和调整，2010～2015 年，第二产业能源消费比例降低了 7 个百分点，第三产业能源消费比例提高了 5 个百分点。2010～2015 年第一产业、第二产业、第三产业和生活消费的能源消费年均增长率分别为 2%、3%、15%、9%，期间安徽省能源消费增长最快的为第三产业。

2010～2015 年安徽省能源强度（单位 GDP 能耗）逐年减小，从 2010 年的 0.78 吨标准煤/万元下降到 2015 年的 0.60 吨标准煤/万元，累计减少 23.1%。超额完成了安徽省在"十二五"之初提出的在节能减排领域的目标，即要在 2015 年底，单位 GDP 能耗相对于 2010 年力争下降 16 个百分点。2014 年安徽省能源强度低于全国平均水平，在周边省份中排第五位，高于江苏、浙江、江西、湖南四省，低于湖北、山东、河南三省。

安徽省电力消费和发电量在"十一五"期间都是增长最快的（分别为 13%和 17%），"十二五"增速放缓（分别为 9%和 7%）。这和近几年中国整体经济发展形势密切相关。2000 年以来安徽省的发电量始终高于电力消费，且二者差距越来越大，使安徽逐渐向电力净输出省份转变。

全球能源互联网实质是"智能电网＋特高压电网＋清洁能源"。在全球能源互联网的大背景下，特高压电网的地位将越来越重要，其发展也会更加迅速。安徽省在电网建设上，需要更加重视并做好特高压电网建设工作，如淮南—南京—上海交流输电工程（安徽段）和新建淮东—皖南直流输电工程（安徽段）的续建。在全球能源互联网的推动下，"皖电东送"工程对于促进安徽省电力外送，变输煤为输电，加快电能替代，促进跨省互联、洲内互联等方面将会发挥更加重要的作用。同时，安徽省要积极推动能源技术创新，推进清洁能源替代和电能替代，加快煤电升级改造，加快发展可再生能源，按照集中式开发和分布式利用相结合的原则，积极发展光伏发电，稳步开发风力发电，因地制宜利用生物质能，有效扩大地热能、空气能利用规模，有序推进抽水蓄能电站的建设，不断提高清洁能源在一次能源消费中的比例，从而推动全球能源互联网的构建。

第4章　全球能源互联网对安徽远景能源电力发展的新要求

能源是经济社会的血液。长期以来，世界能源发展过于依赖化石能源，导致资源紧张、气候变化、环境污染等问题日益突出，人类生存环境受到极大挑战，推动能源系统向绿色低碳转型势在必行，图4-1是2015年世界主要国家一次能源消费结构。2015年9月26日，中国国家主席习近平在联合国发展峰会上发表重要讲话，倡议探讨构建全球能源互联网，推动以清洁和绿色的方式满足全球电力需求。同年2月，任国家电网公司（简称国网）董事长的刘振亚出版专著《全球能源互联网》，对构建全球能源互联网的理论和实践问题进行了系统分析。在全球范围内，构建全球能源互联网的战略构想得到日益广泛的认同，规划研究、技术探讨、政策设计、合作交流等相关工作正在不同层次以不同方式展开。

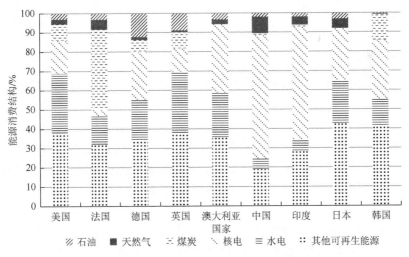

图4-1　世界主要国家一次能源消费结构

资料来源：《BP世界能源统计年鉴2016》

全球能源互联网实质是"智能电网+特高压电网+清洁能源"，其中智能电网是基础，特高压电网是关键，清洁能源是根本。21世纪以来，世界各国积极推动以清洁低碳为核心的能源转型，纷纷制定了清洁能源发展目标和规划，清洁能源发展迅猛。智能电网成为世界电网发展潮流，许多国家加快建设和升级改造，提高电网的灵活性、适应性和自愈能力。区域性电网互联趋势日益加快，欧洲超级电网、东北亚电网互联、北非向欧洲输电的"沙漠太阳能计划"等项目正在积极研究推进。中国在能源转型发展方面开展了富有成效的工作，水电、风电和太阳能发电装机容量居世界首位，成功研发了特高压技术和装备，已商业化运营九条特高压交直流工程，为推进跨国跨洲联网提供了可行的技术选择。各国实践表明，当前建设全球能源互联网已经具备良好的基础和条件①。

4.1　全球能源互联网构建基础和条件

全球能源的创新发展总是在技术探索和工程实践中不断向前推进，全球能源互联网是现代能源电力技术的重大突破和集成创新，其发展实质是"智能电网 + 特高压电网 + 清洁能源"，近年来，国内外在特高压电网、智能电网、清洁能源、大电网互联等领域的研究和工程实践，特别是我国坚强智能电网的成功建设，为构建全球能源互联网奠定了坚实基础。

1）智能电网技术

智能电网技术创新提升了电力系统运行的安全性、适应性、经济性和互动性，我国在智能电网设备监控、系统运行、智能互动、通信信息等技术领域实现了全面突破，工程应用涵盖发电、输电、变电、配电、用电、调度等各领域。

在设备监控方面，智能电网技术实现了对电力系统各环节关键设备的监测和控制，可以实时、全面地掌握设备运行状况，为设备运行的动态优化和效率提升提供支撑，开发了输变电设备状态监测主站系统和终端设备，开展输变电设备状态评估、状态检修和风险预警，实现对输变电关键设备运行状态的可控、能控和在控；掌握了机器人、无人机智能巡检技术，提升了设备安全运行水平，研制了变电站一体化监控系统、辅助功能管控、全数字保护监控系统，实现了变电站设备在线监测一体化和自诊断、监测装置和自动化装置的检测、运行环境的自动监测等。

在系统运行方面，智能电网技术全面掌握电网运行状态，通过在线分析、安全评估、预测预警、调度控制等提升电网的安全稳定运行水平，实现智能运行和调度。在大电网方面，智能调度在技术上实现了在线化、精细化、一体化和实用化四个突破，在线化实现了调度生产各环节的全景监视、智能告警、主动安全防御；精细化实现了满足复杂约束条件的大规模、多目标、多时段、安全经济一体化的调度计划自动优化编制以及稳态、动态、暂态全方位安全稳定校核；一体化

---

① 国网能源研究院，2016 全球能源互联网发展报告。

实现了多级调度上下联动和协调运作，有效支撑特高压大电网的一体化运行；实用化提高了对系统运行方式的在线化应用程度，提升次日调度计划编制和安全校核方面的实用化水平。在配电网运行方面，我国自愈控制、配电终端智能化、分布式电源接入等均取得重大突破，研制了开放式配电自动化系统和智能配电终端，实现了配电自动化系统与相关系统的信息共享和应用集成，研发了分布式发电/储能及微电网接入与统一协调控制技术，对提高供电可靠性和实现系统削峰填谷起到积极作用。

在智能互动方面，智能电网技术在智能电能表、计量装置监测、电动汽车充换电、智能楼宇、智能小区、智能园区等方面取得了突破，建立了智能互动的基础平台，使智能用电服务水平得到显著提升。

在通信信息方面，我国在电力通信和电力信息技术上取得了多方面突破。在电力通信技术方面，我国建立了大容量骨干光传输网、光纤复合架空地线抗冰示范工程、电力物联网示范工程，研制电力专用通信芯片，在分组传送网、以太网无源光网络、工业以太网、电力线载波通信、无线专网及公网通信、电力特种光电复合电缆技术方面取得突破。在电力信息技术方面，智能电网各环节信息技术的研发应用取得全面突破，输变电状态监测、移动作业等一批智能电网信息系统上线，统一视频监控系统、地理信息服务系统全面建设，信息系统应用覆盖了规划、建设、运行、检修、营销各环节业务。

2）清洁能源技术

清洁能源技术是实现清洁替代的重要技术保障，我国在清洁能源发电和运行技术方面实现了一系列创新与应用，有力支撑了清洁能源的大规模开发和消纳。

在大规模风电调度关键技术方面，电网需要在风电功率预测技术、风电与其他电源协调优化技术、风电参与调峰运行模式等关键技术领域实现突破，实现风电接纳能力在线评估、风电日前计划和日内计划调整、风电场并网性能评估等功能，在运行中将风电纳入开机安排，滚动优化火电机组开机，实现波动性风电在运行区间内最大化消纳和系统运行安全。

在大规模光伏发电并网运行技术方面，通过光伏电站功率预测、运行监测、运行控制等关键技术的研发，实现了基于数值天气预报的光伏电站功率的全天候、多时空尺度预测，实现了大型光伏电站功率控制的闭环控制，实现了高穿透率光伏发电的电网日前和日内滚动协调优化调度，解决了光伏电站功率瞬时波动难以把握的难题，并建立了递阶光伏发电功率控制系统，实现了光伏发电有功功率和无功功率的自动平滑调节。

在新能源发电功率预测和运行监测方面，国网建立了新能源发电的预测和全面监测技术体系。在新能源发电功率预测上，国网建成了国网数值天气预报运行中心，开发了具有自主知识产权的风电功率预测系统，掌握了分布式光伏发电网格化预测技术。在新能源运行监测上，国网实现了先进的新能源发电与送出联合调控，风电运行在线监测技术取得突破，光伏电站运行实现了实时的信息监视和数据的即时采集，能够实现对并网光伏电站的效率、功率、电量、电能质量、运行状况等信息的实时监测。

在储能系统运行技术方面，储能系统在提高间歇性电源接入能力应用方面取得技术突破，建立了应用储能技术提高风电接入能力的量化模型，提出了基于多变量协调与多规则切换的储能电站广域协调优化控制技术，通过风、光、储、输示范工程的建设，掌握了风、光、储、输系统联合运行特点与储能系统配置优化方法，推进了大型储能电站在线监测平台的建设，提高了储能系统与间歇性电源的协调运行能力。

3）大电网互联

电网发展具有规模效益，大电网互联是全球电网的发展趋势。目前世界各国都在加快电网互联进程，互联规模不断扩大。北美互联电网、欧洲互联电网和俄罗斯-波罗的海电网是全球能源互联网发展的重要实践，此外南部非洲、海湾地区、南美洲等地区也逐步实现了电网互联。总体来看，各大洲许多国家之前正在形成跨国互联电网，全球电网呈现出显著的互联发展趋势，构建全球能源互联网已经具备了实践基础。

我国在跨国联网方面，截止到 2015 年，已有俄罗斯通过 3 条交流线路和 1 条直流线路向中国输电，中国通过 4 条交流线路向蒙古国送电，吉尔吉斯斯坦通过 2 条交流线路向中国送电，中国还通过 7 条线路向越南送电，通过 115 千伏线路向老挝北部送电，通过 35 千伏和 10 千伏线路向缅甸送电。未来中国将继续加强与周边国家的电力联网，与俄罗斯联网方面，通过特高压直流将俄罗斯远东、西伯利亚大型发电基地的电能送到中国；与蒙古国联网方面，研究在蒙古国合作建设煤矿坑口电厂，向中国出口电力，重点推进蒙古国锡伯敖包向天津±660 千伏、布斯敖包向山东±800 千伏特高压送电项目；与哈萨克斯坦联网方面，重点推进埃基巴斯图兹向河南南阳±1100 千伏特高压送电项目；与巴基斯坦联网方面，重点推进伊犁哈萨克自治州（简称伊犁）向伊斯兰堡±660 千伏直流送电项目。

4.2　全球能源互联网发展路线

1）全球发展路线

综合考虑全球能源分布、清洁能源发展、能源供需、能源输送等因素，未来全球能源互联网发展可以划分为洲内互联、跨洲互联和全球互联三个阶段。

第一个阶段：到 2020 年，推动形成共识；到 2030 年，根据技术经济比较，启动大型清洁能源基地建设，加强洲内国家之间电网的互联。

第二阶段：2030～2040 年，发展重点是在继续加强各洲主要国家电网互联的基础上，按照先易后难的次序，推动"一极一道"（北极、赤道）等大型能源基地开发和跨洲联网取得重要进展。

第三阶段：2040～2050 年，按照重点突破、全面推进的思路，加快全球能源互联网建设，逐步形成全球互联格局，推动实现"两个替代"目标。

2）我国发展路线

目前我国电网已经形成了华北、华中、华东、东北、西北、南方六大同步电网，除了台湾，实现了全国联网，华北和华中通过 1000 千伏特高压交流同步联网，东北与华北、西北与华中、西北与华北、华中与华东、华中与南方通过直流实现异步联网。

我国一次能源禀赋与经济发展的逆向分布使我国形成了"西电东送"的电力流向与格局。为满足中国未来东中部负荷中心受电需求，中国未来电网主干网架将具有三个特征，即大容量、远距离输送，大规模交直流并列运行和受端多直流集中馈入。

从国网经营区域内电网的电力流格局来看，西北、东北区域电网处于电力流送端，远离"三华"负荷中心 1000 公里以上，特高压直流输电工程要求送受端交流电网有坚强的支撑能力。"三华"特高压同步电网的特点是将蒙西、锡林郭勒盟（简称锡盟）、张北等煤电和风电基地通过 3～5 个纵向特高压交流通道与东中部负荷中心连接起来，将宁夏、陕西、山西和西南等煤电及水电基地通过 3～5 个横向的特高压交流通道与东中部负荷中心连接起来，形成连接"三华"地区 16 省（市）和周边 800 公里以内大型能源基地的特高压交流主网架，800 公里以外的大型能源基地的电力仍然通过特高压直流输入"三华"负荷中心，以满足我国经济社会长期可持续发展所需电力的安全可靠供应。

随着新能源的大规模接入，提高电网互联互通水平，全国形成东西部电网是解决我国新能源消纳问题的重要措施。

"十二五"末，我国新能源累计装机容量达到 171.48 吉瓦，居世界第一位。风、光等新能源具有随机性和波动性，大规模消纳一直是世界性难题。由于我国的资源禀赋特点、电力系统条件和市场机制问题，消纳新能源面临更大挑战。随着新能源大规模开发，我国局部地区消纳矛盾逐渐凸显，出现了弃风、弃光问题，引起社会各界的关注。2015 年全国新能源消纳电量为 2230 亿千瓦·时，弃风、弃光总量为 390 亿千瓦·时，双双不断攀升。从新能源装机容量与最大负荷的比值（新能源渗透率）来看，我国为 22%，高于美国（10%），低于丹麦（93%）、西班牙（78%）和葡萄牙（63%），处于中等水平。总体来看，我国新能源发展取得了举世瞩目的成绩，装机容量已居世界第一，消纳总量实现了快速增长。但在新能源渗透率并不突出的情况下，弃风、弃光电量不断增加，引起社会广泛关注，成为学界研究的焦点问题。

　　新能源消纳问题与系统调节能力密切相关。在一定规模的电力系统中，系统调节能力主要由电源调节性能决定，与电源结构相关。不同类型电源的调峰深度有很大差异。核电机组通常作为基荷运行，较少参与系统调节。凝汽燃煤机组和供热火电机组调节性能较差。燃气、抽水蓄能、水电等电源能够快速启停、大幅调节，灵活参与平衡。我国电源结构以火电为主，电源总体调节性能主要取决于火电调峰深度和灵活调节电源比例。从系统条件来看，电源调节性能（最大技术出力、最小技术出力）、电网互联互通（联络线外送能力）、负荷规模及峰谷差，是影响新能源消纳的几个关键因素。

　　我国弃风、弃光主要集中在"三北"地区。2015 年华北、东北、西北弃风电量分别为 9.48 亿千瓦·时、8.34 亿千瓦·时和 16.55 亿千瓦·时，占总弃风电量的99.9%；西北弃光电量为 4.66 亿千瓦·时，占总弃光电量的 95%。弃风、弃光率超过 15% 的有甘肃、新疆、吉林、蒙西和黑龙江五个省（自治区）。多数省（自治区）无弃风、弃光，其中山东、江苏新能源装机容量很大，分别达到 8.54 吉瓦、8.34 吉瓦，新能源基本实现了全额消纳。从时间分布来看，全国 67%、东北地 90%以上的弃风电量发生在供暖期，负荷低谷弃风电量占总弃风电量的 80%。我国弃风、弃光的地域集中、季节集中、时段集中的特点十分突出。

　　分析我国弃风、弃光问题产生的根源，首先从新能源装机容量分布及其与负荷的关系来看，我国新能源装机容量分布不均衡，与负荷呈逆向分布。2015 年，"三北"地区负荷占全国总负荷的比例仅为 36%，但其集中了全国 75% 的新能源装机容量。其中，蒙东、甘肃、宁夏、新疆新能源渗透率超过 100%，已经超过了丹麦、西班牙、葡萄牙等发达国家。由于本地负荷规模有限，新能源消纳对电源调节性能和电网互联互通提出了更高要求。

　　从电源调节性能来看，我国抽水蓄能、燃机等灵活调节电源比例低。"三北"地区 2015 年灵活调节电源仅为新能源装机容量的 17.9%，其中东北为新能源装机容量的 7%、西北为新能源装机容量的 2.4%。西班牙、德国、美国灵活调节电源占总装机容量的比例分别为 31%、19%、47%，美国和西班牙灵活调节电源达到新能源装机容量的 8.5 倍和 1.5 倍。我国火电装机容量超过 1 太瓦，但调峰能力普遍只有 50% 左右，"三北"地区的火电机组在供暖期只有 20% 的调节能力。相比之下，西班牙、丹麦等国家的火电机组都具备深度调峰能力，可调节能力高达 80%。电网互联互通水平不能满足"三北"新能源外送需要。截至 2015 年底，西北电网新能源装机容量为 60 吉瓦，跨区电力外送输电能力仅 16.1 吉瓦。东北电网新能源装机容量已达 25.5 吉瓦，电力富余 20 吉瓦以上，跨区外送输电能力只有 3 吉瓦。而丹麦与挪威、瑞典等国间输电容量为 8 吉瓦，是本国风电装机容量的 1.6 倍；葡萄牙新能源装机容量为 5.3 吉瓦，与周边国家联网容量达 2.8 吉瓦。

　　总体来看，我国新能源消纳问题与负荷规模、电源调节、电网互联等关键因素呈强相关性。"三北"地区现有新能源消纳条件不足，而东中部地区的消纳空间没有通过电网互联得到充分利用，是产生弃风、弃光问题的主要原因。此外，我国正在建设全国电力市场，调峰补偿、价格响应等市场机制尚未建立，发电计划由各地政府制订，各省优先考虑本地电厂多发，接受外来新能源的意愿不强，省间壁垒严重，客观上加剧了新能源消纳的难度。

未来我国将依托特高压电网，加快川藏水电开发外送，构建西南电网，与华中地区通过直流背靠背联网。我国互联电网有望形成西南、西北、东北三个送端，"三华"一个受端及南方电网五个同步电网，结构更合理、功能更清晰、配置能力更强、安全水平更高，"西电东送""北电南供""水火互济""风光互补"等能力进一步加强。

4.3　全球能源互联网背景下安徽省能源电力发展路径

人类社会可持续发展面临着能源安全、环境污染、气候变化等诸多挑战，应对挑战的关键是加快能源变革，大规模开发利用清洁能源，优化能源结构，提高能源效率，改善生态环境，实现清洁发展，根本出路是推进清洁替代和电能替代。清洁替代是在能源开发上以清洁能源替代化石能源，走低碳绿色发展道路，实现化石能源为主、清洁能源为辅向清洁能源为主、化石能源为辅的转变。电能替代是在能源消费上实施以电代煤、以电代油，推广应用电锅炉、电采暖、电制冷和电动交通等，提高电能在终端能源消费的比例，减少化石能源消耗和环境污染。

在当前世界能源变革的思路和实践当中，只有树立全球能源观，构建全球能源互联网，统筹全球能源资源开发、配置和利用，才能保障能源的安全、清洁、高效和可持续供应。能源问题具有全局性和广泛性，树立全球能源观是推动能源变革的重要前提。全球能源互联网由跨洲、跨国骨干网架和各国各电压等级电网（输电网、配电网）构成，连接"一极一道"大型能源基地，适应各种集中式、分布式电源，能够将风能、太阳能、海洋能等可再生能源输送到各类用户，是服务范围广、配置能力强、安全可靠性高、绿色低碳的全球能源配置平台，具有网架坚强、广泛互联、高度智能、开放互动的特征。

构建全球能源互联网包括洲内联网、洲际联网和全球互联。重点是开发"一极一道"等大型能源基地，构建全球特高压骨干网架，推动智能电网在全球广泛应用，强化能源与电力技术创新。构建全球能源互联网具有显著的规模经济性和网络经济性，意义重大、影响深远，将保障全球能源安全、保护地球生态环境，实现人类社会共同发展。

推进全球能源互联网建设，实现"两个替代"，既面临可再生能源加快发展的历史机遇，也面临国际政治、经济利益、社会环境、能源政策、市场建设、技术创新等重大挑战，需要各方面加强沟通、凝聚共识，增进信任、形成合力，共同推动全球能源互联网建设，为人类社会可持续发展作出重要贡献。

对安徽省而言，为配合国家全球能源互联网战略的推进，安徽电网应该注意加快清洁替代和电能替代的进程，不断加快特高压建设，促进电网升级，逐步实现安徽省由电力输出省向电力枢纽省的转变，同时，加快推进"疆电入皖"，促进节能减排，实现"电从远方来，来的是清洁电"。另外，安徽还应该加强农网改造工作，推进城乡电网一体化发展。在新能源发展方面，安徽电网应为清洁能源并网开辟绿色通道，加快充换电设施建设，大力推行电能替代措施，力争为服务美好安徽建设作出新的、更大的贡献。

4.3.1　清洁替代

安徽省应根据自身可再生能源资源开发潜力实现可再生能源的最大化开发利用，未来积极争取核电建设，加快清洁发电替代进程。

（1）水电。安徽省常规水电资源经济可开发量约为 120 万千瓦，到 2016 年已基本开发完毕，下一步主要依靠已建成水电站增效扩容改造，总体维持该装机容量水平。安徽省抽水蓄能资源较为丰富，2015 年抽水蓄能装机容量为 168 万千瓦，根据在建抽水蓄能情况，"十三五"期间，预计 2020 年抽水蓄能装机容量达到 378 万千瓦，2030～2050 年根据调峰需求确定新增抽水蓄能装机容量规模。

（2）风电。安徽省各地市地理位置和地形条件不同，风能密度有较大差异。其中，沿江西部有效风能密度为 100～175 瓦/米^2，为全省风能资源最大的区域，其中望江、宿松有效风能分别为 741 千瓦·时/米^2 和 695 千瓦·时/米^2，为全省风能资源最大区域。皖东南的宣郎广地区，皖北的亳州、太和、利辛，以及皖东来安等地，有效风能密度为 70～100 瓦/米^2，有效风能为 300～400 千瓦·时/米^2，为全省风能资源较丰富区。考虑当前风机技术水平和矿产压覆、自然保护区等限制性开发条件，预计安徽省 2020 年风电装机容量 260 万千瓦左右，至 2050 年达 600 万千瓦。

（3）太阳能发电。虽然安徽太阳能资源相对不丰富，不适合大规模集中开发，但分散式开发利用仍具有一定潜力，可在用电现场或靠近用电现场配置较小的发电机组，以满足特定用户的需要，支持配电网的经济运行。安徽适合集中式开发的光伏电池主要集中在西南山区和皖北两淮地区，其他地区多为分布式发展。根据省内发展目标，综合考虑已并网、在建以及金寨、两淮专项规划，扶贫光伏等项目，2020 年安徽省太阳能发电装机容量将达到 800 万千瓦。《中国 2050 高比例可再生能源发展情景暨路径研究》中描绘了中国 2050 年可再生能源发展的情形，其中安徽省 2050 年的太阳能规划装机容量约是 7000 万千瓦。

（4）生物质（含垃圾）发电。在农作物秸秆资源方面，安徽省农作物秸秆资源相对丰富，正常年份年产量为4000多万吨，最大可能源化利用量约1200万吨，按1个装机容量3万千瓦生物质电厂年消耗24万吨秸秆推算，最大可能源化利用量对应的秸秆发电最大装机容量约150万千瓦。在生活垃圾资源方面，2015年全省城镇生活垃圾无害化处理能力达到3万吨/日，其中垃圾焚烧处理在48%左右，一方面远景垃圾规模在扩大，另一方面垃圾处理能力在提高，综合判断，2020年安徽省生物质发电在200万千瓦左右，2030年达到300万千瓦，2050年达到400万千瓦。

（5）核电。安徽省很早就开始了开发内陆核电资源的相关研究工作，目前已经经过多方多次论证确定的主要核电厂址资源有：董公山厂址、芭茅山厂址和吉阳厂址，各厂址规划装机容量均为4×100万千瓦级，芭茅山具体规划装机容量为4×125万千瓦，其他两个厂址也按此装机容量考虑，但目前内陆核电建设计划尚未启动。安徽省的电源结构以火电为主，可再生能源发电发展潜力有限，未来节能减排目标的实现以及地区电力负荷快速增长需求的满足，在很大程度上仍需依赖于核电的发展。

4.3.2 电能替代

安徽省应一方面加大终端工业、服务业、交通运输业和居民消费领域的以电代煤及以电代油力度，提高电能占终端能源消费的比例；另一方面，利用全国东西部同步电网和自身区位优势，加大省际能源电力输入输出，重点是受进电力。

1）终端电能替代

安徽省在工业、交通运输业、居民和商业领域电能替代潜力较大。

在工业领域，针对当前高耗能行业和传统制造业电能终端比例过低的实际情况，电能替代的重点是电锅炉、电窑炉、冶金电炉、电驱动皮带传输、电制茶、电烤烟和机井通电等，力争到2050年化工、非金属、黑色金属等高耗能行业和传统制造业电能终端占比较当前提高一倍。

在交通运输领域，依托电气化铁路、轨道交通、以电动汽车为主的新能源汽车以及港口岸电，推进交通运输领域以电代油。预期电气化铁路比例由"十二五"期间的60%左右提高至2030年的90%左右，2050年实现100%电气化；2050年以电动汽车为主的新能源汽车在乘用车和客运公路运输中占据主导地位；充分利用港口岸电资源，在港口耗油潜力约束下，2030年实现港口可代油的100%电能替代。

在居民和商业领域，重点应在削减直燃煤燃烧，实施以电代煤，推广蓄热式电锅炉（电采暖）、热泵、电炊具等，力争 2050 年居民和商业终端能源消费实现无煤化。

2）省际能源电力输入输出

我国能源资源和负荷存在逆向分布特点，大型发电基地主要位于"三北"和西南地区，远离东中部负荷中心。而安徽省地理位置刚好位于能源资源和负荷集中地的中部，承东启西，具备中转和接受大型发电基地电力的区位优势。以特高压电网为骨干网架的全球能源互联网和以特高压交流电网为支撑的东西部同步电网构建，可有效实现全国电力资源优化配置，既对安徽能源电力发展提出了新要求，又为满足安徽中长期乃至远景电力需求增长提供了平台支撑。

截至 2016 年，安徽境内已建成特高压工程项目（含过境）5 项，分别为向家坝—上海±800 千伏特高压直流示范工程、锦屏—苏南±800 千伏特高压直流工程、"皖电东送"淮南—浙江—上海 1000 千伏特高压交流工程、平圩电厂三期 1000 千伏送出工程、淮南—南京—上海 1000 千伏特高压交流工程。在建特高压工程项目（含过境）有 3 项，分别是灵州—绍兴±800 千伏特高压直流工程、山西晋北—江苏南京±800 千伏特高压直流工程、准东—皖南±1100 千伏特高压直流工程。准东—皖南工程实现了自主创新的新跨越，电压等级由±800 千伏上升至±1100 千伏，输送容量从 640 万千瓦上升至 1200 万千瓦，经济输电距离提升至 3000～5000 公里，据测算工程投运后每年可向华东地区输送电量 660 亿千瓦·时，相当于运输煤炭 3024 万吨，可减少排放二氧化碳 5940 万吨、二氧化硫 14.9 万吨、氮氧化物 15.7 万吨，将有力促进长三角区域大气污染防治目标的实现。该工程预计 2018 年投产，投产后安徽省将受进电力 600 万千瓦。

"十三五"期间乃至更远的将来，安徽省应继续发挥自身地理位置优势，加强境内特高压工程建设，发挥特高压工程在电力资源优化配置中的作用，保障特高压输配电线路的顺利建成和稳定运营，逐步由电力输出省向电力枢纽省再到电力受进省转变。未来安徽省特高压受进电力规模将继续扩大，基于后续研究，到 2030 年，在皖中地区东部将新增一个特高压直流，安徽省因此新增受进电力 800 万千瓦，受进电力总规模将达到 1400 万千瓦；到 2050 年，在皖中地区西部将新增一个特高压直流，安徽省因此新增受进电力 1500 万千瓦，受进电力总规模将达到 2900 万千瓦。

4.3.3 加快特高压建设，促进电网升级

在全球能源互联网的大背景下，安徽省作为电力枢纽省份将有重要的地位。

（1）18 个大型煤电基地。包括晋北、晋中、晋东南、陕北、宁东、准格尔、鄂尔多斯、锡盟、呼盟、霍林河、宝清、哈密、准东、伊犁、彬长、陇东、淮南、

贵州 18 个基地，大部分位于山西、陕西、内蒙古、新疆、宁夏、甘肃等西部北部地区，2020 年外送规模约 2.8 亿千瓦。

（2）13 个大型水电基地。其中，金沙江、雅砻江、大渡河、怒江、澜沧江 5 大水电基地开发程度较低，均分布在西南地区，未来中国将在这些流域加快建设，2020 年上述 5 大水电基地的投产装机容量约 1.4 亿千瓦。

（3）9 大千万千瓦级风电基地。其包括酒泉、哈密、河北、蒙西、蒙东、吉林、江苏沿海、山东沿海、黑龙江 9 个千万千瓦级风电基地，不考虑江苏沿海和山东沿海 2 个海上风电基地，其他 7 个位于"三北"的风电基地，2020 年装机容量约 0.95 亿千瓦，电力以外送为主。

（4）太阳能资源丰富的地区主要集中在西部。截至 2015 年底，甘肃、青海、内蒙古、新疆、宁夏 5 省（自治区）光伏装机容量合计 2538 万千瓦，占全国光伏装机总容量的 58.8%，按 2020 年全国光伏装机容量 1.5 亿千瓦计算，估计西部地区装机容量占比超过一半，总装机容量超过 0.75 亿千瓦。

从电力需求角度看，东中部地区是中国长期的电力负荷中心，截至 2014 年底，东中部 12 省（市）受入电力规模为 1.1 亿千瓦，根据国网预测，2015～2020 年东中部地区新增市场空间 3.5 亿千瓦，本地建设电源 1.5 亿千瓦，剩余 2 亿千瓦容量通过新增跨区电力流满足，即 2015～2020 年东中部地区有新增 2 亿千瓦容量的外受电需求。

因此，随着大型发电基地的开发以及东中部负荷中心用电需求的持续增长，未来中国存在大规模跨区送电的客观需求，将呈现"西电东送""北电南送"的电力流格局。此外，发电能源资源较为丰富的俄罗斯、蒙古国、亚洲中部地区（简称中亚）、东南亚等周边国家和地区也具有向中国送电的潜力，将进一步强化跨区送电的需求。

实际上，决策层层面也在大力支持跨区送电，习近平主席、李克强总理等多次公开支持跨区送电，尤其当前东中部地区雾霾问题凸显，跨区送电已成为社会共识。与超高压输电相比，特高压输电具有输送容量大、距离进、损耗低、占地省等优势，能够明显缩短电气距离，尤其适合远距离大规模输电。

回顾中国特高压的发展历史，2014 年之前，特高压在争议和探索中缓慢前行。特高压交流方面，2007 年第一条特高压交流线路晋东南—南阳—荆门工程开始建设，定位为试验示范工程，2011 年底其扩建工程正式投运；2011 年 9 月，淮南—浙北—上海特高压交流工程获得中华人民共和国国家发展和改革委员会（简称国家发改委）核准，2013 年 9 月正式投入运行，定位为示范工程，相对晋东南—南阳—荆门工程定位去掉了"试验"二字；2013 年 3 月，浙北—福州特高压交流工程获得国家发改委核准，2014 年 12 月投运。在特高压直流方面，国网与中国南方电网公司（简称南网）齐头并进，相关工程主要用于西南水电外送。2011～2013 年，我国合计核准 2 交 3 直特高压工程，进度较为缓慢。

2013 年，我国北部地区多次出现严重的雾霾天气，严重影响人们的健康和交通出行。在此背景下，国家推行铁腕治霾，主要手段之一是减少雾霾重灾区的煤炭使用。2013 年 9 月，中华人民共和国国务院出台《大气污染防治行动计划》，提出要加快调整能源结构，增加清洁能源供应，力争实现京津冀、长三角、珠江三角洲（简称珠三角）等区域煤炭消费总量负增长，逐步提高接受外输电比例。2013 年 11 月，张高丽副总理在向外国客人介绍时指出，发展特高压可以促进西部、北部的清洁能源开发，并把它们源源不断地输送到东中部负荷中心，有助于应对雾霾。在此背景下，2014 年 6 月，国家能源局发布《国家能源局关于加快推进大气污染防治行动计划 12 条重点输电通道建设的通知》，拟建设 12 条重点输电通道，包含 4 条特高压交流、5 条特高压直流、3 条 500 千伏输电通道，4 交 5 直特高压工程得以放行，特高压核准进度明显提速。2014 年共核准 2 交 1 直，2015 年则核准 2 交 6 直，中国特高压的发展进入快速期。

截至 2015 年底，我国在运行、在建和已核准待建的特高压工程共 20 项，其中特高压交流工程 7 项，特高压直流工程 13 项（7 交 13 直）。特高压交流方面，皖电东送南环和北环、浙北—福州 3 条线路在华东区域内，锡盟—山东、蒙西—天津、榆横—潍坊 3 条线路在华北区域内，首条特高压交流试验示范线路则纵跨华北和华中，形成华北和华中交流同步电网，7 条特高压交流均位于国网范围内。特高压直流方面，3 条线路在南网范围内，10 条在国网范围内，南网特高压直流工程技术参数为 ±800 千伏/500 万千瓦，国网特高压直流工程参数不断提升，目前主流工程参数为 ±800 千伏/1000 万千瓦，部分工程采用 ±1100 千伏/1200 万千瓦。

此外，"十二五"期间，我国特高压技术的出口实现突破。2014 年 2 月，国网与巴西电力公司以 51%：49%股比组成的联营体中标巴西美丽山水电特高压直流送出项目，该项目为美洲第一条 ±800 千伏特高压直流输电线路。2015 年 7 月，国网独立参与竞标并成功中标巴西美丽山水电 ±800 千伏特高压直流送出二期特许权经营项目，特许权经营期限为 30 年，这是国网继美丽山水一期项目之后在海外中标的第二个特高压直流输电项目，也是首个在海外独立负责工程总承包的特高压输电项目。

国网 2016 年两会指出：截至 2015 年底，国网累计建成"3 交 4 直"特高压工程，在建"4 交 5 直"工程，在运、在建和获得核准线路变电（换流）容量达 2.94 亿千伏安（千瓦）。同时，国网提出到 2020 年建成东部、西部同步电网，变电（换流）容量达 8.9 亿千伏安（千瓦）。此外，国网发布的"十三五"电网发展规划研究成果指出，到 2020 年国网形成 2 个同步电网只是同步电网构建实施步骤的第一阶段；第二阶段是到 2025 年国网建设东部、西部电网同步联网工程，特高压骨干网架进一步加强，国网形成一个统一的同步电网；到 2030 年，建成 43 回特高压直流工程，其中跨区、跨国 29 回。

根据国网特高压发展规划，"十三五"特高压工程分三批建设。第一批为"5 交 8 直"工程。为治理东中部地区严重雾霾，满足西部、北部能源基地和西南水电基地电力外送需要，提高电网安全、稳定水平，应加快建设"5 交 8 直"特高压工程，2016 年开工建设，2018～2019 年建成投产。目前，准东—皖南±1100 千伏特高压直流工程已开工建设，预计最快在 2018 年建成投运。第二批为"4 交 2 直"工程。为加快形成东部、西部同步电网，建设东北特高压环网，东北与华北、西北与西南、华北—华中与华东特高压交流联络通道，以及金上—赣州、俄罗斯—霸州直流等特高压工程，2018 年前开工，2019～2020 年建成投产。第三批为"3 交 1 直"工程。2020 年以前开工建设东部电网内部网架加强工程、内蒙古特高压主网架、西部电网向新疆和西藏特高压延伸工程，以及伊犁—巴基斯坦直流等工程。

针对上述三批建设的规划，国网制订了 2016、2017 年特高压前期工作计划，2016 年主要任务是获得蒙西—湘南、荆门—武汉、长沙—南昌，胜利—锡盟—张北—赣州、南阳—驻马店、晋东南—东明—枣庄、湘南—赣州，济南—枣庄—临沂—潍坊，南京—徐州—连亏港—泰州，巴塘—雅安—重庆—绵阳—德格、雅安—阿坝交流；扎鲁特—青州、雅中—南昌、陕北—武汉、陇彬—徐州、蒙西—湘南、准东—成都、蒙古—天津直流"5 交 7 直"特高压工程核准。2017 年主要任务是获得呼盟—大庆西—哈尔滨—长春东—沈阳东—营口、大庆西—白城—扎鲁特—赤峰—锦州—营口、扎鲁特—沈阳东，枣庄—徐州、临沂—连亏港、驻马店—淮南、武汉—皖南、南昌—浙南、赣州—厦门—福州，赤峰—锡盟、锦州—唐山—天津南，阿坝—果洛—塔拉—天水—陇南—广元—长寿交流；金上—赣州、俄罗斯—霸州直流"4 交 2 直"特高压工程核准。

以上拟在 2017 年前开展前期工作并获得核准的"9 交 9 直"特高压工程投资额超过 6000 亿元，是"十二五"期间核准的特高压工程投资额的 1.67 倍，其中显著的增量在于特高压交流工程，9 条特高压交流工程投资规模约为"十二五"期间获得核准的所有特高压交流工程投资规模的 3 倍，这也有望为特高压交流带来主题性的投资机会。

从以上 9 条特高压交流工程可以看出，目前国网规划的特高压交流基本属于区域内或省内的联网工程，并未涉及"三华"联网，这也使本次特高压交流规划实施的阻力相对较小，可以认为是国网的一种暂时性的妥协，从国网宣称的 2020 年要建成东西部两个同步电网来看，"三华"同步电网仍是其追逐的重要目标，只是碍于当前阻力太大。截至目前，锡盟—胜利特高压交流工程已经获得内蒙古地方政府核准并已开始实施设备招标，预计未来上述规划的特高压交流工程逐段核准、逐段建设的可能性较大。

总体来看，不管是出于对国家整体能源规划方面的考虑，还是出于国网的发展经营策略，通过发展特高压，形成全国统一同步的骨干网络都是大势所趋。从地理位置上来看，安徽省处在中国能源资源集中区域与用电核心区域的中间。未来安徽省应该发挥这一地理优势，建设成全国大电网的核心枢纽。公开资料显示，"十二五"以来，国网累计在安徽投资超过 700 亿元，基本建成以 500 千伏线路为骨干、220 千伏线路为支撑的坚强电网。特别是淮南—浙北—上海等特高压交流工程的建成贯通，标志着安徽电网全面进入特高压时代，也使安徽在华东乃至全国电网的地位和作用更加凸显。

4.3.4　"电从远方来，来的是清洁电"

"疆电外送"对国家整体能源格局和新疆地区的发展都有着重要意义，而"疆电入皖"对支持安徽省经济健康可持续发展以及满足安徽省能源结构向清洁能源转变则有着重要意义。根据"疆电外送"的项目规划，项目全部完成后，输电能力将达到 800 万千瓦，创造世界新纪录。该工程将充分发挥特高压输电优势，将新疆哈密地区丰富的煤炭和风能资源就地转化成电力输送到华中地区和华东地区，不仅有利于提高新疆的自我发展能力，而且有助于解决华中、华东区域煤电运输矛盾，缓解华中、华东地区电力紧张局面，同时每年可减排二氧化硫 31.7 万吨、氮氧化物 26.7 万吨，不仅有效缓解了空气污染压力，而且节省了大量的土地资源，带来巨大的环境保护效益。

中国能源分布与能源需求不均衡，电力等能源发展已成为制约东部和中部省区经济社会发展的瓶颈。如前面所述，中国重要的煤电和水电基地均集中在西部和北部地区，与中、东部用电负荷中心的距离一般都为 1000～4000 公里，客观上决定了中国能源和电力发展必须走远距离、大规模输电和全国范围优化电力资源配置之路。

而新疆的优势是地大物博，资源非常丰富。新疆的石油预测资源量达 208.6 亿吨，占全国陆上石油资源量的 30%；天然气预测资源量为 10.3 万亿立方米，占全国陆上天然气资源量的 34%；煤炭预测储量为 2.19 万亿吨，占全国预测储量的 40%；年日照总时数为 2550～3500 小时，居全国第二位；风电可装机容量接近 1 亿千瓦。"十二五"期间，新疆大力实施优势资源转换战略，电源建设取得了快速增长，截至 2014 年底，新疆电源装机容量为 5280.8 万千瓦，位列我国第八，电源投资一方面直接拉动了当地的经济增长，另一方面也给当地的经济发展提供了充足廉价的能源动力，间接推动了新疆地区国民经济的快速发展。

与此同时，由于丰富的资源优势，新疆地区发电能力的增长速度远远快于自身电力消纳能力的增长。鉴于疆内发电量严重过剩的情况，其消纳市场至关重要。而新疆当地的电力消纳市场空间有限，需要加大经济发展力度，开拓资源的消纳市场空间，特别是电力消纳空间。如何实现在资源相对匮乏的国内和周边一些国家提升电力市场消纳空间，实现共赢和多赢？"疆电"大规模外送无疑就是解决问题的有效途径。将新疆的煤炭、风能、太阳能等优势资源就地转化后，通过"疆电外送"把富余的电力资源输送到国内其他地区电力市场进行消纳，拓展电力市场消纳空间。当前，中央提出"一带一路"倡议，加快推进与周边国家基础设施的互联互通。因此，可以依托远距离、大容量、低损耗的输电技术来打造"一带一路"输电走廊，通过"疆电外送"将境内富余电力输送到巴基斯坦等电力相对匮乏的地区，实现与周边国家的电网互联互通，将新疆的区位优势转化为经济优势。

与此同时，身处中部的安徽省则面临着电源结构过于单一的问题。以 2015 年为例，火电发电量占安徽省发电总量的 96.5%，其中燃煤发电量全省发电总量的 91.0%。相比风能、水能或者太阳能等清洁能源丰富的其他省份，资源禀赋的限制导致安徽省的电源结构过于集中。随着经济发展面临的资源与环境约束日益严重，安徽省面临着电源结构向清洁能源转变的巨大压力。

从安徽省与全国的对比来看，到 2015 年底，全国可再生能源发电装机容量达 4.8 亿千瓦，发电量占全部发电量的比例为 24.5%。其中水电占据较大比例，发电量为 10985 亿千瓦·时，占全部发电量的 19.6%。全国扣除水电后的可再生能源电力消纳量为 2778 亿千瓦·时，占全社会用电量的比例约为 5.0%，其中风电发电量 1863 亿千瓦·时，占全部发电量的 3.3%；光伏发电量 392 亿千瓦·时，占全部发电量的 0.7%；生物质发电量 527 亿千瓦·时，占全部发电量的 0.9%。而根据国家统计局公布的数据，2015 年安徽省可再生能源消纳比例为 9.6%，其中非水可再生能源占比仅为 3.9%。安徽省可再生能源以及非水可再生能源消纳情况与全国平均水平有着较大差距。

2016 年 3 月，国家能源局发布《国家能源局关于建立可再生能源开发利用目标引导制度的指导意见》（简称《指导意见》），并制定各省（区、市）的可再生能源开发利用目标以及责任和义务。《指导意见》指出，根据《中华人民共和国可再生能源法》、《国务院关于加快培育和发展战略性新兴产业的决定》、《能源发展战略行动计划（2014—2020 年）》以及推动能源生产和消费革命的总要求，为促进可再生能源开发利用，应保障实现 2020 年、2030 年非化石能源占一次能源消费比例分别达到 15%、20%的能源发展战略目标，同时对各地区建立可再生能源开发利用目标引导制度提出了七点要求：①充分认识建立可再生能源开发利用目标的重要性；②建立明确的可再生能源开发利用目标；③制定科学的可再生能源开发利用规划；④明确可再生能源开发利用的责任和义务；⑤建立可再生能源开发利用监测和评价制度；⑥研究完善促进可再生能源开发利用的体制机制；⑦分步开展可再生能源开发利用目标引导工作。

　　《指导意见》还公布了到 2020 年各省份全社会用电量中非水可再生能源电力消纳比例指标，其中要求安徽省非水可再生能源电力消纳比例不低于 7%。这意味着"十三五"期间，安徽省非水可再生能源电力的占比要增长 3.1 个百分点，在 2015 年的基础上增加 79.5%。

　　风能和太阳能资源受资源禀赋的影响较大，安徽省的日照条件和风力资源分布并不具有突出的优势，在这种情况下，积极引导"疆电入皖"对提高安徽省非水可再生能源的消纳比例就有着重要意义。

　　2015 年 12 月 28 日，国家发改委以《关于准东—华东（皖南）±1100 千伏特高压直流输电工程项目核准的批复》（发改能源〔2015〕3112 号），正式核准建设准东—皖南±1100 千伏特高压直流输电工程，这标志着该项目正式进入工程建设阶段。

　　准东—皖南±1100 千伏特高压直流工程是第二条"疆电外送"特高压输电通道，对于促进新疆综合能源基地开发、实现新疆社会稳定和长治久安、落实大气污染防治行动计划、保障华东地区电力可靠供应、拉动经济增长、引领技术创新等具有十分重要的意义。

　　该工程途经新疆、甘肃、宁夏、陕西、河南、安徽 6 省（自治区），新建准东、皖南两座±1100 千伏换流站，新增换流容量 2400 万千瓦；新建准东—皖南±1100 千伏直流线路 3324 公里；工程动态总投资 407 亿元。在世界上首次采用±1100 千伏直流输电电压等级，将特高压直流最大输电容量由 1000 万千瓦进一步提升到 1200 万千瓦，输送距离提高到 3000 公里以上，进一步提高了直流输电效率，节约了宝贵的土地和走廊资源，提高了经济和社会效益，对于特高压电网及全球能源互联网发展具有重大的示范意义。根据测算，工程投运后每年可向华东地区输送电量 660 亿千瓦·时，相当于运输煤炭 3024 万吨，可减少排放二氧化碳 5940 万吨、二氧化硫 14.9 万吨、氮氧化物 15.7 万吨，将有力促进长三角区域大气污染防治目标的实现。同时对于解决准东煤电基地开发和满足华东用电负荷增长需求有着重要意义。

　　2016 年 1 月 11 日，准东—皖南±1100 千伏特高压直流输电工程正式开工。该工程起点位于新疆昌吉自治州，终点位于安徽宣城市，途经新疆、甘肃、宁夏、陕西、河南、安徽 6 省（自治区），线路全长 3324 公里。工程投资 407 亿元，预计最快在 2018 年建成投运。

　　准东—皖南±1100 千伏特高压直流输电工程是目前世界上电压等级最高、输送容量最大、输送距离最远、技术水平最先进的特高压输电工程，是国网在特高压输电领域持续创新的重要里程碑，刷新了世界电网技术的新高度。该工程也是实施"疆电外送"的第二条特高压输电工程，对于促进新疆能源基地开发、保障华东地区电力可靠供应、拉动经济增长、实现新疆跨越式发展和长治久安、落实大气污染防治行动计划等具有十分重要的意义。

目前，华东地区燃煤电厂分布密集，严重超出环境承载能力。在新疆集中建设大容量燃煤坑口电站及风电厂，通过准东—皖南±1100 千伏特高压直流输电工程外送，煤炭综合利用效率度高、排放治理效果度好。工程建成投运后，每年可向东中部送电约 660 亿千瓦·时，减少燃煤运输 3024 万吨，减排烟尘 2.4 万吨、二氧化硫 14.9 万吨、氮氧化物 15.7 万吨，将有效促进大气污染防治目标的实现。

准东—皖南±1100 千伏特高压直流输电工程实现了自主创新的新跨越。电压等级由±800 千伏上升至±1100 千伏，输送容量从 640 万千瓦上升至 1200 万千瓦，经济输电距离提升至 3000～5000 公里，每千公里输电损耗降至约 1.5%，进一步提高了直流输电效率，节约了宝贵的土地和走廊资源，进一步增强了我国在电网技术和电工装备制造领域的国际影响力与核心竞争力。超大容量、超远距离、更低损耗的特高压直流输电，对于有序推进国内互联、洲内互联、洲际互联，构建全球能源互联网，具有重大示范意义。

4.3.5　推进了城乡电网一体化发展

在中共十八大会议中，会议报告提出了"加快完善城乡发展一体化体制机制，着力在城乡规划、基础设施、公共服务等方面推进一体化，促进城乡要素平等交换和公共资源均衡配置"的要求，确立了"人民生活水平全面提高。基本公共服务均等化总体实现"和"资源节约型、环境友好型社会建设取得重大进展。主体功能区布局基本形成，资源循环利用体系初步建立。单位国内生产总值能源消耗和二氧化碳排放大幅下降，主要污染物排放总量显著减少"的目标。实现城乡发展一体化的目标，可使乡村基础设施建设步伐以及公共服务的质量向城镇靠拢，使乡村切实能分享到城镇的资源。考虑到中国的电网建设，为响应国家政策号召，努力推进城乡电网一体化建设也是为农村谋福利的一项任务和工作。电网需要着力落实党中央所部署的努力推进提升农村供电服务工作的任务，在提升农村电网服务水平的过程中，逐步提高风、光等清洁能源在电力结构中的比例，让清洁化的能源延伸到农网地区，让优质化的服务布及广大农村地区。电力服务涉及广大人民的生产生活，同时是社会经济发展的必需品，考虑到当前城乡供电服务水平的差距，电力企业作为公共服务部门肩负着重要的责任。城乡电网一体化发展是我国完善城乡发展一体化体制机制的重要一环，应该在推进建设资源节约、环境友好型社会的过程中逐步实现城乡电网一体化。

从当前情况来看，我国的电网行业正在经历一个高速发展的时期，并且进入了一个全新的发展阶段。我国电网行业经历过西电东送和全国联网的多元化管理模式的实施以及电力行业快速发展的阶段后，目前已经转换到了以调整电网结构为主要任务的阶段。随着中国农业现代化的发展，农村生活的用电需求在增加，当前的农村电网结构难以面对逐渐增长的电力需求，考虑多方面的因素，需要对农村电网进行改造。在近些年，为了保障农村电网在使用过程中的安全性，以及电网的电力输送能力，国家加大了对农村电网改造的资金投入以及相应的政策扶持。虽然农村电网经过了这么多年的发展，但是纵观全国，农村电网的电气化水平相对于城镇发展还处于比较低的水平，农村的电网结构相对薄弱，而且质量差，线路以及配套的设施水平低，安全可靠性差，同时存在产权结构复杂、资金短缺、管理意识陈旧方面的问题。

针对农村电网企业普遍存在的实际性问题，单纯地从农村电网企业本身来进行改善与提高，在短时间内是无法快速实现的，因此，为加快促进农村电网的改革，采用城乡电网一体化模式非常合适。城乡电网一体化发展有助于提升农村电网管理水平，实现了农村电网管理水平由综合性的管理向专业化的管理的转换。这可以使农村电网能够更好地服务于当地的农村经济建设与发展。由此可见，地市供电企业城乡电网一体化是目前我国农村电网现状发展最适合的一种模式。

"三农问题"在国家战略中越来越重要，在社会经济不断发展的大背景下以及新农村建设的逐步推进过程中，农村经济需要发展、农业的生产力需要提升、农民的生活质量需要提高、农村的用电也需要保障。在这个背景下和新形势下提出的城乡电网一体化建设中，加快推进并实现农村电网的一体化建设，有利于不发达地区农村电网快速可持续地发展。研究并探索新模式下的电网管理模式，对于城市以及农村来讲，都可以提高电网运行的管理水平，在城乡之间建立一个比较好的供电秩序，有利于促进城乡电网的健康发展。

城乡二元格局严重限制了我国城乡之间的协调发展，响应国家城乡一体化建设，是打破城乡二元格局的一个重要手段。城乡电网一体化管理的实施，有利于改善我国经济发展较为落后地区的生活状况，通过中央政府以及全社会的共同努力必然可以实现经济可持续发展。

城乡电网一体化的实施对于优化城乡电网的供电管理有着积极的作用，一方面可以促进响应国家城乡一体化建设，有利于农网的基础设施建设；另一方面这也可以促进经济的发展，加快农村地区的经济和电力改革发展，提高农村居民的生活水平。城乡电网一体化的发展，可以很好地解决农村在用电方式和用电模式中所面临的困难与矛盾，同时，将农村与城市的电网进行一体化发展，在当前中国电力改革的大背景下是需要着力推进的。

城乡电网一体化的实施可以从多个方面惠及经济和社会发展。

（1）从社会效益上来讲。第一，可以提升农村电网的供电服务水平。鉴于城乡之间经济发展的差距，在电网管理方面，农村电网管理也和城市电网的管理存在着差距，这表现在管理人员经验和管理人员服务水平的差距上。通过实施电网一体化管理，将城乡的供电系统联系起来，这样可以在很大程度上提升农村电网的供电服务水平。第二，推动城乡电网协调发展。城乡电网的基础设施建设存在差距，国家这一轮开启的农村电网改造升级建设，可以在一定程度上升级已经老旧的农村电网系统，这样可以保障农村电网的供电稳定性和安全性，使城乡电网实现协调发展。第三，推动绿色能源快速发展。在当前的环境和资源约束压力下，能源清洁发展是当务之急，需要提高清洁电力在电力结构中的占比。风电、光伏发电等清洁电力的发展需要较为牢固和稳定的电力系统的支撑，风电和光伏发电的电力输出并不稳定，其对电网要求比较高。城乡电网一体化的建设，可以改善农村电网的运营状况和环境，农村电网运行质量的提高能够保障清洁电力的接入。

（2）从经济效益上来讲。第一，可以提升资源配置效率。城乡一体化的发展也可以带动资金、资源以及技术的流转，城市资源向农村资源的有效辐射对于农村电网以及农村经济的发展有着明显的带动作用。农村地区的资源配置是远远低于城镇的资源配置的，这种资源的倾斜必然导致经济系统发展的不平衡，城乡电网一体化发展可以平衡城乡之间的资源配置。第二，提高电费资金归集效率。对于农网电费收集管理的无效率问题，可以在城乡电网一体化发展的过程中，完善管理模式和机制，及时收回运作资金，无论对于电力企业的运营还是对电费资金的利用，都会直接提高效率。

（3）从管理效益上来讲。第一，可以强化供电服务质量管控。农村电网供电质量要明显低于城镇的电网供电质量，城乡电网的一体化管理将城镇和农村的电力供应管理把控在一起，可以提高农村电网电力的管控质量。第二，提高供电服务效率。农村电网供电服务意识较差，往往认为只是向用户简单地提供电力供应而没有向用户提供全面的服务，城乡电网一体化发展可以将城市的供电服务效率向农村推广，使农村的民众也能享受到像城镇那样的供电服务。第三，人员配置更趋优化。城乡电网一体化发展可以促进城镇和农村电网之间的人员流动，使拥有专业技术水平的技工和管理人员调配到农村地区，优化城乡地区电网从业人员的配置。

政府部门是监督和管理供电服务很重要的一方，这表现在政府是供电部门的重要投资方，同时表现在政府在政策制定上对供电环节的控制与管制。只有政府部门的把关，才能够从始至终保证城乡电网一体化发展的施行。政府部门的监管可使电力市场渐趋为有秩序、有规范的市场。

农村电网是农村的重要基础设施，关系到农民生活、农业生产和农村繁荣。加快农村电网改造升级，既是解决当前农村电网薄弱问题、改善农村生产生活条件的现实需要，也是提升电网接入能力、促进新能源产业发展和光伏扶贫的紧迫任务；既是增加重点领域投资、有效拉动经济增长的重大举措，也是加快新型城镇化步伐、推动县域经济发展的必然要求。

从国家层面来看，实施新一轮农村电网改造升级，是近期拉动有效投资、促进经济稳定增长的重要举措，也是打赢脱贫攻坚战的重要基础，更是一项重要的政治任务。从安徽省层面来看，全省农村电网状况还存在短板，特别是中心村还存在供电能力不足、网架结构不完善、装备水平偏低、机井通电比例低等问题，更需要抓住新一轮农村电网改造升级的有利契机，从而补齐农村基础设施短板。

从积极推动全球能源互联网的角度来讲，国网董事长舒印彪提出，要加快各级电网协调发展，全力推进特高压等重点工程，加强新一轮农网改造升级和城镇配电网建设，加快智能电网重点工程建设，提升电网建设管控能力，推动构建全球能源互联网。长期以来，我国都是集中式的电网，但随着可再生能源和信息技术的发展，智能电网应运而生。随着太阳能和风能的发展，家家户户都可以成为能源的生产者和使用者。在城镇化过程中，发展分布式的低碳能源网络很有必要。未来我国会有十个甚至二十个百分点的城镇化率的增加，城镇化以后，农民变成市民，生活质量都会提高，随着农业现代化发展，人们生活水平会提升，人均用能、用电都会增加。因此要特别倡导分布式的低碳能源网络，将集中式电网与分布式网络相结合，包括农网改造也要注重发展分布式网络，多使用可再生能源。

"十三五"是全面建成小康社会的决胜期，全面建成小康社会对电力发展提出更高的要求。主要是三个方面：一是做好产业转移和城乡一体化过程中的电力保障，近年来安徽产业转移承接发展态势良好，全社会用电量稳步上升，据了解，自国家大力实施城农村电网改造以来，安徽省供电质量有了显著提升，但夏冬两季城郊和农村地区"电渴"问题在安徽省还没有彻底解决，因此还需要进一步加大配电网改造升级的投入力度；二是推行电能替代，对接绿色发展，绿色富皖、绿色惠民，要求进一步实施"以电代煤，以电代油"的电能替代战略，为清洁能源并网开辟绿色通道，通过规划研究、电网建设、并网服务、并网运行全过程，全面提升清洁能源并网服务效率和质量；三是打好扶贫攻坚战，对接共享发展，围绕实现人民福祉新提升，需要坚持全民共享、全面共享、共建共享、渐进共享，坚持精准扶贫、精准脱贫，在电网方面，重点利用行业优势切实抓好 31 个贫困县的电力扶贫，尽快完成 5 万个贫困户、862 个贫困村光伏扶贫任务。

2015 年，国家下达安徽省 2015 年新增农村电网改造升级工程投资 105 亿元，各类建设项目 3 万多个，遍布全省 72 个县级供电区域。各市、县政府承担推进农村电网升级改造的主体责任，积极协调办理开工手续，及时解决征地拆迁、苗木赔偿和施工环境等问题，保障项目尽快开工和顺利实施。安徽电网作为项目法人，要承担项目建设的直接责任，组织市、县供电公司，抓紧落实开工条件，统筹资源配置，保质保量完成改造任务。安徽省其他有关部门要按照职能分工，开辟绿色通道，及时协调办理项目土地划拨、规划选址、环境评价、林地占用、道路和河流跨越（穿越）等相关手续。安徽省能源局要严格履行监督责任，指导督促项目建设，加强项目全过程管理，确保项目管理规范、资金安全、质量优良。

从安徽电网的角度来讲，要建立农村电网改造升级工作协调机制，全面负责工程建设日常协调管控工作；要严格执行基本建设程序，统一建设标准，规范工程管理，确保工程质量；要加强物资采购供应，及时增加采购批次；要健全安全保障和质量监督体系，落实工程安全责任；要抓紧制订工程建设里程碑计划，尽快启动工程建设，并通过动态监测系统按月报送项目进展情况，确保各项工作有序推进。

4.3.6　实现经济社会与环境协调发展

2015 年发布的中共十八届五中全会公报中，作为五大发展理念之一的"绿色发展"受到普遍关注。与此同时，"十三五"规划的十个任务目标中，加强生态文明建设首度写入五年规划。随着中国经济社会发展过程中面临的资源约束与环境约束日益严重，环境保护与经济社会发展的矛盾也日益突出。当前，安徽省的能源消费以化石能源为主，尤其是煤炭。大量的化石能源消费在支撑安徽省经济快速增长的同时，带来了严重的环境问题。

根据 2015 年安徽省环境状况公报公布的数据，2015 年安徽省空气质量平均达标天数比例为 77.9%，16 个设区的市空气质量达标天数比例为 67.1%（淮北）～94.7%（黄山），首要污染物为细颗粒物。全省只有黄山和池州市空气质量达到国家环境空气质量二级标准。2015 年，全省二氧化硫年均浓度为 22 微克/米^3，达到二级标准；二氧化氮年均浓度为 31 微克/米^3，达到一级标准。但可吸入颗粒物（PM_{10}）年均浓度为 80 微克/米^3，超过二级标准 14%；细颗粒物（$PM_{2.5}$）年均浓度为 55 微克/米^3，超过二级标准 57%；一氧化碳日均值第 95 百分位浓度为 1.8 毫克/米^3，达到一级标准；臭氧日最大 8 小时平均第 90 百分位浓度为 106 微克/米^3，达到二级标准。二氧化硫的排放是造成酸雨污染的主要原因。2015 年，安徽省全省平均酸雨频率为 8.1%，马鞍山、宣城、滁州、铜陵、合肥、安庆、池州和黄山 8 个城市出现酸雨。全省平均降水 pH 年均值为 5.90，池州和黄山市降水 pH 年均值分别为 5.44 和 5.32，均为轻酸雨城市。与此同时，安徽省的水污染情况也不容乐观。2015 年，安徽省全省共有 100 条河流和 28 座湖泊水库总体水质状况为轻度污染。

根据全球能源互联网的发展理念，实现清洁替代和电能替代的"两个替代"是从根本上解决人类能源供应面临的资源约束和环境约束问题，实现能源资源可持续发展的必经之路。安徽省也提出了到"十三五"末期，实现非化石能源比例在 10%以上的发展目标。

根据国网的测算，构建全球能源互联网，以清洁和绿色方式满足全球电力需求，到 2050 年清洁能源比例将达到 80%，每年可替代相当于 240 亿吨标准煤的化石能源，减排二氧化碳 670 亿吨。届时，全球二氧化碳排放可控制在 115 亿吨左右，仅为 1990 年的一半左右，能够实现全球温升控制在 2℃以内的目标。同时能够有效缓解由化石能源燃烧带来的二氧化硫、氮氧化物以及粉尘等颗粒污染物造成的污染问题，让世界成为一个能源充足、环境美好的地球村。

安徽省应抓住全球能源互联网战略实施的契机，加快本省清洁能源的发展。全球能源互联网提出的将屋顶太阳能、墙面太阳能或者小型风机等家庭式发电机组并网互联等方式对安徽省有很强的借鉴意义，这不仅可以将散布的清洁能源加以利用从而提高全球清洁能源开发率，也可以通过自产自销的方式满足部分家庭生活能量消费，降低生活成本，同时这一种新的能源采集利用模式还能够成为行之有效的扶贫手段，可以结合安徽省目前正在推行的农村电网改造计划在全省推广。

4.4　本章小结

能源是经济社会的血液。长期以来，世界能源发展过于依赖化石能源，导致资源紧张、气候变化、环境污染等问题日益突出，人类生存环境受到极大挑战，推动能源系统向绿色低碳转型势在必行。全球能源互联网战略以"两个替代"、"一极一道"和全球范围内的特高压电网为核心思想内容，为解决世界能源发展面临的各种问题，实现人类社会健康可持续发展提供了新的途径。

目前全球能源互联网构建基础和条件都很成熟，因此在加快实施全球能源互联网建设的背景下，安徽省应抓住全球能源互联网的本质，即"智能电网＋特高压电网＋清洁能源"，其中智能电网是基础，特高压电网是关键，清洁能源是根本。具体来说，安徽省应该加快清洁替代和电能替代的进程，不断加快特高压建设，促进电网升级，逐步实现安徽省由电力输出省向电力枢纽省的转变，同时，加快推进"疆电入皖"，促进节能减排，实现"电从远方来，来的是清洁电"。农村电网是安徽省电网的重要组成部分，应进一步推动安徽省农村电网改造工程，加强资金和人力物力投入。在新能源发展方面，安徽省应为清洁能源并网开辟绿色通道，加快充换电设施建设，大力推行电能替代措施，为服务美好安徽建设，推动全球能源互联网的实施作出新的更大的贡献。

第 5 章　安徽远景能源电力发展路径

5.1　安徽省清洁能源发展现状与未来前景

5.1.1　安徽省的可再生能源现状与制约因素分析

2006 年《中华人民共和国可再生能源法》颁布实施之后，安徽省可再生能源得到了快速发展，近几年保持了良好的发展势头。到 2015 年，安徽省可再生能源发电量已达 116 亿千瓦·时，同比增加 30%左右，其中水电年发电总量为 67 亿千瓦·时。可再生能源电力占社会总用电量的比例也达到了 7%。从具体的装机容量上来看，2015 年太阳能发电新增 80 万千瓦，累计为 130 万千瓦。风电新增 53 万千瓦，累计达到 135 万千瓦。生物质发电新增 14 万千瓦，累计为 84 万千瓦。水电新增 3 万千瓦，累计达到 291 万千瓦。2015 年可再生能源发电累计装机容量为 640 万千瓦，占全省总装机容量的 12%。

2016 年上半年，太阳能发电新增装机容量 139 万千瓦，风电新增装机容量 31 万千瓦。可再生能源发电装机容量总计达到 817 万千瓦，占全省总装机容量的比例增加到 14.8%。2016 年上半年可再生能源发电量达到 84 亿千瓦·时，占社会总用电量的比例也达到 10.1%。从目前安徽省可再生能源发展的情况可以看出，近两年安徽省可再生能源发展迅速。以太阳能发电为例，仅 2016 年上半年新增装机容量就达到 139 万千瓦，超过了 2015 年底的累计装机容量，增加一倍以上。风电和生物质发电增加速度虽然没有太阳能发电快，但从绝对量上来看，新增装机容量也十分可观。与此相比，水电的发展速度相对缓慢。

安徽省可再生能源行业近几年取得了快速的发展，可再生能源发展在社会电力消费中所占的比例也在不断提高。未来随着可再生能源技术的进步和成本的下降，可再生能源还将会有更大的发展前景。安徽省现阶段的主要可再生能源有水能、风能、太阳能和生物质能等几种能源形式。在这几种可再生能源发电中，除水电发展较慢，其他几种能源都取得了较快的发展，但从长期来看，都存在一些制约因素。从全国范围来看，安徽省的风能和太阳能资源并不丰富。以太阳能为例，安徽省属于资源一般带，在中国太阳能资源四个分区中属于三类地区（1050～1400 千瓦·时/(米^2·年))，与前两类地区，即资源丰富带和资源较富带相比还有一定的差距。也就是说从平均单位面积光照资源来说，安徽省在全国处于中等偏下的水平，实际开发的优势并不明显。风电发展也存在着类似的问题，安徽省处于四类风资源区，与前三类资源区相比风力资源差距相对较大。以陆地 70 米高度风能资源储量为例，安徽省技术开发面积为 212 平方公里，与内蒙古、辽宁、吉林等省份超过两万平方公里的技术开发面积相比，差距较大。

从上面的数据中可以看出，安徽省的太阳能和风能与资源优势地区相比差距较大，单从技术开发层面上来看，不具有比较优势。由于太阳能发电和风电目前技术上还不具备优势，太阳能发电和风电上网还需要国家的支持。也就是说太阳能发电和风电还离不开国家政策的支持。但从国家层面上来看，安徽省太阳能和风能资源并不丰富，不具备开发的比较优势。在国家支持可再生能源发展的考虑中，如果情况允许，国家未来将有更大可能支持风能和太阳能资源丰富的地区增加投资规模，这也符合整体利益最大化和比较优势。安徽省等一些风能和太阳能资源相对缺乏的地区可能会保持较高的传统能源发电或者增加外来电力输入。除风能和太阳能资源方面的原因，安徽省作为中国主要的粮食生产区，对耕地资源和森林生态资源的保护也是需要考虑的因素。新能源发电需要占有一部分土地资源，具体数量和项目规划有关。这与内蒙古、新疆等地的情况不同，这些省份面积广阔，可以利用的土地资源总量巨大，且在当地开发和利用新能源基本上不会破坏到耕地和森林资源。在作为粮食主产区的安徽省，情况则完全不同。安徽省可以利用的土地资源总量较小，大部分都是耕地和林木资源，发展可再生能源不可避免要破坏当地的生态环境。综合这个方面因素及前面分析到的安徽省风能和太阳能资源的丰富程度，从全国范围上来看，无论从技术成本层面还是从整个生态环境来看，在安徽省大规模发展风能和太阳能并不是一个好的选择。现在中国可再生能源发展处于初始阶段，很多方面的因素没有考虑在内，还有一些利益分配没有得到合理解决。但从长期来看，国家发展可再生能源会兼顾各方面的因素，可再生能源的发展也会集中到适宜发展的地区。

安徽省作为中国粮食的核心生产区，秸秆资源相对比较丰富。理论上安徽省可以利用的秸秆资源为 3300 万吨，可以利用的潜力较大。另外，安徽省林木资源也比较丰富，理论上的资源量大约有 500 万吨。可以看出，安徽省生物质资源的分布在中国与风能和太阳能资源的分布有很大不同。中国利用生物质资源是以农林废弃物为主的，其中农作物秸秆资源比较丰富，这些资源主要都集中在粮食主产区。安徽省未来生物质发电有一定的发展优势。但是与中国整体情况类似，生物质资源开发也存在很多问题。以农作物秸秆为例，虽然国家明令禁止焚烧，但在一些地区还是会出现秸秆焚烧。大量秸秆资源被焚烧和丢弃，造成了资源的浪费。主要原因在于秸秆资源的回收和运输过程需要大量的人力与物力，农村劳动力资源虽然比较丰富，但是秸秆回收后卖出得到的收益却比较小，无法弥补付出的时间和精力。因此，秸秆资源回收成为限制生物质资源开发利用的一个主要因素。

通过以上的分析可以看出，安徽省可再生能源近年来取得较快发展，未来还有可能在能源结构中占据更大比例。但不可否认的是，由于可再生能源资源禀赋的限制，再考虑到全国各地区可再生能源的相对比较优势，安徽省可再生能源发展还存在许多不确定因素。

5.1.2　可再生能源技术的前景分析

根据未来可再生能源技术效率的提升空间可以分析不同时间节点上的发电和使用效率。

可再生能源发展目前基本上处于初始阶段，技术还没有完全成熟，转化效率不高。可再生能源成本相对较高，这也是可再生能源发展的主要制约因素。由于成本上不具有优势，大部分可再生能源产业的发展需要政府的补贴和支持。在现阶段的主要可再生能源中，除大型水电，其他可再生能源形式如风能、太阳能、生物质能、小水电等在成本上还不具备优势。特别是风能和太阳能还需要相应的调峰成本。在短期内，主要可再生能源的发展还需要政策的支持。

新能源技术的发展是一个不断推广和普及的过程。随着技术使用的不断增加，该技术的成本也会不断下降，这主要是"干中学"和研发投入增加的原因。简单来说，"干中学"主要是指新技术在使用过程中，由于经验的积累，生产和使用效率得到提高，成本下降。研发投入带来的成本下降主要是指对新技术的科研投入增加，在一些关键技术方面取得突破，使该能源技术成本进一步下降。因此，对于大部分的新能源技术，成本下降的趋势都比较明显。

为了对可再生能源技术的成本下降趋势进行估计，本书使用学习曲线模型的方法进行分析。学习曲线模型的基本思路是随着技术的使用量的不断增加，其平均成本在逐渐下降。具体对于新能源发电来说，技术的使用量既可以用总装机容量表示，也可以用总发电量表示，本书使用总装机容量表示。学习曲线模型估计出的学习率表示为总装机容量增加一倍时，平均成本下降的比例，如估算出一种新能源的学习率为20%，意思就是当这种新能源总装机容量增加一倍时，平均成本会降低20%。由于不同的新能源具体情况不同，每种新能源技术的学习率也差别较大。结合安徽省的具体情况，本书选取安徽省三种主要的可再生能源，风能、太阳能和生物质资源进行研究。对于新能源发电来说，一般所指的成本有两个，一个是初始投资成本，另一个是均化发电成本。初始投资成本比较容易理解。均化发电成本是指在该新能源项目的整个使用时期，平均一度（1 度 = 1 千瓦·时）电需要的成本，该成本计算中不仅包括初始投资成本，还包括使用期间的运行和维护等成本。对于太阳能发电和风电来说，后期发电不需要原材料的投入，初始成本所占的比例较大。而生物质发电后期需要大量的生物质原材料和劳动力投入，初始成本投入所占比例较小。均化发电成本可以较为准确地反应生物质发电的具体情况，因此，本书使用均化发电成本进行分析。均化发电成本还有一个好处就是可以方便与其他能源，如火电的上网电价进行比较，可以直观地看出一种新能源在技术上是否具有优势。

对于三种可再生能源来说，风能和太阳能在成本构成上相对比较接近，即初始设备投入相对较大，后期成本所占的比例相对较小。对于风电和太阳能发电的学习率的估算，国外研究一般根据太阳能发电和风电的累积产量，估算其学习率，即通过计量模型得出太阳能发电和风电成本与累积产量之间的关系，估算出其技术进步的效率。

根据 Lin 和 He 的研究结果，中国太阳能发电的学习率为 20%，风电的学习率为 5.4%。也就是说根据中国之前风电和太阳能发电发展的经验数据，得出当太阳能发电和风电在中国的总装机容量每增加一倍时，太阳能发电和风电均化发电成本分别下降 20% 和 5.4%[1]。

与太阳能发电和风电相比，生物质发电有很大的不同。初始的设备投资只占总成本的一部分，后期的维护和运行成本也是不可忽视的。而且各地区的具体情况不同，原材料种类和价格也有区别。另外，后期需要一定数量的劳动力，工人的技能以及企业的管理能力也有高低。因此，生物质发电成本的影响因素很多，要估算生物质发电的学习率，不仅需要考虑生物质发电的累计装机容量，还要考虑原材料成本，企业的规模、性质等其他因素。根据文献[1]的研究结果，可以得出中国生物质发电的学习率为 5.8%。即当生物质发电的总装机容量增加一倍时，生物质发电的均化发电成本下降 5.8%。

可以通过学习率的方法大致估算不同时间节点上可再生能源的技术成本。具体来说，首先估计得出 2020 年、2030 年和 2050 年的中国能源消费总量，其次根据中国具体的经济发展水平、现阶段的能源结构以及未来国家政策的相关导向等因素分别估算 2020 年、2030 年和 2050 年的中国能源结构。通过不同时间节点的能源消费总量和能源消费结构推算出几种主要可再生能源的装机容量。最后根据现有装机容量和不同节点上的装机容量的关系估算出不同时间节点的可再生能源成本。

2015 年中国能源消费总量为 43 亿吨标准煤，其中风电装机容量为 145104 兆瓦，太阳能发电装机容量为 43062 兆瓦，生物质发电装机容量为 10320 兆瓦。在计算过程中，为保持不同时间节点上的可比性，保持各种可再生能源发电的年利用小时不变。2015 年中国能源消费同比增加 0.9%。由于近两年能源消费增长情况相对比较特殊，从长期来看，能源消费的增加在短期内还会持续。假设 2015～2030 年，能源消费总量以 2% 的速度增加。2030 年后由于中国工业化和城镇化已经基本完成，能源消费的增加速度可能会放缓，假设 2030～2050 年中国能源消费以每年 1%的速度增加。考虑到目前中国的能源结构,结合各种可再生能源的资源占比,对 2020 年、2030 年以及 2050 年三种可再生能源的比例作出如下估计,其中表 5-1 为风电、太阳能发电和生物质发电在能源结构中的占比,表 5-2 为风电、太阳能发电和生物质发电在各时间节点的装机容量估算结果。

表 5-1 风电、太阳能发电和生物质发电在能源结构中的占比 （单位：%）

年份	风电	太阳能发电	生物质发电
2020	2.6	1.0	0.6
2030	4.6	1.8	1.5
2050	5	5	3

表 5-2 风电、太阳能发电和生物质发电在各时间节点的装机容量估算结果（单位：兆瓦）

年份	风电	太阳能发电	生物质发电
2020	260336	95088	17091
2030	569667	208641	52085
2050	906850	861192	154791

2015 年中国风电平均成本在 0.5 元/(千瓦·时)左右,太阳能发电平均成本在 1 元/(千瓦·时)左右,生物质发电平均成本在 0.65 元/(千瓦·时)左右。结合 2015 年中国风电、太阳能发电、生物质发电的装机容量,根据前面分析的学习率（假设可再生能源成本在之后的发展中遵循学习曲线的成本下降趋势）,则可以得出各时间节点的大致成本,如表 5-3 所示。表 5-3 为风电、太阳能发电和生物质发电在各时间节点的成本估算。

表 5-3 风电、太阳能发电和生物质发电在各时间节点的成本估算（单位：元/(千瓦·时)）

年份	风电	太阳能发电	生物质发电
2020	0.452	0.61	0.588
2030	0.394	0.338	0.481
2050	0.353	0.23	0.282

从不同可再生能源的成本估算中可以看出,在三种能源品种中,太阳能发电由于学习率较高,成本下降最快。然而,对于太阳能发电来说,其目前还处于发展阶段,虽然相关技术进步较快,新的材料不断被发明和利用,但随着技术的逐渐成熟,其成本下降的速度也将会减慢。

现阶段太阳能发电使用的技术主要是光伏发电,也就是根据光生伏特效应原理利用太阳能电池，将光能转化为电能。目前光伏发电的转化效率偏低，一般来说在 20%左右，未来有较大的提升空间。现在主要商业化使用的硅基太阳能电池，成本相对较高，生产过程消耗的资源也比较多，未来使用新的光伏材料是提高光转化效率的主要途径之一，如非晶硅、铜铟硒化物等材料可能会用在新一代的光伏电池上。光伏发电另外一种利用方式是聚光太阳能，即通过镜面反射，提高单位面积上的光照强度，可以提高光伏转化效率。预计到 2030 年聚光光伏发电可以大规模推广，效率也可以达到 40%左右。除了光伏发电，太阳能还有另外一种发电方式，即光热发电，将太阳能转化为热能，然后再转化为电能。目前处在研发中的大容量光热发电效率可以达到 30%以上。光热发电中的热能也可以通过储能材料进行暂时储存，将后期热能转化为电能，然后再连续输出电能，减少太阳能发电的不平稳性。在光伏发电的过程中也有多余的热量，未来太阳能发电可以是光伏发电和光热发电的结合。根据最新的研究成果，光伏与光热发电结合的能源利用效率可以达到 46%以上。因此，结合前面的分析，可以预计到 2030 年前后，光伏发电的效率可能会进一步提高，达到 35%～40%，光伏电池的材料也可能会多样化，成本会进一步下降。聚光太阳能和光热发电将可能得到大规模推广，2030 年效率也可能会超过 40%。对于安徽省光资源相比其他地区并不丰富的现实，使用聚光太阳能和光伏光热联合发电等方式一方面可以更加充分地利用光资源，另一方面也可以降低成本。因此，太阳能技术的新发展会给安徽省太阳能利用带来新的机遇。

从之前风电的成本分析中可以看出，风电的成本在未来还可能会进一步下降。在具体的技术和转化效率方面，现有的研究倾向于风机的单机大型化发展，预计 2020 年前后，风机的单机容量可能达到 20 兆瓦。另外一个发展方向是提高风机的适用性，即在低风速和超高风速的情况也可以正常使用。现有的风机在较低风速时很难使用，低风速的风机在未来有望得到一定程度的推广和使用。现有风机在较高风速下工作可能会出现损坏，未来可以通过使用新型的、强度较高的材料或者改变风机的结构来实现其在较高风速时正常工作。目前已经出现其他形式的风机，预计 2030 年前后，不同类型的风机都可能得到广泛的应用。届时将可能实现不同风速以及多种气候环境下风能的正常利用。安徽省总体来说风力资源并不丰富，未来安徽省风电的重点也可以侧重于低风速风机的推广和利用。

安徽省生物质资源总体来说比较丰富，除了农林废弃物，城市生活垃圾以及粪便等总量较多，预计折合标准煤接近 3000 万吨。从目前的利用规模来看，未来还有很大的发展空间。安徽省生物质能主要利用方式有生物质发电、沼气等。生物质发电现阶段技术已经相对比较成熟，未来可以通过技术进步继续降低成本。除了生物质发电，生物质液体燃料也是生物质资源未来发展的一个主要方向。目前生物质第一代液体燃料主要以粮食作物为主，第二代以植物纤维素为主的液体燃料还在研发中，技术也在逐渐成熟。预计 2020 年可以大规模地商业化利用，安徽省农林废弃物资源丰富，在生物质液体燃料方面有一定的发展空间。

5.2　安徽省各行业的用能方式、结构及碳减排潜力分析

5.2.1　安徽省各行业的用能结构分析

由于不同行业的具体情况不同，其能源结构和变化趋势差别也较大。为对安徽省不同行业的能源结构和变化趋势进行分析，考虑到数据的可获得性，分别选取黑色金属行业、有色金属行业、造纸行业、交通运输业、商品服务业和城镇居民消费等行业及部门进行分析。

图 5-1 是黑色金属行业用能变化趋势，可以看出，煤炭是其主要能源消费品种，而石油和天然气的消费只占其中很小的一部分。以 2015 年为例，煤炭消费量约 1964 万吨标准煤，石油和天然气的消费量分别只有 4 万吨标准煤和 18 万吨标准煤。值得注意的是，黑色金属行业的电力消费量有所增加，2015 年已经达到 207 万吨标准煤。总体来看，黑色金属行业能源结构相对比较单一，近年来总体变化不大。

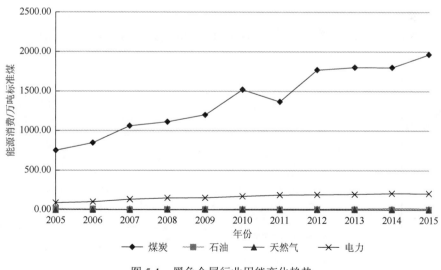

图 5-1　黑色金属行业用能变化趋势

资料来源：CEIC 数据库，笔者整理制图

图 5-2 为有色金属行业用能变化趋势，与黑色金属行业相比，有色金属行业

整体能源消费量较低,能源结构也有较大区别。有色金属行业使用最多的是电力,其次是煤炭。石油的消费量比较稳定,但从长期来看处于下降趋势。从有色金属行业用能变化趋势来看,煤炭的地位有所下降,而较为清洁的电力和天然气的作用在逐渐上升,整体能源结构趋于合理。

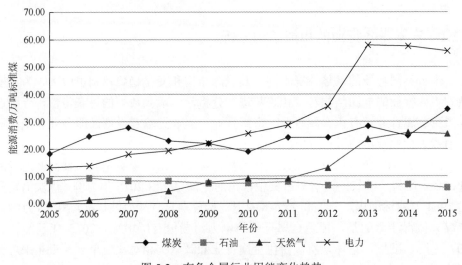

图 5-2　有色金属行业用能变化趋势

资料来源:CEIC 数据库,笔者整理制图

图 5-3 是造纸行业用能变化趋势,造纸行业的能源结构与黑色金属行业类似,

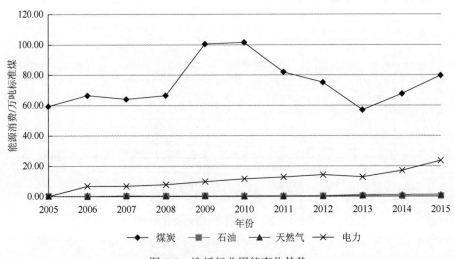

图 5-3　造纸行业用能变化趋势

资料来源:CEIC 数据库,笔者整理制图

即煤炭在整体能源消费中占据主要地位，其他能源品种的消费量较小。2015 年，天然气和石油的消费量分别为 1.38 万吨标准煤与 0.22 万吨标准煤。在整个时间段内，电力的消费量在逐渐上升，2015 年已达到 23.6 万吨标准煤，这也说明造纸行业的能源结构也开始发生转变，未来较为清洁的电力等能源品种的占比可能会逐渐增加。

图 5-4 为交通运输业用能变化趋势，交通运输业由于行业特点，现阶段的能源消费主要以石油为主，其他能源品种的占比相对较小。目前电动汽车的总量还比较小，未来随着电动汽车数量的增加，电力消费的比例有可能会逐渐上升。从近几年的情况来看，天然气和电力消费量虽然总体占比还不大，但是已经出现了明显的上升趋势，如 2005 年电力消费量只有 6 万吨标准煤，2015 年已经达到 33 万吨标准煤，天然气也从 2008 年的 12 万吨标准煤增加到 2015 年的 66 万吨标准煤。从石油消费量的数据可以看出，近几年交通运输行业石油消费量增加趋势明显，尤其是从 2009 年之后。2015 年石油消费量达到 1352 万吨标准煤，是 2009 年 529 万吨标准煤的两倍多。

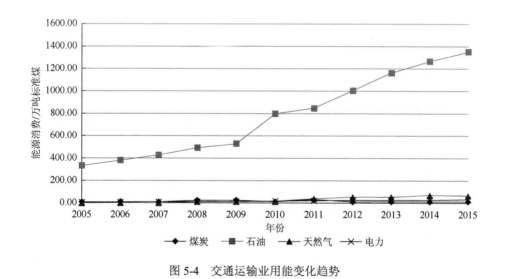

图 5-4　交通运输业用能变化趋势

资料来源：CEIC 数据库，笔者整理制图

图 5-5 为商品服务业用能变化趋势，在商品服务业中，电力是最主要的能源消费品种，其次是煤炭。但从煤炭消费的变化趋势来看，其整体比较稳定，在一些年份有所下降。电力消费的增加最明显，这也说明商品服务业能源消费的增量主要由电力满足。天然气和石油的变化量类似，都是从 2007 年之后，开始有较为

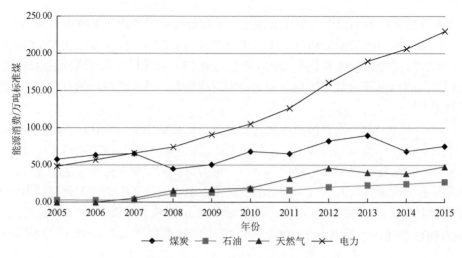

图 5-5　商品服务业用能变化趋势

资料来源：CEIC 数据库，笔者整理制图

明显的增加，到 2015 年，天然气的消费量已经达到 48 万吨标准煤。天然气与煤炭的差距已经在逐渐缩小。从总体上来看，商品服务业的能源结构也逐渐向以清洁能源为主转变。

图 5-6 为城镇居民消费用能变化趋势，可以发现在四种主要能源品种中，只有煤炭的消费量出现了明显的下降趋势，其整体减少量较大。其他三种能源品种整体上都呈现增加趋势，其中电力消费量增加最多。天然气和石油的相对位置虽

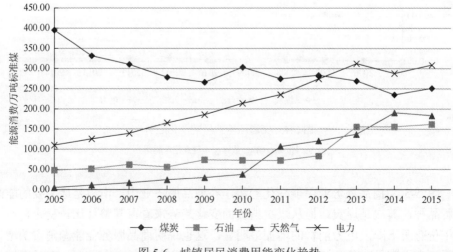

图 5-6　城镇居民消费用能变化趋势

资料来源：CEIC 数据库，笔者整理制图

然有所变化，但可以看出，天然气增加的趋势相对更为明显，整体增加的速度也相对较快。根据现有的消费趋势变化，可以预计，未来城镇居民消费用能主要可能更依赖于电力和天然气。这也与能源结构逐渐向较为清洁的能源过渡的趋势相吻合。

5.2.2　安徽省各行业的节能潜力分析

由于各个行业的具体情况不同，在对其节能潜力进行分析时需要分别考虑。在分析中，应综合考虑三次产业的情况，共选取以下几个行业：重工业部门中选取高耗能的电力、热力生产和供应业以及黑色金属冶炼及压延加工业；轻工业中选取食品行业、造纸及纸制品业；其他部门分别考虑农业、建筑行业和商品服务业。

为分析各个行业的节能潜力，需要对该行业能源消费的影响因素进行分析，也就是考虑行业能源消费与这些因素之间的相互关系。通过构建计量模型分析主要影响因素与行业能源消费量之间的定量关系。影响一个行业能源消费量的因素有很多，结合相关的研究成果，本书拟选择使用各行业的能源消费量（用字母 EN 表示）、地区的 GDP（用字母 GDP 表示）、燃料类价格指数（用字母 EP 表示）、行业的劳动生产率（用字母 LP 表示）与行业的企业规模（用字母 ES 表示）作为主要解释变量分析其对各行业能源消费量的影响关系。本书使用到的变量和数据如下。

（1）各行业的能源消费量。本书选择各行业的历年能源消费量，由于不同行业使用的能源种类不同，在计算过程中，所有能源品种都转化为标准煤，数据来源于历年《安徽统计年鉴》。

（2）燃料类价格指数。能源是一种商品，其价格是影响能源需求的一个重要因素。中国的能源价格在一定范围内还受到政府的管控，而不是完全由市场决定的。虽然能源价格受到政府的管控，但是能源价格仍对企业的能源使用造成一定的影响。由于能源品种较多，很多行业都使用不止一种能源，本书选择使用燃料类价格指数作为能源价格的代理变量。燃料类价格指数较高也就意味着能源价格相对较高。数据来源于 Wind 经济数据库。

（3）地区的 GDP。一个部门对能源的需求往往会受到当地经济发展水平的影响。地方经济发展较快时，对一个部门的产品需求一般也会增加，进而消耗更多的能源。另外，地区的 GDP 发展加快也可能反映出其他相关部门发展较快，对该行业的能源需求也会产生影响，数据来源于 Wind 经济数据库。

（4）行业的劳动生产率。本书中劳动生产率的定义为：劳动生产率 = 行业增加值/行业从业人员。劳动生产率在一定程度上反映了企业的生产效率，一般来说，企业的生产效率越高，企业能源利用的效率也越高，同样情况下，企业消耗的能源也会越少。为了满足经济社会的发展，直接减少产品的生产在很多情况下是不现实的。在短期内最好的解决办法就是提高企业的生产效率，减少能源的投入，降低企业生产过程对环境的影响。因此，本书使用劳动生产率来表示企业的效率。行业的劳动生产率提高时，会减少对能源的需求。数据来源于历年《安徽统计年鉴》。

（5）行业的企业规模。大部分的企业生产过程中，都存在着规模效应。当企业规模增加到一定程度之前，企业的规模越大，其效率也就越高。那么对于一个行业来说，如果该行业的企业平均规模较大，由于存在规模效用，则该行业的企业的能源利用效率也就会越高。数据来源于历年《安徽统计年鉴》。

在具体的分析中使用各行业的能源消耗量、地区的 GDP、燃料类价格指数、行业的劳动生产率与行业的企业规模五个变量分析其对行业能源消费的影响。本书使用时间序列模型中的协整分析方法。以上变量数据主要来源于历年《安徽省统计年鉴》。

在进行时间序列分析时，传统上要求所用的时间序列必须是平稳的，即没有随机趋势或确定性趋势，否则，将会产生"伪回归"问题。但是，现实中的时间序列通常都是非平稳的。为使回归有意义，可以对变量进行平稳化处理，常用的方法是对时间序列进行差分，然后对差分序列进行回归。但这种方法容易忽略掉原时间序列中一些分析问题所必需的重要信息。为解决该问题，近年来发展了一种处理非平稳数据的新方法——协整理论。

协整最初由 Granger 于 1981 年提出概念性设想，后 Engle 和 Granger[2]一起提出了严谨的定理证明及具体的可操作框架。一般地，$y_t \sim I(d)$ 表示 y_t 经过 d 次差分就可以变成平稳序列。根据 Judge 等对平稳和非平稳序列的研究，如果两个或多个变量的时间序列都是 $I(1)$，则一般存在变量间的线性组合也是 $I(1)$ 的。但是如果存在某个线性组合，使新得到的序列是平稳的，则认为这几个时间序列之间是协整的（co-integrated）。其经济意义在于：对于两个或多个具有各自长期波动规律的变量，如果它们之间是协整的，则它们之间存在一个长期的均衡关系；反之，如果变量间不是协整的，则它们之间不存在一个长期的均衡关系。

检验变量间是否具有协整关系前，首先要检验数据的平稳性。平稳性常用的检验方法有 ADF（Augmented Dickey-Fuller）单位根检验（unit root testing）、PP（Phillips-Perron）非参数检验和 KPSS（Kwiatkowski-Phillips-Schmidt-Shin）检验。Dickey 和 Fuller 提出考虑一阶自回归基础上的 DF（Dickey-Fuller）检验，检验方程为

$$\Delta y_t = \mu + r y_{t-1} + \varepsilon_t, \quad H_0: r = 0 \quad H_1: r < 0 \qquad (5\text{-}1)$$

其中，y_t 表示 t 时期的被检验变量，$\Delta y_t = y_t - y_{t-1}$；$\mu$ 表示常数项；ε_t 表示随机误差项，要求服从独立同分布的白噪声过程。

Dickey 和 Fuller 在 DF 检验的基础上进行了扩展，通过假定其序列是一个 P 阶自回归过程，增加一个滞后的差分项来解决误差项 ε_t 的高阶序列相关问题，称为 ADF 单位根检验，检验方程为

$$\Delta y_t = \mu + r y_{t-1} + \delta_1 \Delta y_{t-1} + \delta_2 \Delta y_{t-2} + L + \delta_p \Delta y_{t-p} + \varepsilon_t, \quad H_0:r=0 \quad H_1:r<0 \quad (5\text{-}2)$$

其中，L 表示线性趋势项；δ_1、δ_2、δ_p 分别表示对应变量前的系数。检验结果若 $r=0$，则变量服从单位根过程，是非平稳的；若 H_0 被拒绝，则是平稳的。

在进行单位根检验之后，为分析各个变量之间的长期关系，需要对几个变量进行协整检验。协整检验的方法有 E-G（Engle-Granger）协整检验法，E-G 协整检验法一般用于两个变量之间协整关系的检验。对于多个变量之间的协整检验，一般使用 Johansen 协整检验法。本书使用 Johansen 协整检验法，具体检验结果由迹统计量和最大特征根统计量给出。

1）电力、热力生产和供应业

在分析中电力、热力生产和供应业的能源消费量为 EN，燃料类价格指数为 EP，企业规模为 ES，地区的 GDP 为 GDP，劳动生产率为 TP。为减少序列的异方差，对各变量取自然对数。

由于协整分析的前提需要对数据进行平稳性检验，本书使用 ADF 单位根检验方法，检验结果如表 5-4 所示。其中 LN（ ）表示对变量取自然对数。

表 5-4　ADF 单位根检验结果（一）

变量	ADF 统计量	结论	变量	ADF 统计量	结论
LN（EN）	−1.868646	不平稳	ΔLN（EN）	−2.045873[**]	平稳
LN（EP）	2.542035	不平稳	ΔLN(EP)	−3.637972[**]	平稳
LN（ES）	−1.646603	不平稳	ΔLN（ES）	−1.867443[*]	平稳
LN（GDP）	3.543644	不平稳	ΔLN（GDP）	−2.283701[**]	平稳
LN（TP）	3.448368	不平稳	ΔLN（TP）	−3.567053[**]	平稳

**和*分别表示在 5% 和 10% 的显著性水平下拒绝原假设，即该序列是平稳时间序列。

注：Δ 表示为原始序列的一阶差分值。

从 ADF 单位根检验的结果可以看出，各变量的原始序列均不能拒绝原假设，即原始序列的单位根是一个不平稳的时间序列。但是各变量的一阶差分都是平稳的时间序列。各变量都是同阶单整的 $I(1)$ 过程，之间可能存在一定的关系。因此通过 Johansen 协整检验法进行检验，表 5-5 为 Johansen 协整检验法检验结果。

表 5-5　Johansen 协整检验法检验结果（一）

迹检验量统计结果				
零假设	特征值	迹统计量	5%显著性水平	P 值
$R = 0^*$	0.796387	75.54617	60.06141	0.0014
$R \leqslant 1$	0.509253	38.94088	40.17493	0.0662
最大特征根检验量统计结果				
零假设	特征值	最大特征根统计量	5%显著性水平	P 值
$R = 0^*$	0.796387	36.60529	30.43961	0.0076
$R \leqslant 1$	0.509253	16.37202	24.15921	0.3910

*表示在 5%的显著性水平下，拒绝原假设。

注：R 表示原假设，变量服从单位根过程，是非平稳的。

协整关系式如下：

$$LN(EN) = -0.825LN(EP) - 0.007LN(ES) + 0.918LN(GDP) + 0.966LN(TP) \quad (5-3)$$

通过协整检验可以发现，各变量在长期内有一个稳定均衡的关系。通过协整方程的估计结果可以看出，燃料类价格指数以及企业规模与能源消费量呈负向关系，地区的 GDP 和劳动生产率与能源消费量呈正向关系。这与其他行业研究结果类似。燃料类价格指数的提高会减少能源消费量，根据估计结果，在长期中，在其他因素不变的前提下，当燃料类价格指数增加 1%时，能源消费量大约减少0.825%。企业规模增加可以提高企业能源利用效率，当企业规模增加 1%，能源消费量减少约 0.007%。该系数相对较小，可能对于该行业来说，规模效应的作用已经很小，行业总体企业规模已经处于较高的水平。地区的 GDP 与行业能源消费量相关，当地区的 GDP 增加时，该地区的电力、热力生产和供应行业需求也随之增加，弹性系数为 0.918。劳动生产率的弹性系数为正。一般认为如果保持产量不变，劳动生产率的提高会减少能源消耗，但是劳动生产率的提高也会导致其他投入要素与产量的增加，进而引发能源消费量的增加。这里得出劳动生产率的系数为正，说明提高劳动生产率增加了能源的消耗。

为分析电力、热力生产和供应行业的节能潜力，本书使用情景分析方法预测未来行业的能源消费量。为对未来能源消费量进行预测，需要对模型变量的变化进行假设，在具体参数的设定中，参考相关研究的设定以及安徽省的具体情况。

在本书中，为考虑消费价格因素的影响，在模型分析中使用的地区的 GDP 均为以 1990 年为基期的不变价格，因此，考虑到安徽省的实际情况及中国目前的经济总体形势，以及之前安徽省的经济增长率的预测，由于本节的分析中使用的地区的 GDP 增长率是根据 1990 不变价格计算的，考虑到价格因素，基础情形下地区的 GDP 增长率设定为 4%，所以增长率低于一般意义上的增长率。对于燃料类价格指数，根据 2011~2014 年的平均增速，基准情景设定为 6.4%，强化情景根据 1990~2014 年的平均增长率，设定为 8.5%，中等情景取两者的平均值 7.45%。劳动生产率根据近几年的增长速度为 10% 左右，基准情景也设定为 10%。但是考虑到任何一种技术的进步随着时间的推移，进步速度会有所下降，因此，强化情景下设定为 8%。企业规模的假设方法类似，表 5-6 为变量情景假设的参数设定。

表 5-6　变量情景假设的参数设定（一）　　　　　　　　（单位：%）

变量	基准情景	中等情景	强化情景
GDP	4	3.75	3.5
EP	6.4	7.45	8.5
ES	10	11	12
TP	10	9	8

表 5-7 为电力、热力生产和供应业能源消费量预测的结果，电力、热力生产和供应业是一个高耗能产业，能源消费量大。从节能潜力的结果来看，总量也是十分可观的，节能的比例也是比较高的。根据计算结果，到 2020 年，中等情景下节能量将达到 2396 万吨标准煤，强化情景下节能量为 3245 万吨标准煤。到 2030 年，节能量分别为 4950 万吨标准煤和 8609 万吨标准煤。可以看出，电力、热力生产和供应业节能潜力较大，从长期来看，其节能比例要大于短期。

表 5-7　电力、热力生产和供应业能源消费量预测

参数	基准情景	中等情景	强化情景
2020 年能源消费量/万吨标准煤	10195	7799	6950
2020 年节能量/万吨标准煤	—	2396	3245
2020 年节能比例/%	—	23.5	31.8
2030 年能源消费量/万吨标准煤	18754	13795	10145
2030 年节能量/万吨标准煤	—	4950	8609
2030 年节能比例/%	—	26.4	45.9

2）黑色金属冶炼及压延加工业

在重工业的高耗能产业中选取比较有代表性的黑色金属冶炼及压延加工业进行分析。具体变量设置及分析方法与之前相同。同样为减少序列的异方差，对各变量取自然对数，LN()表示。

由于协整分析的前提需要对数据进行平稳性检验，ADF 单位根检验结果如表 5-8 所示。

表 5-8　ADF 单位根检验结果（二）

变量	ADF 统计量	结论	变量	ADF 统计量	结论
LN(EN)	−0.424788	不平稳	ΔLN(EN)	−4.454539**	平稳
LN(EP)	2.542035	不平稳	ΔLN(EP)	−3.637972**	平稳
LN(ES)	−1.059514	不平稳	ΔLN(ES)	−5.212692**	平稳
LN(GDP)	3.543644	不平稳	ΔLN(GDP)	−2.283701**	平稳
LN(TP)	−0.765799	不平稳	ΔLN(TP)	−3.202484**	平稳

**和*分别表示在 5%和 10%的显著性水平下拒绝原假设，即该序列是平稳时间序列。
注：Δ 表示为原始序列的一阶差分值。

从 ADF 单位根检验的结果可以看出，各变量的原始序列均不能拒绝原假设，即原始序列存在单位根，是一个不平稳的时间序列。但是各变量的一阶差分都是平稳的时间序列。各变量都是同阶单整的 $I(1)$ 过程，之间可能存在一定的关系。因此通过 Johansen 协整检验法进行检验，表 5-9 为 Johansen 协整检验法检验结果。

表 5-9　Johansen 协整检验法检验结果（二）

迹检验量统计结果				
零假设	特征值	迹统计量	5%显著性水平	P 值
$R = 0$*	0.737777	84.33938	79.34145	0.0199
$R \leqslant 1$	0.702475	53.55251	55.24578	0.0699

*表示在 5%的显著性水平下，拒绝原假设。

协整关系式如下：

$$LN(EN) = -6.572 - 0.268LN(EP) + 0.111LN(ES) + 0.746LN(GDP) + 0.257LN(TP) + 0.036T$$

$$(5-4)$$

其中，T 表示时间趋势项。

通过协整检验可以发现，各变量在长期内有一个稳定均衡的关系。通过协整方程的估计结果可以看出。燃料类价格指数与能源消费量呈负向关系，而其他变量与能源消费量呈正向关系，即燃料类价格指数的提高会减少能源消费量，根据估计结果，在长期中，在其他因素不变的前提下，当燃料类价格指数增加 1%时，能源消费量大约减少 0.268%。一般来说，企业的规模越大，能源利用的效率越高，因此企业规模与能源消费量应该呈负向关系。但从结果中看出，在其他条件不变的情况下，当企业规模增加 1%时，能源消费量增加约 0.111%。这可能的原因是虽然企业规模增加有可能提高企业的效率，但企业规模增加后也可能使用更多的机械设备替代劳动力，因此消耗更多的能源。地区的 GDP 与能源消费量正相关，这与其他行业分析的结果类似。当地区的 GDP 增加时，该地区的黑色金属冶炼及压延加工业能源需求也随之增加，弹性系数为 0.746。劳动生产率的弹性系数为正，这与之前电力、热力生产和供应业的情况类似，说明劳动生产率的提高导致了行业投入要素的增加，进而消耗了更多的能源。

地区的 GDP 在情景分析中使用的参数设定与之前保持一致，燃料类价格指数同样不变。对于黑色金属行业的企业规模和劳动生产率变化率假设也和电力、热力生产和供应行业一样，即根据之前的增长率来设定未来不同情景下的增长率，表 5-10 为变量情景假设的参数设定，表 5-11 是黑色金属冶炼及压延加工业能源消费量预测结果。

表 5-10　变量情景假设的参数设定（二）　　　　　（单位：%）

变量	基准情景	中等情景	强化情景
GDP	4	3.75	3.5
EP	6.4	7.45	8.5
ES	12	11	10
TP	10	9	8

表 5-11　黑色金属冶炼及压延加工业能源消费量预测

参数	基准情景	中等情景	强化情景
2020 年能源消费量/万吨标准煤	3829	3654	3487
2020 年节能量/万吨标准煤	—	175	342
2020 年节能比例/%	—	4.6	8.9
2030 年能源消费量/万吨标准煤	9022	7968	7035
2030 年节能量/万吨标准煤	—	1054	1987
2030 年节能比例/%	—	11.7	22.0

在中等情景下，2020 年黑色金属冶炼及压延加工业的能源消费量预计达到 3654 万吨标准煤，节能比例为 4.6%；强化情景下能源消费量为 3487 万吨标准煤，节能比例为 8.9%。与 2020 年相比，2030 年的节能比例会更高，在两种不同的情景下分别为 11.7% 和 22.0%。

通过以上两个重工业产业部门可以看出，这些高耗能产业总体来看，能源消费量大，但是未来的节能潜力也比较大。这些部门是安徽省未来节能减排的重点。

3）其他行业的节能潜力分析

由于统计口径的变化以及数据的缺失，安徽省其他行业的数据统计从 2005 年后之后才开始逐渐齐全。然而对于时间序列模型而言，需要有较长的时间序列进行数据的分析，因此，对于其他行业节能潜力的估计，本书取该行业中国总体的节能潜力进行估算。安徽省大部分行业在全国范围内总体处于中间水平，具有一定的可比性。综合考虑三次产业的情况，共选取以下几个行业：轻工业中选取食品行业和造纸及纸制品行业；其他部门选取建筑业、农业；第三产业中选取商品服务业。

表 5-12 为安徽省农业能源消费量预测结果。安徽省是中国粮食主产区之一，农业在安徽省经济生活中占据重要地位。根据估算结果，到 2020 年，安徽省农业能源消费量在基准情景下达到 323 万吨标准煤，在中等情景下为 303 万吨标准煤，强化情景下为 284 万吨标准煤，节能比例分别为 6.2% 和 12.1%。2030 年，农业能源消费量在中等情景和强化情景下节能量分别为 81 万吨标准煤和 136 万吨标准煤，节能比例也高于 2020 年。与重工业部门相比，农业能源消费量相对较小，节能潜力也较小。

表 5-12　安徽省农业能源消费量预测

参数	基准情景	中等情景	强化情景
2020 年能源消费量/万吨标准煤	323	303	284
2020 年节能量/万吨标准煤	—	20	39
2020 年节能比例/%	—	6.2	12.1
2030 年能源消费量/万吨标准煤	513	432	377
2030 年节能量/万吨标准煤	—	81	136
2030 年节能比例/%	—	15.7	26.5

表 5-13 和 5-14 是安徽省食品行业、造纸及纸制品行业能源消费量预测结果。食品行业、造纸及纸制品行业是两个典型的轻工业部门。食品行业的能源消费量相对较大。食品行业的节能潜力也高于造纸及纸制品行业。食品行业 2020 年在中等情景和强化情景下的节能量分别为 15 万吨标准煤和 28 万吨标准煤，2030 年的节能量分别为 33 万吨标准煤和 61 万吨标准煤。造纸及纸制品行业能源消费量较小，2020 年在中等情景下节能量为 3 万吨标准煤，在强化情景下节能量为 7 万吨标准煤。安徽省造纸及纸制品行业总体规模较小，未来节能潜力也不是很大。

表 5-13　安徽省食品行业能源消费量预测

参数	基准情景	中等情景	强化情景
2020 年能源消费量/万吨标准煤	197	182	169
2020 年节能量/万吨标准煤	—	15	28
2020 年节能比例/%	—	7.6	14.2

参数	基准情景	中等情景	强化情景
2030 年能源消费量/万吨标准煤	233	200	172
2030 年节能量/万吨标准煤	—	33	61
2030 年节能比例/%	—	14.2	26.2

表 5-14　安徽省造纸及纸制品行业能源消费量预测

参数	基准情景	中等情景	强化情景
2020 年能源消费量/万吨标准煤	77	74	70
2020 年节能量/万吨标准煤	—	3	7
2020 年节能比例/%	—	3.9	9.0
2030 年能源消费量/万吨标准煤	53	51	49
2030 年节能量/万吨标准煤	—	2	4
2030 年节能比例/%	—	3.7	7.5

表 5-15 是安徽省建筑行业能源消费量预测结果。安徽省建筑行业 2020 年在基准情景下能源消费量为 180 万吨标准煤，中等情景下和强化情景下分别为 171 万吨标准煤和 162 万吨标准煤，节能比例分别为 5.0%和 10.0%。总体来看，在短期内，安徽省建筑行业节能比例并不是很高。到 2030 年，建筑行业的节能比例在中等情景和强化情景下分别达到 12.3%和 22.7%，节能比例高于 2020 年。从长期来看，安徽省建筑行业的节能潜力高于短期。

表 5-15　安徽省建筑行业能源消费量预测

参数	基准情景	中等情景	强化情景
2020 年能源消费量/万吨标准煤	180	171	162
2020 年节能量/万吨标准煤	—	9	18
2020 年节能比例/%	—	5.0	10.0
2030 年能源消费量/万吨标准煤	300	263	232
2030 年节能量/万吨标准煤	—	37	68
2030 年节能比例/%	—	12.3	22.7

表 5-16 是安徽省商品服务业能源消费量预测结果。在基准情景下，2020 年安徽省商品服务业能源消费量预计达到 753 万吨标准煤，在中等情景和强化情景下

节能量分别为 32 万吨标准煤和 51 万吨标准煤,节能比例分别为 4.2%和 6.8%。与工业部门相比,节能比例相对较小。原因可能是商品服务业的主要能源消费是电力,与其他能源品种相比,电力的利用效率相对较高,节能潜力相对较小。从长期来看,情况也比较类似。综上,表 5-17 给出了安徽省几个行业的节能量的预测结果。

表 5-16　安徽省商品服务业能源消费量预测

参数	基准情景	中等情景	强化情景
2020 年能源消费量/万吨标准煤	753	721	702
2020 年节能量/万吨标准煤	—	32	51
2020 年节能比例/%	—	4.2	6.8
2030 年能源消费量/万吨标准煤	843	762	720
2030 年节能量/万吨标准煤	—	81	123
2030 年节能比例/%	—	9.6	14.6

表 5-17　安徽省各行业节能量的预测　　　　　　（单位:万吨标准煤）

行业	2020 年		2030 年	
	中等情景	强化情景	中等情景	强化情景
电力、热水生产和供应业	2396	3245	4950	8609
黑色金属冶炼及压延加工业	175	342	1054	1987
农业	20	39	81	136
食品行业	15	28	33	61
造纸及纸制品业	3	7	2	4
建筑行业	9	18	37	68
商品服务业	32	51	81	123

5.3　先进电力技术的发展前景分析

5.3.1　储能技术

在低碳转型的过程中,可再生能源发展给人类提供了清洁可持续的能源来源,而电动汽车的崛起则为石油大规模替代提供了可能性,因此全球的能源供应方式将面临巨大的变化。但是，可再生能源和电动汽车大规模发展都面临着同一个难题，这就是储能技术。

可再生能源具有间断性的特点，电网无法大规模消纳并网，而电动汽车也面临充电设施和电池安全的瓶颈，储能技术是解决这些问题的关键。储能技术对电网的好处有三点：一是帮助增加可再生能源的渗透率，促进分布式发电的发展；二是提升电网的稳定性和实现充分的调峰，减少高峰负荷及对应的电网投资和电源投资；三是通过电价设计，促进电力市场自由化。

根据美国能源部的数据，截至 2016 年上半年，全球累计运行的储能装机容量共计 167.24 吉瓦，其中绝大多数为抽水蓄能，装机容量达到 161.23 吉瓦，占比为 96% 以上。其中装机容量最大的国家是中国，达到 32.1 吉瓦。

可以看出，目前世界上应用最为广泛的储能技术是抽水蓄能。抽水蓄能技术成熟度相对较高，投资收益情况也比较好，与其他方式的储能技术相比，还有容量大、寿命长、运行简便、安全性较高等优点。其缺点主要是其要受到地理条件的限制，对周边的环境可能造成一定的影响。与其他技术相比，抽水蓄能在各方面相对比较成熟，技术上进步的空间已不是太大。对于条件适合的地区，抽水蓄能是一个很好的选择。因此，抽水蓄能的发展速度将有可能逐渐降缓。

电化学储能方式是发展最快的储能技术之一。目前主要的类型有钠硫电池、锂电池和液流电池。中国以锂电池为主，发展也相对成熟，主要用在户用储能、调频辅助和微网。但是锂电池成本较高，大规模普及和使用还需要一定的时间。从全球层面的建设和规划上来看，锂电池的装机容量在电化学储能中位居第一。根据医院信息管理系统（hospital information system，HIS）估计，到 2025 年左右，锂电池在全球储能设备中的比例将可能达到 80%。钠硫电池也具备大容量和高密度的特点，但在中国还主要处在实验阶段，没有推广使用。目前石墨烯技术取得一定的进展，未来可能与锂电池结合起来，其应用前景也比较广阔。中国在石墨烯与锂电池结合技术上也取得了一定的进展。

目前具备产业化应用价值的储能技术主要是锂电池、钒流电池、钠硫电池等。比较值得关注的是，近期有媒体报道中国科学院石墨烯超级电容取得突破。虽然超级电容的能量密度还是无法与电池储能相比，但是其充放电速度极快（几秒钟便可完成充电），而且其循环次数能达到 10 万次以上，因此未来超级电容有可能广泛应用于电网调频以及轨道交通和公交汽车等公共交通中。

在商业化方面，电化学储能产品近两年已经开始全面走向应用。虽然日本厂商在 2010 年开始就已经推出了许多针对家庭用户的储能产品，但由于成本过高，推广一直受到限制。真正引起广泛关注的是 2015 年 4 月底特斯拉（TESLA）推出的居民用储能产品家用电池系统（Powerwall），及针对商业级的产品公用工程储能系统（Energy for Utility），其低至 350 美元/（千瓦·时）的售价使储能投资开始具有经济性。此外，市场上还有 EOS 和 Imergy 等数十家提供电池储能产品的厂商，不少产品也都开始具备经济吸引力。国内厂商如比亚迪、科陆电子等在 2015 年也相继推出了类似的储能产品。

储热技术近几年也得到了快速发展。截至 2016 年上半年，全球储热累计装机容量达到 3.05 吉瓦。储热技术运用到光热电站已经基本成熟，未来光热电站可以结合储热技术提高系统的稳定性。中国也已经有储热的光热电站，如北京延庆的八达岭项目和青海中控德令哈项目。德令哈项目使用熔岩储能，并已经实现满负荷并网发电。

除以上几种主要的储能方式，还有一些其他方式的储能形式，如超级电容储能、压缩空气储能等。超级电容储能和压缩空气储能目前主要用在特定的情况下，如超级电容储能多用于高峰值功率、低容量的场合，可以在电压跌落和瞬态干扰期间提高供电水平，压缩空气储能主要与燃气轮发电结合。

对于未来储能装机容量的估算，根据国际能源署（International Energy Agency，IEA）的研究报告，到 2050 年，中国的储能装机量需要达到 80 吉瓦才能完成巴黎气候变化大会提出的将全球变暖温度控制在 2℃ 以下的目标，如果其中技术得到突破，成本可以快速下降，中国的储能装机容量可以超过 120 吉瓦。这两种目标也可作为中国未来储能装机容量发展的一个参考。不过其相应的投资规模也是比较大的，根据其估计结果，在 80 吉瓦左右的目标下，所需投资大概为 1600 亿美元，在 120 吉瓦的目标下，所需投资大概为 1800 亿美元。

从目前几种储能方式的成本来看，抽水蓄能和压缩空气储能的成本相对较低，目前成本为 0.1~0.2 元/（千瓦·时），未来成本有可能进一步下降，比较乐观的情况下可以降到 0.1 元/（千瓦·时）左右，具有一定的成本优势。其他储能方式现阶段成本相对较高，如钠流电池的成本为 0.4~0.45 元/（千瓦·时），铅酸电池的成本为 0.5~0.55 元/（千瓦·时），锂电池的成本为 0.9~0.95 元/（千瓦·时）。在一般情况下，这些成本较高的储能方式在成本降到 0.2 元/（千瓦·时）以下时，才能真正具有竞争力，实现大规模的推广和使用。

安徽省未来储能领域在以下几个领域将会有比较大的潜力：电力套利，即在低价时储电，在电价高时向系统供电；储能系统与分布式光伏结合；帮助可再生能源企业进行电能暂时储存等几个方面。储能的具体成本与应用分析将在第 6 章中进行详细介绍。

5.3.2　碳捕集和封存

碳捕集和封存（carbon capture and storage，CCS）是碳减排的一个重要途径，但是也面临着成本较高的问题。而碳捕集、利用和封存（carbon capture, utilization and storage，CCUS）在之前 CCS 的基础上增加了二氧化碳的利用环节。二氧化碳主要可以用在油气生产领域，如利用二氧化碳驱油、驱煤层气等，另外也可以用在化工领域。

中国在二氧化碳的捕集、运输和封存上有一定的前期基础，如化学工业中的捕集技术，这可为后期的发展减少一定的投入。中国已经开展的相关项目有 15 个左右，如中国石油天然气集团公司吉林油田开展的二氧化碳捕集、驱油与封存项目，二氧化碳去油产能 20 万吨。在二氧化碳封存方面，中国也已经启动地质储存潜力的评价，初步结果表明，深部盐水层的潜力巨大。

CCUS 在运行的过程中也存在一定的安全隐患。运输和封存过程中出现泄漏将会对附近居民和生态造成严重的影响。另外二氧化碳的捕集也是一个高耗能的过程，在目前的技术水平下，二氧化碳的捕集会使企业的成本大幅度增加。这些问题的解决都要依靠未来技术的进步。CCUS 技术的发展和推广还需要在政策的支持下，不断进行探索和实验，逐渐降低各个环节的成本，提高过程的安全性和稳定性。

从 CCUS 的未来发展潜力来看，其前景十分广阔。据国际能源署估算，全球枯竭油气田可用于封存二氧化碳的潜力达 9200 亿吨，深部盐水层可用于封存二氧化碳的潜力达 4000 亿～10 万亿吨，不能开采的煤田可用于封存二氧化碳的潜力大于 150 亿吨；中国 1000～3000 米深部盐水层的二氧化碳储存潜力达 1600 亿吨；300～1500 米深煤层的二氧化碳储存潜力达 121 亿吨，油气田二氧化碳储存潜力约 89 亿吨。根据程一步和孟宪玲[3]的估计结果，中国在 2020 年、2030 年和 2050 年 CCUS 对于碳减排的贡献预计分别为 3%、10% 和 19%，绝对量为 0.32 亿吨、3.30 亿吨、21.10 亿吨。

CCUS 技术一般是和其他技术结合起来的，未来比较有前景的可能是与整体煤气化联合循环（integrated gasification combined cycle，IGCC）发电系统等发电技术结合，其成本分析将在 5.3.3 节中讨论。

5.3.3　IGCC

IGCC 是把煤气化和燃气-蒸汽结合起来的一种洁净煤发电技术。与一般煤电的主要区别在于煤炭在燃烧前要进行气化和分离杂质。与一般的燃煤发电技术不同，IGCC 涉及多个领域，如煤化工、制冷等，系统更加复杂，设备种类众多。

目前 IGCC 发电的净效率可达 43%～45%，预计以后可能会进一步提高。与一般的燃煤电厂相比，IGCC 的污染物排放程度大幅降低。例如，其脱硫效率最高可达 99%，二氧化硫的排放量在 25 毫克/米^3 以下，氮氧化物排放也只是普通电厂的 15%～20%，耗水量也减少了 1/3～2/3。

　　IGCC 还有一个优势在于二氧化碳捕集技术,目前燃烧前二氧化碳捕集技术已经开始运用于煤气化技术。IGCC 过程中加入二氧化碳捕集会降低系统的效率。从研究的结果来看,净输出功率会降低 15%,而且随着技术的进步,未来功率的损耗可能会降低。

　　中国在 IGCC 领域也取得了一定的突破,天津 IGCC 电厂已经开始正常运行,IGCC 机组的稳定性和可靠性都已经基本可以得到保证。中国的资源禀赋也决定了未来 IGCC 的发展前景。结合现阶段 IGCC 电站国内外的运行情况以及技术上的不断进步,考虑到环保标准和二氧化碳减排要求的日益严格,IGCC 电厂在未来的竞争力会进一步加强。

　　根据美国能源信息署的统计数据,2014 年 IGCC 的投资成本为 3727 美元/千瓦,带有碳捕集的 IGCC 的投资成本为 6492 美元/千瓦。表 5-18 是典型 IGCC 电厂成本情况。

表 5-18　典型 IGCC 电厂成本情况

技术类型	装机容量/兆瓦	建造时间/年	投资/(美元/千瓦)	可变运营成本/(美元/(10^3 千瓦·时))	固定运营成本/(美元/(千瓦·年))
IGCC	1200	4	3727	7.22	51.37
IGCC(带碳捕集)	520	4	6492	8.44	72.80

　　表 5-19 是 IGCC 电厂主要设备成本构成比例。从具体成本构成来看,一般的 IGCC 中,燃气轮机系统占比为 15%,余热锅炉和蒸汽轮机占比为 20%,煤的气化和净化占比为 41%,辅助控制系统占比为 24%。带有碳捕集系统的 IGCC 的各部分的成本占比分别为 10%、15%、30%、30% 和 15%,其中碳捕集系统占比为 30%。

表 5-19　IGCC 电厂主要设备成本构成比例

技术类型	燃气轮机系统	余热锅炉和蒸汽轮机	煤的气化和净化	碳捕集系统	辅助控制系统
IGCC	15%	20%	41%	0	24%
IGCC(带碳捕集)	10%	15%	30%	30%	15%

　　学习率为当总装机容量增加一倍时,成本下降的比例。表 5-20 给出了主要设备的学习率,其中有些技术相对比较成熟,学习率较低,也就是后期学习率,有些技术相对较新,目前成本下降的趋势更符合初始学习率。其中 IGCC 所用的燃气轮机系统的中间学习率为 10%,此后在 1% 左右。余热锅炉和蒸汽轮机技术相

对比较成熟，与传统电厂区别不是太大，学习率将维持在 1%左右，煤的气化和净化中间学习率为 10%，此后也降为 1%。辅助控制系统的学习率也在 1%左右，碳捕集系统是一个比较新的技术，未来成本下降空间较大，初始学习率将在 20%，此后会变为 10%，最后到技术相对成熟时也会减少到 1%。根据各部分成本预计下降的幅度和占比，在 IGCC 的发展初期成本下降较快，根据各部分的学习率和占比可以大致计算出一般的 IGCC 学习率在初期将在 6%左右，带有碳捕集系统的 IGCC 学习率在 10%左右。从 IGCC 成本下降的分析来看，学习率相对较高，成本下降的趋势也比较明显，随着未来 IGCC 装机规模的不断扩大，成本将有可能进一步下降。表 5-20 中最后一列给出了按照 IGCC 的发展前景，到 2035 年各项设备成本下降的最小值。在一般情况下，成本下降会超过这个比例。根据这个比例，可以计算得出，预计到 2035 年，IGCC 的投资成本将降为 3436 美元/千瓦，带有碳捕集的 IGCC 投资成本将降为 5307 美元/千瓦。

表 5-20 IGCC 电厂主要设备的学习率

设备类型	初始学习率	中间学习率	后期学习率	2035 年预计成本下降的最小值
燃气轮机系统	—	10%	1%	10%
余热锅炉和蒸汽轮机	—	—	1%	5%
煤的气化和净化	—	10%	1%	10%
碳捕集系统	20%	10%	1%	20%
辅助控制系统	—	—	1%	5%

5.3.4 新能源汽车相关技术

新能源汽车有很多种，既包括插电混合动力汽车，也包括纯电动汽车。所涉及的技术也是多种多样，以下将重点分析几种与新能源汽车相关的技术以及其发展前景，从而对新能源汽车领域未来市场发展作一个预测分析。

1）纯电动与插电混合动力汽车

电动汽车是未来汽车行业发展的主要方向，其中纯电动汽车和插电混合动力汽车都将得到进一步的推广。从短期来看，由于技术因素的限制，电动汽车的主要推广还在家庭用车和公务用车以及短途商用车等对能量要求相对较低的领域。

未来电动汽车的技术发展将主要集中在提高电驱动效率、快速充电技术以及提高电池的能量密度等。根据《2016 年节能与新能源汽车技术路线图》的估计结果，2020 年纯电动汽车的行驶里程将达到 300 公里左右，2025 年达到400公里左右，2030年达到500公里左右。根据未来发展情况，预计2020年新能源汽车的保有量将达到500万辆，2025年为2000万辆，2030年将超过8000万辆。对于新能源汽车来说，充电设施的建设是主要保障。根据新能源汽车发展的情况估计，2020年中国将建设超过1.2万个充换电站以及500万个充电桩，2025年达到3.6万个充换电站和2000万个充电桩，2030年达到4.8万个充换电站和8000万个充电桩。

2）燃料电池汽车

氢能在燃烧使用过程生成水，没有温室气体的排放，氢能被视为一种清洁的能源。未来以氢能为主的燃料电池汽车可能会有较大的市场空间。发展氢能燃料汽车的关键在提高载氢的安全性、降低燃料电池汽车的集成技术、提高功率密度等。

表5-21为中国燃料电池汽车发展情况预测结果，给出了未来燃料电池汽车发展情况的预测。从表5-21中可以看出，对于燃料电池汽车来说，其短期内大规模推广使用的可能性不大，预计到2025年后，发展速度将会增加。燃料电池汽车的使用寿命会延长，成本也会不断降低，也将会逐步具备市场竞争力。从其中最关键的燃料电池堆耐久性技术来看，其最高效率在未来将会不断提高，预计将会从目前的55%左右提高到2030年的65%，材料成本也将会从现在的4000元/千瓦降低到2030年150元/千瓦左右。电池动力系统和整车集成技术也会更加成熟。

表5-21 中国燃料电池汽车发展情况预测

参数	2020年	2025年	2030年
发展规模/万辆	0.5	5	100
燃料电池堆耐久性/小时	5000	6000	8000
乘用车寿命/万公里	20	25	30
成本/万元	30	20	18

3）电动汽车电池技术

对于新能源汽车来说，电池技术的发展是关键，特别是对于纯电动汽车来说，电池能量密度的提高对于汽车的推广至关重要。较短的续航里程不利于电动汽车的使用。因此，未来电动汽车的发展在很大程度上依赖于电池技术的突破，一方面在于提高电池的能量密度，另一方面在于降低电池系统成本。

与插电混合动力汽车相比，纯电动汽车的行驶完全依赖于电池。因此，要满足未来纯电动汽车的发展需求，所需电池的能量密度要相当大。表5-22给出了未来电池单体能量密度的预测结果。

表 5-22　未来电池单体能量密度预测　　（单位：瓦·时/千克）

车型	2020 年	2025 年	2030 年
纯电动汽车	350	400	500
插电混合动力汽车	200	250	300

另外，电池系统成本是电动汽车整体价格较高的原因之一，未来随着技术进步，预计电池成本也会不断降低，表 5-23 给出了未来电池系统成本的预测结果。

表 5-23　未来电池系统成本预测　　（单位：元/(瓦·时)）

车型	2020 年	2025 年	2030 年
纯电动汽车	1	0.9	0.8
插电混合动力汽车	1.5	1.3	1.1

5.4　安徽省电力发展的政策建议

安徽省现阶段主要有水电、太阳能发电、风电和生物质发电等几种可再生能源发电方式。在未来电力结构改变的过程中，提高可再生能源发电的比例是一个总体的趋势。从全国范围来看，安徽省的太阳能和风能资源相对来说处于中等偏下的水平。但是风能和太阳能作为重要的可再生能源，在短期内来看其作用是不可忽视的。因此，未来安徽省的太阳能和风能的利用要根据整体的规划布局，结合安徽省自身情况，合理发展太阳能和风能产业。以太阳能发电为例，目前其处于快速发展的时期，技术不断进步，转化效率不断提高，这也会给安徽省太阳能发电的发展带来很大的机遇。应通过使用各种新型材料和技术，提高太阳能的利用效率，降低发电成本。另外，光热发电以及光伏光热结合发电未来可能会大规模商业化应用。对于安徽省来说，使用这些新技术也是未来的主要方向之一。与华北风能资源丰富的地区相比，安徽省风能资源可利用性相对欠佳，但是随着风电技术的不断进步，如低风速风机的发展，未来安徽省风能的利用效率有可能会有所提高。因此，安徽省未来太阳能和风能的发展要根据技术进步的情况决定，不能盲目扩大规模，造成资源的浪费。生物质能源相对比较特殊，如果得不到合理的有效利用，其还有可能对环境造成影响。农林废弃物是一种重要的生物质能源，其利用方式也多种多样。根据安徽省的具体情况，对于交通运输较为便利的平原地区，可以适当增加生物质发电的利用规模，但生物质电厂的规划一定要考虑到原材料的供应。运输不便或者资源量较少的地区可以考虑将生物质能源加工成为生物质固体成型燃料，用于满足当地的需求或者向外地输出。城市生活垃圾也是一种重要的生物质能源，如果不能有效地处理和回收利用，将会对环境产生严重的影响。对于城市垃圾处理要给予足够的重视，促进垃圾的分类处理，提高垃圾循环使用率，对于无法回收利用的垃圾要进行集中焚烧发电。生物质能源总量在短期内是相对稳定的，因此，对于生物质能源的利用一定要考虑到资源的能源化利用量和分布情况，避免过度投入，导致后期原材料供应出现问题。安徽省未来可再生能源电力的发展要考虑到安徽省具体的情况和技术等因素，要保证各种可再生能源的相互补充。根据计算，预计到2030年，生物质发电包括垃圾以及余热发电达到600万千瓦以上，水电1000万千瓦以上，风电450万千瓦左右，光伏发电3500万千瓦左右。具体研究结果将在第7章中详细介绍。

从全国整体情况来看，未来随着节能减排压力的增加，可再生能源在电力结构中的比例会有所增加。从全国范围来看，安徽省可再生能源的可开发总量相对较小，可再生能源发展的重点可能不在安徽省。因此，在未来跨区域输电中，安徽省可能会是较大的电力输入方。由于风电和太阳能发电的间歇性，目前很多地区出现了"弃风"和"弃光"现象。随着风电和太阳能发电行业的不断发展，以后风能和太阳能资源丰富的地区将会有更多的富余电力。这些可再生能源具有比较优势的地区电力输送到其他地区是符合国家整体利益的。对于安徽省来说，未来的特高压受进可能会有所增加。在电力行业的发展和布局上要提前考虑到此类因素，与国家整体计划相适应，减少不必要的投资，减少资源的浪费。从安徽省目前电力建设的布局来看，未来特高压受进面临很多不确定性，如果电力需求增加较慢，则可能不需要特高压输入，具体情形的讨论将在第7章中进行计算和分析。

安徽省煤炭资源相对比较丰富。2016年煤炭行业开始了去产能，前三个季度，煤炭产量下降8.6%。与其他能源相比，煤炭使用对环境造成的影响相对较大。煤炭和传统电力部门在未来有可能受到更多的限制。但是实际情况决定了安徽省不可能对煤炭行业和所有相关的高耗能行业进行全面的去产能，否则会对安徽省经济发展造成比较严重的影响，其他行业在短期内也不可能提供大量的就业岗位。基于这样的情况，对于安徽省传统电力企业来说，促进煤炭的清洁使用，提高相关的环境标准在短期来看是一个较为合适的选择。目前IGCC技术在国内已经开始使用，安徽省可以通过引进IGCC技术，提高安徽省传统电力部门的技术效率。

在全球能源互联网的背景下，安徽省未来的电网建设也要符合能源互联的特点，适应各种电源和用电设施的灵活接入与退出，保证电网运行的安全可靠。安徽省在全球能源互联网下在发电环节、传输环节和用电环节都有着新的要求，具体内容将在第6章展开详细论述。

5.5 　本　章　小　结

　　本章首先分析了安徽省可再生能源的现状以及未来发展趋势，估算了未来可再生能源的成本；其次讨论了安徽省主要行业的能源结构发展趋势，并估算了部分行业的节能潜力；再次分析了一些主要先进电力技术的发展情况；最后提出了安徽省电力发展的政策建议。

　　首先是安徽省可再生能源的发展情况。到 2015 年，安徽省可再生能源发电量已到达 116 亿千瓦·时，同比增加 30% 左右，其中水电年发电总量为 67 亿千瓦·时。可再生能源电力占社会总用电量的比例达到了 7%，可再生能源发展在社会电力消费中所占的比例也在不断提高。未来随着可再生能源技术的进步和成本的下降，可再生能源还将会有更大的发展前景。本章采用学习曲线的方法对太阳能发电、风电和生物质发电的未来成本下降趋势进行了估算。从不同可再生能源的成本估算中可以看出，在三种能源品种中，太阳能发电学习率较高，成本下降最快。然而，对于太阳能发电来说，其目前还处于发展阶段，虽然相关技术进步较快，新的材料不断被发明和利用，但随着技术的逐渐成熟，成本下降的速度也将会减慢。太阳能发电很难一直维持 20% 的学习率。因此，根据之前太阳能发电发展的经验可以大致估计到 2030 年其成本大致可以下降到 0.34 元/（千瓦·时），到 2050 年成本将下降至 0.23 元/（千瓦·时）。未来太阳能发电成本可能会由下一代太阳能发电技术的研发和推广情况决定。从太阳能未来发展前景看，使用聚光太阳能和光伏光热结合发电等方式会给安徽省太阳能利用带来新的机遇。从风能来看，安徽省总体来说风力资源并不丰富，未来安徽省风力发电的重点也可以侧重于低风速风机的推广和利用。安徽省农林废弃物资源丰富，除了生物质发电，在生物质液体燃料方面有一定的发展空间。

　　其次是主要行业的能源结构和节能预测。考虑到不同行业的具体情况，在对安徽省的不同行业的能源结构和变化趋势进行分析时，分别选取黑色金属行业、有色金属行业、造纸行业、交通运输业、商品服务业和城镇居民消费等行业。本章在对主要行业的能源结构和变化趋势进行分析后，使用协整分析的方法，预测了未来安徽省典型行业的节能潜力。

　　从结果来看，电力、热力生产和供应业是一个高耗能产业，能源消费量大，节能总量是十分可观的，节能的比例也是比较高的。根据计算结果，到 2020 年，中等情景下节能量将达到 2396 万吨标准煤，强化情景下节能量为 3245 万吨标准煤。到 2030 年，节能潜力分别为 4950 万吨标准煤和 8609 万吨标准煤。2020 年中等情景下黑色金属冶炼及压延加工业的能源消费量预计达到 3654 万吨标准煤，节能比例为 4.6%，强化情景下能源消费量为 3487 万吨标准煤，节能比例为 8.9%。

与 2020 年相比，2030 年的节能比例会更高，在两种不同的情景下节能比例分别为 11.7%和 22.0%。从以上两个重工业产业部门可以看出，这些高耗能产业总体来看，能源消费量大，但是未来的节能潜力也比较大。这些部门是安徽省未来节能减排的重点。其他行业如食品行业、造纸及纸制品行业的节能总量只有几十万吨标准煤。

再次是先进电力技术的发展前景分析，分别讨论了储能技术、IGCC 以及 CCS。其中储能技术主要分析了抽水蓄能、电化学储能和储热技术等。预计中国的储能装机容量需要达到 80 吉瓦才能完成巴黎气候变化大会提出的将全球变暖温度控制在 2℃以下的目标，如果其中技术得到突破，成本可以快速下降，中国的储能装机容量可以超过 120 吉瓦。这两种目标也可以作为中国未来储能装机容量发展的一个参考。但是相应的投资规模也是比较大的，根据其估计结果，在 80 吉瓦的目标下，所需投资大概为 1600 亿美元，在 120 吉瓦的目标下，所需投资大概为 1800 亿美元。从目前几种储能方式的成本来看，抽水蓄能和压缩空气储能的成本相对较低，目前成本为 0.1～0.2 元/（千瓦·时），未来成本有可能进一步下降，比较乐观的情况下可以降到 0.1 元/（千瓦·时）左右，具有一定的成本优势。其他储能方式现阶段成本相对较高，如钠流电池的成本为 0.4～0.45 元/（千瓦·时），铅酸电池的成本为 0.5～0.55 元/（千瓦·时），锂电池的成本为 0.9～0.95 元/（千瓦·时）。在一般情况下，这些成本较高的储能方式在成本降到 0.2 元/（千瓦·时）以下时，才能真正具有竞争力，才能实现大规模的推广和使用。CCS 是碳减排的一个重要途径，但是也面临着成本较高的问题。而 CCUS 在之前 CCS 的基础上增加了二氧化碳的利用环节。二氧化碳主要可以用在油气生产领域，如利用二氧化碳驱油、驱煤层气等，另外也可以用在化工领域。中国在二氧化碳的捕集、运输和封存上有一定的前期基础，如化学工业中的捕集技术，这可为后期的发展减少一定的投入。中国已经开展的相关项目已经有 15 个左右，如中国石油天然气集团公司吉林油田开展的二氧化碳捕集、驱油与封存项目，二氧化碳去油产能 20 万吨。在二氧化碳封存方面，中国也已经启动地质储存潜力的评价，初步结果表明，深部盐水层的潜力巨大。中国在 IGCC 领域也取得了一定的突破，天津 IGCC 电厂已经开始正常运行，IGCC 机组的稳定性和可靠性都已经基本可以得到保证。中国的资源禀赋也决定了未来 IGCC 的发展前景。结合现阶段 IGCC 电站国内外的运行情况以及技术上的不断进步，考虑到环保标准和二氧化碳减排要求的日益严格，IGCC 电厂在未来的竞争力会进一步加强。从 IGCC 成本下降的分析来看，其学习率相对较高，成本下降的趋势也比较明显，随着未来 IGCC 装机规模的不断扩大，成本将有可能进一步下降。

最后提出了安徽省电力发展的政策建议。未来安徽省要结合自身情况，根据整体的规划布局，合理发展太阳能和风能产业。其中光热发电以及光伏光热结合发电未来可能会大规模商业化应用。根据安徽省光资源的特点，使用这些新技术也是未来的主要方向之一。在风电方面，随着风电技术的不断进步，如低风速风机的发展，未来安徽省风能的利用效率有可能会有所提高。在生物质能源方面，要注意考虑到资源的能源化利用量和分布情况，避免过度投入，造成后期原材料供应出现问题。在特高压受进方面，未来受进规模可能会有所增加。在电力行业的发展和布局上要提前考虑到此类因素，与国家整体计划相适应，减少不必要的投资，减少资源的浪费。安徽省煤炭资源要更多地转向清洁化使用，传统电力部门要提高使用效率，引进 IGCC 等新技术。

参 考 文 献

[1]　Lin B，He J. Learning curves for harnessing biomass power：What could explain the reduction of its cost during the expansion of China？[J]. Renewable Energy，2016，99：280-288.

[2]　Engle R F，Granger C W J. Co-integration and error correction：Representation，estimation and testing[J]. Econometrica，1987，55：251-276.

[3]　程一步,孟宪玲. 我国碳减排新目标实施和 CCUS 技术发展前景分析[J]. 石油石化节能与减排,2016,1（2）：4-11.

第6章 安徽远景经济社会发展

6.1 安徽远景经济社会发展布局

6.1.1 安徽省各城市经济发展现状分析

安徽省东邻江苏、浙江，西邻河南、湖北，南接江西。其身处华东腹地，是中国承接东西南北的重要地带、重要省份。安徽省所处的地理位置得天独厚，为其经济的快速发展提供了优越的条件。但是，与其他中部省份相比，安徽省在科技和资源方面并不占据优势地位。安徽省靠近江苏、浙江，并且离长三角经济区特别近，这些经济和产业结构发展比安徽省更有优势的地区会对其有积极的推动作用。然而其西部和南部省份的发展相对其东部省份较为落后，相邻省份经济和产业的不一致，以及政府对于不同区域的资本投入力度和社会资金的偏好，导致其省内存在区域经济发展不平衡。对于安徽省内部各地市来讲，由于各地区的资源禀赋、政策布局、经济发展基础和基础设施建设的不均衡，地区经济发展也呈现出不均衡的状态。经过几十年的改革开放，产业布局逐步优化，经济格局逐步向好，但是论综合实力，安徽省各地市相对沿海地区竞争力还偏弱。

在近期的发展中，皖北地区的农业得到了比较好的发展，尤其是宿州、亳州和阜阳三个农业大市，将在国家战略和地区战略的支持下，大力发展新型农业，加快现代农业转型发展。作为工业型城市的淮南、淮北和蚌埠也取得了较快的发展。马鞍山、芜湖、铜陵和安庆作为东向战略发展的主要地区，主动面向长三角地区，向其提供资本、能源和相关设备，并不断接受来自长三角地区的技术和产业转移，这一地区逐渐加速与长三角地区的融合，适应与其一体化发展。合肥作为安徽的中心城市，资金、人力和政策的倾斜都使这一地区发展较为突出。自主科研技术项目的开发和工业化道路的发展，使合肥市不断壮大自身的经济实力，是安徽省经济发展的一大增长点。

皖江经济带和合肥经济区有其自身区位上的发展优势，该地区的建设发展可以带动周围地区的发展。这一地区应该优化经济发展环境，统一区域发展政策，协调区域产业分工，并加快基础设施建设，以带动其他地市的发展。为把握和长三角地区的合作机会，加快地区产业融合，安徽省可以给长三角地区提供充足的资源，其所缺少的是长三角地区的技术和资本，应积极响应国家提倡的区域经济协调发展和结构调整，展开与周围地区的经济合作，逐步优化产业结构。皖北地区属于安徽省较为落后的地区，安徽省应积极帮扶其发展，加大对其教育、科研的投入，加强基础设施的建设，优化皖北地区的产业结构。总体上来讲，安徽省的经济发展并不算突出，与东部省份存在差距，差距也是机遇，应把握好与其合作的机会。安徽省各地市之间也是存在着差距的，应积极落实对相关地市的发展政策，积极协调安徽省区域经济的发展。

　　如图 6-1 所示，在 2015 年，合肥市的 GDP 在安徽省内的占比最高，达5660.3 亿元，占整个安徽省 GDP 的 25.1%。芜湖市和安庆市的 GDP 次之，分别为 2457.3 亿元和 1613.2 亿元，占比分别为 10.5% 和 7.2%。蚌埠市、滁州市、阜阳市、宿州市、六安市、马鞍山市、宣城市和亳州市这八市的 GDP 占比相当，分别为 5% 左右。而淮南市、淮北市、铜陵市、黄山市、池州市五市的 GDP 则相对为安徽省内较低的。其中黄山市的 GDP 最低，为 530.9 亿元，占比为 2.3%，其次为池州市，为 544.7 亿元，占比为 2.4%。

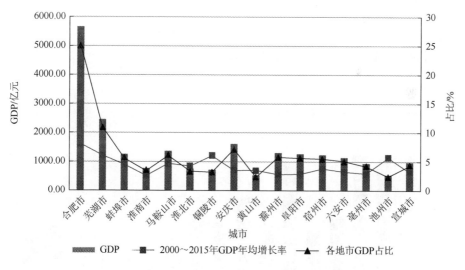

图 6-1　安徽省 2015 年各地市 GDP 及增长率

资料来源：《安徽统计年鉴 2016》

　　通过对比各地市的 GDP 年均增长率，可以发现，近 15 年来，合肥市的 GDP年均增长率平均为 8.1%。2000～2015 年，不仅合肥市的 GDP 是安徽省内最高的，而且合肥市的 GDP 年均增长率也是最高的。因为合肥市作为安徽省的省会城市，经济、政治、文化中心，有关的政策、资本等方面的有利资源都向合肥市倾斜，促成了合肥市经济的重要地位，可以预见，在今后的发展中合肥市依然是安徽省经济发展的强劲动力。仅次于合肥市 GDP 年均增长率的为芜湖市、铜陵市和池州市，分别为 6.07%、6.03% 和 5.68%。在安徽省内，2000～2015 年的 GDP 年均增长率超过 5% 的地市仅有上述四个，其他的均低于 5%。最低的为淮南市，仅为2.58%。整个安徽省相对于整个中国的 GDP 增长率来讲，是非常低的，这个数据就体现出了安徽省和全国平均水平的差距。不仅安徽省与全国相比来讲存在差距，这里还应看到的是各地市之间总量上的差距和每年平均增量之间的差距，地区发展不均衡的情况是很严重的，协调各地区平衡发展并且加大资源弱势地区的投资建设力度对于安徽省现有情况来讲是必需的。通过各地市数据对比和图 6-1 可以看出，虽然铜陵市和池州市的 GDP 并不高，但是其 GDP 年均增长率相对于其他的地市来讲是高的。

　　图 6-2 为 2015 年安徽省各地市的人均 GDP 情况。2015 年，合肥市的人均 GDP最高，为 72660.7 元。其次为芜湖市和马鞍山市，分别为 67250.1 元和 60358.1 元，分列第二、第三位。2015 年人均 GDP 最低的为阜阳市，为 16041 元，其次为亳州市、宿州市和六安市，分别为 18676.4 元、22303.4 元和 24117.3 元。2015 年全国人均 GDP 为 5.0 万元左右，将安徽省各地市与全国平均水平进行比较，只有合肥市、芜湖市和马鞍山市比全国平均水平高，其余地市均低于全国平均水平。阜阳市、亳州市、宿州市和六安市的人均 GDP 仅占全国的 30%～40%，可以看出安徽省的经济水平与全国平均水平的差距。

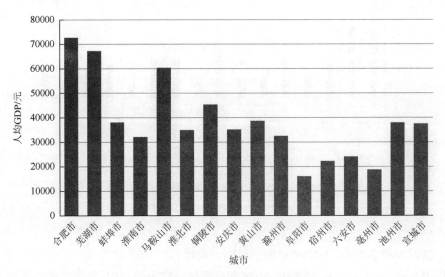

图 6-2　2015 年安徽省各地市人均 GDP

资料来源：《安徽统计年鉴 2016》

　　图 6-3 是安徽省 2005 年、2010 年和 2015 年固定投资名义额和名义年均增长率。固定投资中，2015 年合肥市的固定投资名义额最高，为 6153 亿元。其次为芜湖市和马鞍山市，分别为 2709 亿元和 1860 亿元。固定投资名义额最低的地市为黄山市，为 552 亿元，其投资额仅为合肥市的 8.9%。其次为池州市，仅为 600.5 亿元，投资额的量与年 GDP 是相当的。黄山市和池州市也是年 GDP 最低的两个地市。再看固定投资的名义年均增长率，对于十六个地市，其名义年均增长率为 20%～30%。最高的为马鞍山市，达到了 30%，最低的为亳州市、淮北市和阜阳市，均为 20% 左右。其余地市名义年均增长率差异不大。

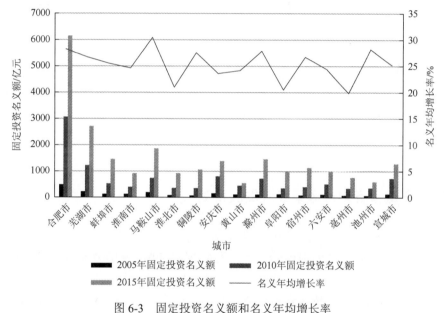

图 6-3　固定投资名义额和名义年均增长率

资料来源：《安徽统计年鉴 2016》，其中各地市投资额从左至右分别为 2005 年、2010 年和 2015 年数值

　　图 6-4 为安徽省各地市公路里程。地市的公路里程在一定程度上可以表示交通的便利程度，交通运输物流的便利对于经济的发展是不可或缺的。较高的交通便利性可以加快资本和人力的流动性，资源的配置也更为便利。到 2015 年，安徽省各地市的公路里程中，最高的为六安市，超过了 20000 公里，其次为合肥市、安庆市和滁州市，均达到了 15000 公里。公路里程最少的为铜陵市，仅为 1555 公里，淮南市、淮北市和马鞍山市的公路里程数也较少。2000～2015 年，各地市的公路里程数呈现出上升的趋势。其中 2010～2015 年，合肥、马鞍山市、六安市出现了较快的增长。除前面提到的几个城市，2010～2015 年其他地市的公路里程数并没有出现较为明显的增长，可能的原因是这些地市的公路建设达到了饱和的状态，增长空间并不大。

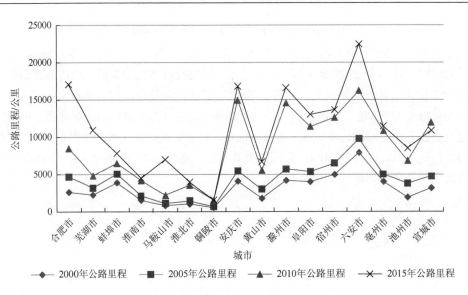

图 6-4　安徽省各地市公路里程

资料来源：《安徽统计年鉴 2016》，笔者整理制图

6.1.2　安徽省各地市远景经济发展预测

　　推动中国经济增长 30 年的因素有诸多方面：资本积累、劳动力投入、人力资本与技术的提高、稳定的国内储蓄率、国有企业改革、基础设施的建设、民营企业发展、强大的国内需求、对外贸易的发展、城镇化建设以及政治制度的稳定与全球化的资本流动等。按照索洛模型"增长的核算"方法分析，经济增长的最大动因是生产要素的积累与发展，而要素主要包括三个方面：资本、劳动力与全要素生产率。

　　本书采用索洛模型"增长的核算"方法，其包含了规模收益不变限制的柯布-道格拉斯生产函数，按照索洛模型"增长的核算"方法，分析中国经济的增长和资本、劳动力及全要素生产率的关系，并根据模型计算结果对下一阶段安徽省的经济增长进行预测。

　　索洛模型"增长的核算"方法的生产函数形式如下：

$$Y(t) = A(t)K(t)^{\alpha} H(t)^{\beta} \qquad (6-1)$$

其中，$Y(t)$ 表示 t 时期的生产总值；$K(t)$ 与 $H(t)$ 表示 t 时期资本存量与人力资本存量；$A(t)$ 表示 t 时期的全要素生产力水平；α 与 β 分别表示资本产出弹性、人力资本产出弹性。

将式（6-1）对 t 求导，并等式两边同时除以 $Y(t)$ 后整理可以得

$$\frac{\dot{Y}(t)}{Y(t)} = \frac{\dot{A}(t)}{A(t)} + \alpha\frac{\dot{K}(t)}{K(t)} + \beta\frac{\dot{H}(t)}{H(t)} \tag{6-2}$$

根据索洛模型，基础的计量模型采用时间序列分析，构建对数形式方程如下：

$$\ln Y(t) = C + \alpha \ln K(t) + \beta \ln H(t) + \ln A(t) + \varepsilon(t) \tag{6-3}$$

其中，$Y(t)$、$K(t)$ 均以 1979 年不变价格计算；$H(t)$ 表示人力资本存量或有效劳动力，定义为劳动年龄人口总量（扣除在校学生）乘以他们的受教育年限；C 表示截距项；$\varepsilon(t)$ 表示残差项。

本部分选取的数据主要有 1996～2015 年的安徽省各地市 GDP（以 1996 年为基年进行平减）、固定资产投资额、常住人口、城镇化率以及公路修建里程，主要数据来自于 CEIC，安徽省统计局网站以及《安徽省统计年鉴 2016》。

根据前面所述的面板数据进行回归，可以得到未来安徽省十六个地市 2020～2050 年的经济发展情况，如表 6-1 所示。

表 6-1　安徽省各地市远景 GDP 预测表　　　　（单位：亿元）

城市	年份	GDP	城市	年份	GDP	城市	年份	GDP	城市	年份	GDP
合肥	2020	1500	芜湖	2020	580	蚌埠	2020	310	淮南	2020	210
	2030	2140		2030	750		2030	420		2030	270
	2040	2880		2040	960		2040	580		2040	340
	2050	3770		2050	1210		2050	800		2050	420
马鞍山	2020	290	淮北	2020	190	铜陵	2020	170	安庆	2020	370
	2030	320		2030	230		2030	210		2030	450
	2040	360		2040	280		2040	260		2040	540
	2050	400		2050	330		2050	330		2050	640
黄山	2020	130	滁州	2020	320	阜阳	2020	330	宿州	2020	290
	2030	170		2030	410		2030	450		2030	360
	2040	220		2040	500		2040	610		2040	450
	2050	290		2050	600		2050	830		2050	560
六安	2020	270	亳州	2020	220	池州	2020	120	宣城	2020	230
	2030	330		2030	270		2030	140		2030	300
	2040	400		2040	330		2040	160		2040	400
	2050	490		2050	410		2050	180		2050	530

从各个地市的预测结果来看，未来安徽省各市经济增长仍然保持了一个较快的速度，尤其是作为省会城市的合肥，通过表 6-1 可以看到，在 2020 年、2030 年、2040 年和 2050 年，合肥市的 GDP 分别会达到 1500 亿元、2140 亿元、2880 亿元以及 3770 亿元（以 1996 年不变价表示）。2050 年的 GDP 将比 2015 年增长 261.85%，相当于增加了 2.5 倍，未来三十五年中，合肥的年均增长率将达到 3.7%。

从图 6-5 中可以看出，安徽省各个地市 GDP 在未来都将保持较快的增长速度，排在前几位的有省会合肥市、阜阳市、蚌埠市、淮南市以及旅游城市黄山市。

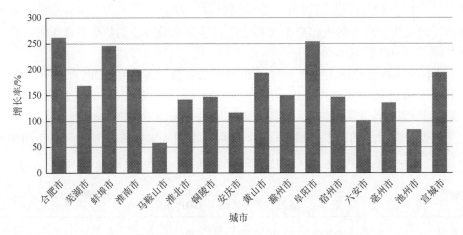

图 6-5　安徽省各个地市 2050 年 GDP 比 2015 年增长率

6.1.3　安徽省各地市经济增长动因分析

对经济增长动因的分析，既有利于分析过去经济增长的来源，又能为预测未来中国经济持续快速增长的可能性提供一个分析框架。

人力资本是经济增长的重要动因，根据王小鲁[①]的计算，人力资本在 20 世纪 80 年代贡献较高，达到 4.4%，近年来明显降低，这是因为改革初期，在"文化大革命"期间中断的教育恢复，带来了人力资本的迅速积累。但需要注意的是，人力资本在这种计算上的差异可以从全要素生产率上得到补充。在未来若干年中，人力资本可能随着职业教育的扩大和九年制义务教育的进一步普及而增长。2014～2020 年人力资本的增长率可能在 2%左右，2021～2030 年可能为 1.2%～1.5%，这取决于政府对教育的投资力度。

另外，全要素生产率的作用日趋重要，1980～1989 年其对经济增长贡献了 2.7%，之后达到 4%左右。本书选取的全要素生产率包括基础设施和城镇化率。

---

① 王小鲁认为该数值为 1.5%～2%，胡鞍钢认为该数值为 1.2%～2%。

1978 年城镇化率仅为 18%，2012 年超过了 50%。中国的城镇化进程目前正处于加速的阶段，城镇化对经济增长的内生拉动作用越来越明显。在未来的基准情景中，城镇化和工业化继续推进，城镇化水平将由过去 12 年的每年提高 1.25% 下降至 0.55%～0.85%，到 2030 年城镇化率达到 65% 左右，市场化率在 2020 年达到 82% 左右。

未来中国经济将继续保持良好、快速的增长。随着体制改革的深化，与对外开放的加强，经济的活力会进一步突显，整体生产力水平将达到一个新的高度。中国国内的高储蓄带来未来的投资和投资效率的提高，这将进一步推动资本积累。城镇化进程将成为未来中国经济发展的助推器，不仅解决了二元经济留下的城乡矛盾，而且带动了大量相关产业与基础设施的建设，国内的消费需求，为经济进一步发展提供了一个巨大的市场。中国存在技术潜力的后发优势，中国经济未来将继续保持 30 年的健康快速发展。

表 6-2 给出了按照索洛模型"增长的核算"方法分析测算得的过去 35 年中国经济增长因素的结果。从表 6-2 可以看出过去的 35 年中，中国经济增长最大的推动力量是资本的快速积累，资本投入在前 35 年是经济增长的最大的贡献者。相对于资本投入来说，人力资本投入对经济增长的贡献是逐渐减弱的，本书使用 Lucas 的概念，将人力资本定义为其质量取决于受教育程度的有效劳动力。20 世纪 90 年代以后，尽管劳动力的受教育程度在显著提高，但由于劳动力数量增长趋缓，人力资本存量的增长率下降，对经济增长的贡献开始下降。全要素生产率增长成为除资本之外对经济增长贡献最大的因素，从整体来看，全要素生产率增长对经济增长的贡献度基本接近 40%。

表 6-2　中国经济增长因素分析　　　　　　　　　　（单位：%）

因素	1980～1989 年	1990～1999 年	2000～2015 年
资本投入的贡献	3.05	4.15	4.29
人力资本投入的贡献	4.24	2.35	1.40
全要素生产率增长的贡献	2.61	4.14	3.97

注：2008 年以前的数据来自于王小鲁，以后的数据来自作者更新的数据。

根据增长因素分析及各因素增长率的判断，并参考"中国 2007 年投入产出表分析应用"课题组《"十二五"至 2030 年我国经济增长前景展望》作的中国未来对经济发展水平的预测（表 6-3），中国经济在 2014 年、2015 年保持年均 7.9% 左右的 GDP 增长速率，而 2016～2020 年的年均增长速度为 7.0%，2021～2030 年，经济增长速度将约为 6.2%。受全球经济增长放缓的影响，2014 年、2015 年的经济增长率比预期的较低，预计"十三五"期间经济增长率也将有所放缓。

表 6-3　各要素增长率设定结果　　　　（单位：%）

要素	2017~2020 年	2021~2030 年	2031~2040 年	2041~2050 年
资本增长率	7.5	6.1	5.8	5.5
劳动力增长率	1.5	1.2	1.0	0.8
全要素生产率增长率	2.0	2.0	1.8	1.7

资料来源：要素增长率设定，主要参考"中国 2007 年投入产出表分析应用"课题组《"十二五"至 2030 年我国经济增长前景展望》和文献[1]。

从经济增长的因素看，"十二五"时期至 2030 年，资本积累仍是中国经济增长的主要动力。人力资本对经济发展的贡献相对较小，但与之前的研究结果相比，人力资本的作用有增加的趋势，这主要是考虑到未来延迟退休的政策及全国人口平均寿命有所增加等因素的影响。

资本积累对 GDP 增长的贡献率超过 65%，仍然是中国经济增长的主要动力。相对于资本来说，人力资本对经济发展的贡献较小，"十一五"和"十二五"期间劳动力总量仍会继续增加（每年增长 1.5%~2%）。

从各要素对经济增长的贡献看，从"十二五"开始，资本积累对经济增长的贡献逐渐减少，而全要素生产率所作的贡献逐渐增加。根据分析，中国经济快速增长的主要动力仍然是资本的快速积累，而全要素生产率的增长对经济的增长也有很大的贡献。这在一定程度上符合可持续发展的要求，因为如果没有生产率的提高，资本的边际收益会随资本存量的提高而逐渐降低。根据"中国 2007 年投入产出表分析应用"课题组《"十二五"至 2030 年我国经济增长前景展望》的研究结果和胡鞍钢等[1]采用的方法，这里对推动中国经济增长的三个主要因素：资本、劳动力和全要素生产率在 2017~2050 年的增长率作出一定的假设，设定结果如表 6-3 所示。

下面在之前研究的基础上对未来中国的经济增长率进行预测，结果如表 6-4 所示。2016~2020 年也就是"十三五"期间，中国经济年均增长率约为 6.5%，2020~2030 年的年均增长率约为 5.8%。这一预测结果基本上与其他机构作出的预测结果相吻合。根据政府规划，要实现到 2020 年 GDP 与人均 GDP 在 2010 年的基础上翻一番，要实现这一目标，2016~2020 年的年均经济增速要达到 6.5%。中华人民共和国国务院总理李克强在 2016 年 3 月发布的政府工作报告中指出，预计 2016 年中国经济增速为 6.5%~7.0%。

表 6-4　中国经济增长率预测　　　　（单位：%）

时间	2016~2020 年	2020~2030 年
GDP 增长率	6.5	5.8

表 6-5 列举了其他机构对未来中国经济增长率作出的预测，这些预测结果基本上与本书的预测结果一致。特别是 2016 年第一季度的经济数据公布后，多家机构都上调了对中国经济增长率的预测，国际货币基金组织（International Monetary Fund，IMF）和世界银行都分别把 2016 年中国经济增长率上调了 0.2%。

表 6-5 其他机构对未来中国经济增长率的预测结果

预测机构	2016 年预测	2017 年预测	2018 年预测	2019 年预测	2020 年预测	2021 年预测	预测时间
德意志银行	6.7	6.7	6.5	6.1	—	—	2016/4/11
麦格理投资银行	6.7	6.5	6.0	6.0	—	—	2016/4/11
中国国际金融股份有限公司	6.9	6.8	—	—	—	—	2016/4/11
星展银行	6.5	6.5	—	—	—	—	2016/4/11
汇丰银行	6.7	6.7	—	—	—	—	2016/4/8
摩根大通	6.7	—	—	—	—	—	2016/4/6
中信证券股份有限公司	6.6	—	—	—	—	—	2016/3/31
兴业证券股份有限公司	6.8	—	—	—	—	—	2016/3/31
花旗集团	6.3	6.0	6.0	6.1	—	—	2016/3/30
瑞银证券有限责任公司	6.2	5.8	—	—	—	—	2016/3/21
联讯证券股份有限公司	6.6	—	—	—	—	—	2016/3/12
中银国际控股有限公司	6.2-6.3	—	—	—	—	—	2016/3/1
IMF	6.5	6.2	6.0	6.0	6.0	6.0	2016/3/1
世界银行	6.7	6.5	6.5	—	—	—	2016/4/11

资料来源：各国际机构所发布报告。

对安徽省而言，根据安徽省"十三五"规划，按照 2020 年全面建成小康社会的总要求，并综合考虑未来发展趋势和条件，安徽省"十三五"时期经济社会发展的目标是：三次产业结构进一步优化为 8.5∶50∶41.5；经济增长率全国争先、中部领先，年均增长 8.5%左右，到 2020 年安徽省 GDP 达到 3.6 万亿元，努力向 4 万亿元冲刺；人民生活水平和质量普遍提高，人均主要经济指标在全国的位次进一步提升等。

为了对安徽省远景经济发展进行合理预测，本书首先对历史不同时期安徽省经济增长的动因进行深入分析，在历史数据分析结果的基础上，结合安徽省近年来的新形势和新趋势，对经济增长的各驱动因素进行合理假设，进而得到安徽省经济发展水平的预测结果。

　　模型的构建过程与全国经济发展水平预测的过程类似，主要参考王小鲁等的方法，将安徽省经济增长的动因分解为资本投入、劳动力投入和全要素生产率增长三方面的贡献。分解的结果如表 6-6 所示。

表 6-6　　安徽省经济增长因素分析　　　　　　　　（单位：%）

因素	1980～1989 年	1990～1999 年	2000～2015 年
资本投入的贡献	3.73	4.72	4.68
劳动力投入的贡献	3.56	3.25	2.64
全要素生产率增长的贡献	3.48	4.67	4.20

　　从表 6-6 的分析结果来看，安徽省经济增长因素与全国相比有以下几点不同。

　　（1）资本投入的贡献相对较低。从历史数据来看，资本投入对安徽省经济增长的贡献度相对较低，这主要由于安徽省地处中国中部，经济发展水平相对较为落后，且从全国角度来看，全国投资主要集中在东部沿海地区。但从趋势上来看，资本对安徽省经济增长的贡献在逐年增长。

　　（2）劳动力投入的贡献相对较高。安徽省是人力资源大省，一直以来也是劳务输出的主要省份之一。从经济结构来看，农业等劳动密集型产业在安徽省所占的比例较高，这些原因都导致劳动力对安徽省经济增长的驱动作用较强。但与资本的贡献相比，人力资本的贡献在逐年降低。

　　（3）全要素生产率增长的贡献相对较低，但增速很快。全要素生产率的增长与多种因素有关，包括经济发展水平、科研投入等。近年来安徽省充分发挥地处中部的地理位置优势，积极承接东部地区的产业转移，引进新的技术和产业，促进自身经济快速发展。未来安徽省全要素生产率仍将有较大程度的提高。

　　结合安徽省经济增长因素的分析结果和当前安徽省的实际情况，对未来安徽省资本、劳动力和全要素生产率的增长率作出如下设定，以此作为安徽省经济发展水平预测的根据，设定结果如表 6-7 所示。

表 6-7　　安徽省各要素增长率设定结果　　　　　　　（单位：%）

要素	2016～2020 年	2021～2030 年	2031～2040 年	2041～2050 年
资本增长率	11.2	10.5	7.5	5
劳动力增长率	1.8	1.4	1.0	0.8
全要素生产率增长率	2.7	2.2	1.4	1.2

　　资料来源：各要素增长率设定主要参考全国各要素增长率的设定，并结合安徽省历史数据，以及荣秀婷等[2]的研究结果设定。

根据表 6-7 中的各要素增长率设定结果，以及安徽省经济发展预测模型的估计结果，可以对未来安徽省经济发展水平作出预测，2016～2050 年安徽省经济发展增速预测结果如表 6-8 所示。

表 6-8　安徽省经济发展增速预测结果　　　　　　　　　　（单位：%）

时间	2016～2020 年	2021～2030 年	2031～2040 年	2041～2050 年
GDP 增长率	8.5	7.2	5.0	3.3

2016～2020 年，安徽省平均经济增长率为 8.5%，与安徽省"十三五"规划中设定的目标保持一致。2020～2030 年、2031～2040 年、2041～2050 年安徽省经济增长率预测分别为 7.2%、5.0% 和 3.3%。根据表 6-8 所示的经济发展增速预测结果，可以得到安徽省 GDP 历史变化与 2016～2050 年模拟结果（以 2015 年不变价表示），如图 6-6 所示。

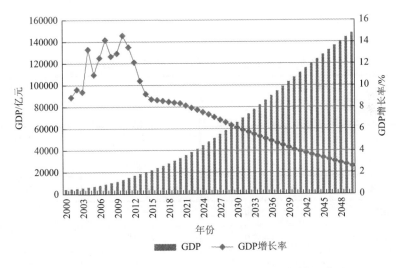

图 6-6　安徽省 GDP 历史变化与 2016～2050 年模拟结果

资料来源：历史数据来源于历年《安徽统计年鉴》

结合前面安徽省经济发展的预测结果，由图 6-6 可以得到安徽省人均 GDP 的模拟结果。安徽省人均 GDP 模拟结果（考虑二胎政策）如图 6-7 所示。从图 6-7 中可以看出，到 2050 年前后，安徽省人均 GDP 约为 21.2 万元，约合 3.1 万美元，略高于韩国 2015 年的人均 GDP 水平。

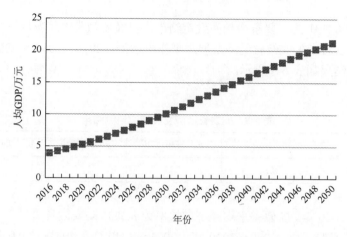

图 6-7　安徽省人均 GDP 预测结果

　　为方便对比，表 6-9 列举了世界主要国家和地区 2015 年用现价美元表示的人均 GDP 水平。从表 6-9 可以看出，根据本书的模拟结果，到 2050 年安徽省人均 GDP（3.1 万美元）将会接近日本 2015 年的水平，但仍然低于美国、英国、法国、德国和中国香港等国家和地区在 2015 年的人均 GDP 水平。

表 6-9　世界主要国家和地区 2015 年人均 GDP　（单位：现价美元）

国家和地区	人均 GDP	国家和地区	人均 GDP
澳大利亚	56327.7	英国	43734.0
巴西	8538.6	中国香港	42422.9
加拿大	43248.5	印度	1581.6
中国	7924.7	日本	32477.2
德国	41219.0	韩国	27221.5
欧洲联盟	33997.9	俄罗斯	9057.1
法国	36248.2	美国	55836.8

资料来源：世界银行数据库。

6.2　安徽远景经济社会产业结构模拟

6.2.1　安徽省各地市产业结构现状分析

　　图 6-8 是 2000 年安徽省各地市三次产业名义额及其占比。在 2000 年，安徽

省有四个城市第一产业占比比第二产业、第三产业高，分别是阜阳市、宿州市、六安市和亳州市，其中宿州市第一产业占比超过 45%，几乎占了全市 GDP 的一半。这说明在 2000 年，这些地区经济不发达，主要靠农业来带动经济的发展。也可以发现，在这些地市中，有些地市第二产业名义额较低，有些甚至比第三产业名义额低，如黄山市、阜阳市和亳州市，说明这些地方工业发展比较落后。对于安徽省几个大市，如合肥市、安庆市、滁州市、芜湖市等，其 GDP 在全省处于领跑地位，同时这几个地区的第二产业名义额最高，对经济发展起到了支撑作用。

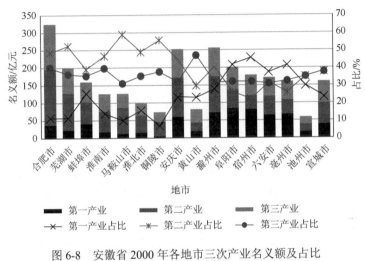

图 6-8　安徽省 2000 年各地市三次产业名义额及占比

资料来源：《安徽统计年鉴 2001》，笔者整理制图

图 6-9 是 2015 年安徽省各地市三次产业名义额及占比图。经过十几年的经济发展，安徽省各地市经济增长迅速，三次产业调整比较明显。三次产业占比中，第一产业在所有地市中占比都比较低，最高只有 20%左右，说明经过这么多年的发展，安徽省已经从依靠农业拉动经济增长转变为其他产业带动的模式。除了黄山市和亳州市，其他省市的第二产业名义额都是最高的，平均名义额占比超过 50%。这说明近十几年来，第二产业在安徽省取得了快速的发展，第二产业的发展也带动了全省各地市的经济发展。最为明显的特征是，第三产业在各地市也取得了快速的发展，平均占比超过了 30%，这说明安徽省产业结构调整更加合理化。

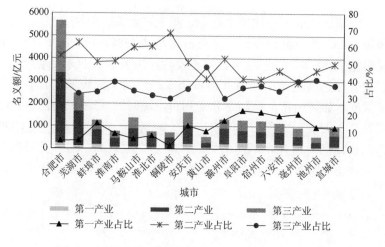

图 6-9　安徽省 2015 年各地市三次产业名义额及占比

资料来源：《安徽统计年鉴 2016》，笔者整理制图

6.2.2　安徽省远景产业结构预测

根据前面的预测结果，可以对安徽省主要经济社会发展指标，包括安徽省三次产业增加值及结构、工业内部各行业增加值等指标作出预测。

产业结构主要使用马尔可夫模型。马尔可夫模型最早由马尔可夫提出。设 S 是一个由有限个状态组成的集合。随机过程满足：

$$P(e_{t=j}\big|e_{t-1}=i,e_{t-2}=k,\cdots)=P(e_{t=j}\big|e_{t-1}=i)$$
$$P(e_{t=j}\big|e_{t-1}=i)=P(e_{S=j}\big|e_{S-1=i}) \qquad (6\text{-}4)$$

式（6-4）表示，若随机过程在时刻 $t-1$ 所处的状态已知，则该过程在时刻 $t(t>t_0)$ 所处的状态只与时刻 $t-1$ 的状态有关，而与时刻 $t-1$ 以前的状态无关，各时期的状态时间序列 $S=\{1,2,3,\cdots,n-1,n\}$ 构成了一个马尔可夫过程，即马尔可夫链（Markov chain）。马尔可夫链的要义是：系统将来所处状态只与现在状态有关，而与之前的状态无关，即具有马尔可夫性或后无效性，通俗地概述为：要展望未来，首先应立足现在，忘记过去。

以转移矩阵 P_{ij} 表示状态 S_i 到 S_j 的转化概率，马尔可夫的基本模型为

$$S(k+1)=S(k)P(1)$$
$$S(k+1)=S(0)P(1)^k=S(0)P(k)$$
$$P(k)=P(1)^k \qquad (6\text{-}5)$$

其中，$S(k)$ 表示预测对象在 $t=k$ 时刻的状态向量；P 表示状态转移的概率矩阵；$S(k+1)$ 表示 $t=k+1$ 时刻的状态向量。从 S_i 到 S_j 的状态转移概率矩阵 P，既可以通过一次转移概率矩阵 $P_{ij}(k)$ 算出，也可以利用一步转移概率矩阵 $P_{ij}(1)$，通过计算从状态 S_i 起始经过 n 步后到达状态 S_j 的概率 $P_{ij}(1)^n$ 算出，即

$$P^n = \begin{bmatrix} p_{11}{}^n \cdots p_{1n}{}^n \\ \vdots \qquad \vdots \\ p_{n1}{}^n \cdots p_{nn}{}^n \end{bmatrix}, \quad p_{ij}{}^n \geqslant 0, \quad \sum_{j=1}^{n} p_{ij}{}^n = 1, \quad i = 1, 2, \cdots, n \qquad (6\text{-}6)$$

在经济产业结构分析中，转移矩阵中的对角线元素表示该产业在全社会的 GDP 结构份额中保留的概率；其余元素表示其他产业所占结构份额向本产业保留的概率。采用上述马尔可夫概率分析法即可建立安徽省 2015～2050 年三次产业结构模拟模型。模拟结果如表 6-10 所示。

表 6-10　安徽省 2015～2050 年三次产业结构模拟结果　　　　（单位：%）

年份	第一产业	第二产业	第三产业
2015	11.16	51.54	37.29
2020	9.08	48.28	42.64
2025	7.38	45.23	47.38
2030	6.01	42.37	51.62
2035	4.88	39.69	55.42
2040	3.97	37.18	58.84
2045	3.23	34.83	61.94
2050	2.63	32.63	64.74

从表 6-10 的模拟结果可以看出，第一产业在安徽省产业结构中所占的比例逐渐降低，第三产业所占的比例逐渐增加。相比于第一产业和第三产业，第二产业占比略有下降，但变化幅度相对较小。根据预测结果，到 2020 年，安徽省三次产业结构分别是 9.08∶48.28∶42.64，与安徽省"十三五"规划中提出的 8.5∶50∶41.5 相比，第二产业占比进一步下降，同时第三产业比例有所上升。这也与近年来全国工业占比有所下降的大趋势有关。2030 年、2040 年和 2050 年，安徽省三次产业结构将分别是 6.01∶42.37∶51.62、3.97∶37.18∶58.84 和 2.63∶32.63∶64.74。到 2050 年，第一产业在安徽省产业结构中所占的比例将逐渐降低，第二产业所占的比例也会有一定程度的下降，第三产业将成为驱动安徽省经济增长的主要组成部分。这也与韩国、日本及中国台湾等发达国家和地区的产业结构变动趋势较为接近。

6.2.3 安徽省各地市远景产业结构预测

在一次安徽省各个地市的产业结构分析中，转移矩阵（6-6）中的行元素表示该类产业在三次产业结构份额的保留与转移出去的概率；列元素表示该类产业所占结构份额的保留概率，以及其他类产业向本类产业转移的概率。

本节的预测依据主要是安徽省各个地市 2010～2015 年三次产业产值，数据来源于安徽省统计局网站。根据马尔可夫模型的计算，可以得到未来安徽省各个地市产业结构情况，如表 6-11～表 6-13 所示。

表 6-11　安徽省各地市 2020 年产业结构预测　　　　（单位：%）

城市	第一产业	第二产业	第三产业	城市	第一产业	第二产业	第三产业
合肥	3.5	50.4	46.1	黄山	7.8	39.4	52.8
芜湖	3.7	57.6	38.7	滁州	12.7	51.4	35.9
蚌埠	11.3	49.2	39.5	阜阳	17.0	41.9	41.2
淮南	6.7	48.4	44.9	宿州	16.3	41.2	42.5
马鞍山	4.4	55.3	40.3	六安	14.6	45.4	40.0
淮北	5.9	56.3	37.9	亳州	15.5	39.5	45.0
铜陵	1.4	62.2	36.5	池州	9.7	44.2	46.1
安庆	10.2	48.6	41.1	宣城	9.4	47.6	43

表 6-12　安徽省各地市 2030 年产业结构预测　　　　（单位：%）

城市	第一产业	第二产业	第三产业	城市	第一产业	第二产业	第三产业
合肥	2.0	42.3	55.8	黄山	4.4	34.7	61.0
芜湖	2.1	48.2	49.7	滁州	7.2	46.0	46.8
蚌埠	6.4	43.8	49.9	阜阳	9.6	39.6	50.9
淮南	3.8	41.7	54.5	宿州	9.2	38.8	52.0
马鞍山	2.5	46.6	51	六安	8.2	41.7	50.0
淮北	3.3	47.8	48.9	亳州	8.8	37.2	54.1
铜陵	0.8	51.2	48.0	池州	5.5	39.2	55.3
安庆	5.8	43.0	51.2	宣城	5.3	41.9	52.8

表 6-13　安徽省各地市 2050 年产业结构预测　　　　（单位：%）

城市	第一产业	第二产业	第三产业	城市	第一产业	第二产业	第三产业
合肥	0.6	29.1	70.3	黄山	1.4	25.1	73.6
芜湖	0.7	33.1	66.2	滁州	2.3	33.8	63.9
蚌埠	2	32	66	阜阳	3	30.6	66.4
淮南	1.2	29.5	69.3	宿州	2.9	29.9	67.1
马鞍山	0.8	32.2	67	六安	2.6	31.5	65.9
淮北	1	33.4	65.6	亳州	2.8	28.6	68.6
铜陵	0.2	34.5	65.2	池州	1.7	28.6	69.7
安庆	1.8	31.2	66.9	宣城	1.7	30.3	68

从表 6-13 可以看出，安徽省各个地市在 2050 年时，第三产业都将占到绝对地位，各市的第三产业比例都在 65%左右，其中合肥市和黄山市更是分别达到了 70.3%和 73.6%。合肥市是安徽省的省会城市，目前的第三产业比例就较高，已经超过了 40%，而黄山市是著名的旅游城市，因此第三产业也是其重要的经济来源。

另外，从表 6-13 可以看到未来安徽省各个地市的第一产业比例都非常低，绝大多数城市的第一产业比例在 2%以下。而工业和建筑业（第二产业）也会随着时间的推移逐渐缩小比例。到 2050 年，安徽省各个地市的第二产业比例基本在 30%左右。整体来看，各个城市的三次产业结构差距并不大，主要趋势就是以第三产业为支柱产业，第二产业迅速下降，第一产业约占 2.5%，因此从长期来看，未来安徽省各个地市的三次产业结构非常健康，基本与目前发达国家的情况较为相似。

根据各个地市的三次产业结构预测以及前面各市的经济发展预测，可以得到未来安徽省各个地市的三次产业产值情况，如图 6-10 所示。

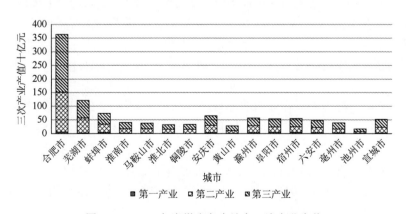

图 6-10　2050 年安徽省各个地市三次产业产值

从图 6-10 中可以看出，到 2050 年，作为省会的合肥市三次产业产值都远远领先于其他城市。合肥市 2050 年第二产业产值占整个安徽省的 31%，第三产业占比更是超过了 33%。

6.3　安徽省各城市人口与城镇化布局

6.3.1　安徽省各城市人口与城镇化现状分析

根据安徽省政府统一部署，安徽省统计局以 2014 年 11 月 1 日零时为调查标准时点，首次开展了安徽省县级常住人口抽样调查。

据调查资料，2014 年末，安徽省常住人口 6082.9 万人，比上年增加 53.1 万人，为 2000 年以来年度常住人口增加最多的年份。从全国看，安徽省人口总量占全国的 4.5%，继续居全国第 8 位、中部第 3 位；常住人口比上年增长 0.9%，增幅居全国第 8 位、中部第 1 位。分市看，阜阳、合肥、六安、宿州、安庆 5 市常住人口位居前列，合计 3210.5 万人，占全省 52.8%，其中阜阳市为 782.3 万人，增加 10.7 万人，均居全省之首。从县域看，全省 62 个县（市）常住人口 3997.1 万人，占全省 65.7%，其中临泉、太和、霍邱、涡阳、颍上等 13 个县（市）常住人口均超百万，临泉为 157.9 万人，为全省常住人口第 1 大县。分性别看，全省男性常住人口 3081.9 万人，占 50.7%，比上年增加 45.6 万人；女性为 3001 万人，占 49.3%，增加 7.5 万人，人口性别比处于基本均衡范围。

2014 年，安徽省净流向省外半年以上人口 852.9 万人，比上年减少 45.8 万人（2013 年减少 15.3 万人），外出人口回流呈增加趋势。分区域看，皖北六市、皖江示范区、合芜蚌试验区人口集聚能力进一步增强，常住人口分别增加 28.1 万人、20.2 万人和 14.4 万人。从流向看，外流主要集中在苏州、浙江、上海，3 省市外流人口占全省流向省外人口的 75.8%，其中流向浙江的人口占 27.2%、江苏占 26.9%、上海占 21.7%；其次是流向广东和北京，分别占 5.2% 和 3.9%；其他省市占 15.1%。

在城镇化进程方面，在城镇建设规模不断扩大和城镇经济快速增长的双重作用下，安徽省农村人口不断向城镇转移，城镇化进程稳步推进。2014 年末，全省城镇常住人口 2989.7 万人，占总人口的比例为 49.15%，比上年提高 1.29 个百分点，提升幅度比全国高 0.25 个百分点，居全国第 10 位、中部第 4 位。安徽省城镇化率与全国的差距由 2010 年的 6.7 个百分点、2013 年的 5.9 个百分点进一步缩小为 5.6 个百分点。

图 6-11 为安徽省各地市的城镇化率图。其中包括 2000 年、2005 年、2010 年

和 2015 年各地市的城镇化率。城镇化是人口聚集、财富聚集、服务聚集、技术聚集的一个过程，也代表了生活方式、生产方式、管理方式和国民意识的转变。城镇化率则是衡量一个社会进步和经济发展的指标。从图 6-11 中可以看到，到 2015 年，城镇化率最高的地市为合肥，其城镇化率突破了 70%。芜湖市、淮南市、马鞍山市和淮北市的城镇化率均突破了 60%。城镇化率最低的三个地市为阜阳市、宿州市和亳州市，其城镇化率均没有达到 40%，这几个城市也恰好是第一产业占比相对较高的几个地市，城镇化率也从侧面反映出了当地经济发展的层次和水平。虽然有个别地市的城镇化率不高，但是从图 6-11 中可以看出，2000~2015 年各地市的城镇化率一直呈现出上升的趋势，说明在经济快速发展的大环境下，各个地区均呈现出了较好的城镇化发展。

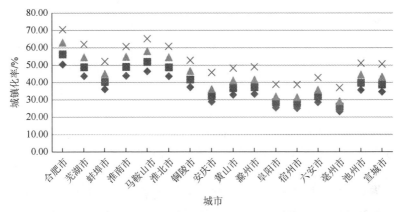

图 6-11　安徽省各地市城镇化率

资料来源：《安徽统计年鉴 2016》

　　人口文化素质稳步提升。2014 年，全省常住人口平均受教育年限为 8.69 年，比上年提高 0.15 年，其中合肥、铜陵、淮南、芜湖、淮北 5 市受教育年限均超过 9 年，居全省前 5 位。全省 15 岁及以上人口中，小学、初中文化程度人口占 67.1%，比上年下降 1.6 个百分点；高中文化程度人口占 13.8%，比上年上升 0.2 个百分点；大学及以上文化程度人口占 10.7%，比上年上升 0.6 个百分点。

　　低生育水平保持稳定。2014 年，全省出生人口 77.9 万人，出生率为 12.86‰，比上年下降 0.02 个千分点；死亡人口 35.7 万人，死亡率为 5.89‰，比上年下降 0.17 个千分点；自然增长率为 6.97‰，比上年上升 0.15 个千分点。16 个市中，阜阳、宿州、蚌埠出生率相对较高，分别为 19.03‰、16.93‰和 15.56‰，居全省前 3 位，铜陵、芜湖、宣城出生率相对较低，分别为 7.72‰、8.57‰和 9.24‰，居后 3 位，出生率水平"南低北高"差异显著。

另外，安徽省人口发展也面临一些问题。

首先，人口老龄化程度进一步加深。从年龄中位数（将全体人口按年龄大小排列，位于中点的人的年龄）看，2014 年其已达 39.4 岁，比第六次全国人口普查高 3.1 岁，表明安徽省人口平均年龄在增长。自 2010 年以来，全省 60 岁及以上老年人口年均增加约 34 万人，2014 年总数已突破千万，达 1030.9 万人，占总人口的比例由第六次全国人口普查的 15% 上升到 17%，老龄化程度进一步加深。

其次，社会抚养负担不断加重。2014 年，全省 15～59 岁劳动年龄人口为 3948 万人，占总人口的 64.9%，比第六次全国人口普查下降了 2.31 个百分点。随着劳动年龄人口占比下降，全省人口总抚养系数由第六次全国人口普查时的 48.78% 提高到 2014 年的 54.08%，即平均每 100 名劳动年龄人口要抚养 54 名老人和少儿，社会抚养负担有所加重。

再次，城镇化发展水平仍相对滞后。从全国范围看，2014 年安徽省城镇化率低于全国 5.6 个百分点，居全国第 23 位、中部第 5 位。与工业化进程比，2014 年全省城镇化率与工业化率比值为 1.07，远低于全国平均水平（1.53），也低于国际平均水平（1.95），城镇化对工业化发展的协调带动作用有待加强。同时，城镇化质量不高，2014 年全省非农业人口占户籍人口比例仅为 22.69%，低于城镇人口比例 26.5 个百分点，表明目前相当一部分人群虽然居住在城镇，但并没有真正落户城镇，更没有同步享受城镇的教育、医疗、就业、住房保障等市民化待遇。

最后，城乡人口发展差距明显。2014 年，安徽省农村的少儿、老年人口占总人口比例为 38.84%，比城镇高 7.52 个百分点；总抚养系数为 63.52%，比城镇高 17.9 个百分点，农村人口的社会负担远高于城镇。从受教育程度看，2014 年城镇人口平均受教育年限为 9.77 年，农村为 7.59 年，少 2.18 年。从人口文盲率看，2014 年农村人口文盲率为 9.06%，比城镇高 4.69 个百分点，城乡之间人口文化素质差距较大。

6.3.2　人口预测方法

人口预测问题是人口学理论研究的核心问题之一。预测技术的不断创新、发展，使人口预测模型日益丰富多彩，各具特色。随着回归分析方法、计量经济学的不断发展，以时间序列分析方法为基础的 ADLM 用于中国人口预测已有了一定进展。时间序列分析方法建立模型时不考虑以人口理论或经济理论为依据的解释变量的作用，而是依据变量本身的变化规律，利用外推机制描述和预测时间序列的变化。本节利用安和平[3]的方法，运用 ADLM 对安徽省各个地市未来人口进行预测。

通常，ADLM 可应用于解释更一般的经济关系。最简单的设定是 ADLM（1，1）：

$$Y_t = \alpha + \lambda Y_{t-1} + \beta_0 X_t + \beta_1 X_{t-1} + \varepsilon_t \tag{6-7}$$

其中，Y_t 表示 t 时期的因变量（被解释变量）；X_t 表示 t 时期的自变量（解释变量）；ε_t 表示随机误差项；α 表示常数项；λ、β_0、β_1 表示变量前对应的系数。Y_t 和 X_t 都有一阶滞后。通过对 Y_t 和 X_t 设定更高阶的滞后，可定义 ADLM（p，q），即对 Y_t 取 p 阶滞后，对 X_t 取 q 阶滞后。可以检验该设定是否足够一般化以保证扰动项服从白噪声。这样可以检验是否应施加一些约束，如减少滞后的阶数以得到一个更简单的模型，或估计一个更简单的静态模型，并用 Cochrane-Orcutt 校正序列相关。

现考虑式（6-7）中的 ADLM（1，1）转换为自回归形式：

$$Y_t = \alpha(1 + \lambda + \lambda^2 + \cdots) + (1 + \lambda L + \lambda^2 L^2 + \cdots)(\beta_0 X_t + \beta_1 X_{t-1} + \varepsilon_t) \tag{6-8}$$

其中，$|\lambda| < 1$。该方程可分析 X_t 的单位变化对 Y_t 未来值的影响，有 $\partial Y_t / \partial X_t = \beta_0$，$\partial Y_{t+1} / \partial X_t = \beta_1 + \lambda \beta_0$ 等，即给出了 Y 对 X 的短期响应，而长期响应是这些偏导数之和，等于 $(\beta_0 + \beta_1)/(1 - \lambda)$，也可以从式（6-8）导出，设长期静态平衡为 (Y_t^*, X_t^*)（*表示平衡值），其中 $Y_t = Y_{t-1} = Y^*$，$X_t = X_{t-1} = X^*$，且假设扰动项为 0，即

$$Y^* = \frac{\alpha}{1 - \lambda} + \frac{\beta_0 + \beta_1}{1 - \lambda} X^* \tag{6-9}$$

在式（6-7）中，用 $Y_{t-1} + \Delta Y_t$ 代替 Y_t，用 $X_{t-1} + \Delta X_t$ 代替 X_t，得

$$\Delta Y_t = \beta_0 \Delta X_t - (1 - \lambda)\left(Y_{t-1} - \frac{\alpha}{1 - \lambda} - \frac{\beta_0 + \beta_1}{1 - \lambda} X_{t-1}\right) + \varepsilon_t \tag{6-10}$$

注意，在括号中的项包含了来自式（6-9）的长期均衡参数。事实上，括号中的项代表了与 X_{t-1} 相应的对长期均衡的偏离。方程（6-10）称为误差修正模型（error correction model，ECM）。通过 Y_{t-1} 加上 X_t 变化的短期影响，以及长期均衡调整项，可获得 Y_t。因为扰动是白噪声，这个模型可用普通最小二乘（ordinary least square，OLS）法估计。

根据安和平[3]人口预测的方法，本节采用的模型形式为

$$Y_t = \alpha + \beta Y_{t-1} + \gamma_1 B_t + \gamma_2 D_t + \varepsilon_t \tag{6-11}$$

本书中的外生变量有人口年出生率和人口年死亡率，分别用 B 和 D 表示，而 Y_t 和 Y_{t-1} 分别表示当期人口数量和上一期的人口数。

本节安徽省各地市的人口数据选取为各地市 1996～2015 年的常住人口，来自于 CEIC，2010～2015 年的出生率和死亡率来自安徽省统计局网站，而 1996～2015 年的出生率和死亡率选用中国整体平均水平数据。

为了调整我国的人口政策，2015 年 10 月的中共十八届五中全会决定全面放开二胎政策，这意味着一对夫妇可以生育两个孩子。全面二孩于 2016 年 1 月 1 日起正式实施。《中华人民共和国人口与计划生育法》（2015 年修正）中规定，生育一孩或两孩的夫妻均可获得延长生育假的奖励。我国将实行生育登记服务制度，对生育两个以内（含两个）孩子的，不实行审批，由家庭自主安排生育。可以预计，二胎政策的放开，将对安徽省未来人口增长以及分布有至关重要的影响，本节将分基准情景和考虑二胎政策情景对安徽省人口布局进行预测，基准情景按照目前生育率的发展趋势进行设定，而二胎政策将在此基础上大幅度提高生育率。

本书根据孟令国等[①]的研究，全面二胎政策对生育率的提高会有显著的影响，以二胎计划生育政策为依据，二胎化调整公式如下：

$$B_{at} = B_{bt}I_t = \sum_{n=15}^{49} B_{nbt}I_t = 2B_{nbt1} + \sum_{i=15}^{10} B_{nbti} \qquad （6-12）$$

其中，B_{at} 表示经二胎化调整后的生育率；B_{bt} 表示未经二胎化调整的生育率；I_t 表示调整指数；B_{nbt} 表示二胎化调整前年龄为 n 的妇女生育率；B_{nbt1} 表示二胎化调整前年龄为 n 且生一个孩子的妇女的生育率。经二胎化调整后，生育率增长数据如表 6-14 所示。

表 6-14　全面二胎政策对育龄妇女年龄组别的生育率提高

年龄组/岁	15～19	20～24	25～29	30～34	35～39	40～44	45～49
生育率提高/‰	11.46	128.6	136.77	63.24	24.19	10.2	6.68

资料来源：国家统计局。

由于缺少各个地市的年龄分布人口数据，这里根据 2015 年国家统计局人口抽样数据进行估计，用各个组别育龄妇女人数除以抽样总人数得到各个组别比例，进而根据表 6-14 计算出的总生育率提高指数为 1.801%。

6.3.3　安徽省各地市远景人口布局预测

根据前面所述的 ADLM，可以得到安徽省十六个地市 2020～2050 年的人口布局，如表 6-15 所示。

---

① 孟令国，李超令，胡广. 基于 PDE 模型的中国人口结构预测研究[J]. 中国人口资源与环境，2015（24）：132-141.

表6-15　安徽省各地市远景人口布局预测表　　（单位：千人）

年份	城市	基准	二胎	城市	基准	二胎	城市	基准	二胎	城市	基准	二胎
2020	合肥	8367	8379	芜湖	3741	3747	蚌埠	3355	3370	淮南	2623	2636
2030		9108	9197		3799	3836		3451	3570		2749	2823
2040		9508	9723		3810	3888		3510	3836		2757	2909
2050		9716	10010		3809	3938		3538	4181		2743	2987
2020	马鞍山	2308	2320	淮北	2355	2364	铜陵	1613	1614	安庆	4687	4690
2030		2335	2411		2358	2391		1641	1650		4805	4830
2040		2332	2498		2351	2410		1659	1681		4862	4922
2050		2323	2596		2345	2434		1672	1713		4888	4995
2020	黄山	1379	1385	滁州	4188	4199	阜阳	8174	8530	宿州	5717	5729
2030		1379	1402		4321	4386		7732	9259		5737	5786
2040		1378	1421		4348	4489		7257	10026		5723	5813
2050		1376	1445		4344	4576		6872	10938		5711	5843
2020	六安	4735	4744	亳州	5001	5015	池州	1413	1414	宣城	2573	2580
2030		4714	4777		4956	5024		1360	1367		2571	2597
2040		4684	4846		4928	5060		1295	1317		2569	2616
2050		4648	4951		4907	5106		1218	1266		2566	2639

　　从表 6-15 的预测结果来看，在二胎政策情景下未来安徽省各个地市的人口增长并不明显，人口最多的五个城市为合肥市、阜阳市、宿州市、六安市以及亳州市。但是这五个城市人口增长并不明显，只有合肥市作为安徽省省会城市，常住人口在未来仍将保持较快的增长速度，在 2050 年将达到 1000 万人左右，预计比 2015 年常住人口增长 28.97%。

　　从表 6-15 中可以看出，安徽省未来人口布局情况基本与各地市的经济发展状况相吻合。排名靠前的经济较发达的地区未来人口也会保持正向的增长速度，尤其是省会城市合肥市，2050 年人口比 2015 年增长了将近 29%。而排名靠后的城市如宿州市、六安市、亳州市、池州市以及宣城市中，绝大多数城市都是人口低速增长，甚至宣城还出现了负增长，这与这些地区经济相对落后，从而导致人口外流有关。

　　由图 6-12 可以看出，根据本书的预测，在未放开二胎的情形下，安徽省的人口峰值将发生在 2033 年，峰值人口比 2016 年人口增加 2.51%。表 6-16 给出了不同机构对于中国人口峰值的预测对比。从表 6-16 中数据可以发现，本书的预测值处于中间的水平。

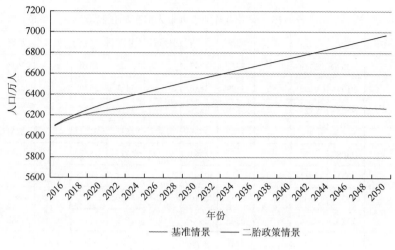

图 6-12　安徽省远景人口预测

表 6-16　不同机构对人口峰值的预测对比

机构	峰值年份	人口数/亿人	相比 2016 年增长率
联合国	2027	13.96	0.96%
国家卫生和计划生育委员会	2030	14.5	4.87%
中国社会科学院	2028	14.2	2.70%

注：联合国的预测在 2015 年进行，国家卫生和计划生育委员会的预测在 2016 年进行，中国科学院的预测在 2015 年进行。

从未来安徽省整体的人口增长情况来看，在二胎政策下，人口比基准情景有非常明显的上升，且会保持持续增长。如图 6-12 所示，在 2020 年、2030 年、2040 年以及 2050 年安徽人口分别会达到 6272 万人、6530 万人、6746 万人以及 6971 万人，2050 年比 2015 年预计增长 13.4%，并且 2050 年在二胎政策情景下比基准情景人口多 700 万人，说明二胎政策对安徽省未来人口增长有非常明显的影响。

6.4　本 章 小 结

本章主要对安徽省远景经济发展进行预测。通过使用索洛模型、马尔可夫模型、ADLM 等计量模型，结合安徽省历史数据及相关发展规划，对安徽省远景经济发展水平、产业结构的发展前景和工业结构进行了相关预测。主要预测结果如下。

（1）使用索洛模型，对安徽省 2016～2050 年经济增长水平作出预测，预测结果如表 6-8 所示。根据经济增长预测结果和人口预测结果，可以估算出未来安徽省人均 GDP 水平。人口预测参考文献[4]。预测结果表明，安徽省 2050 年人均 GDP 约为 21.2 万元，约合 3.1 万美元，略高于韩国 2015 年的人均 GDP 水平，接近日本 2015 年水平。

（2）使用马尔可夫模型，对安徽省未来产业结构变动作出模拟，模拟结果如表 6-10 所示。2020 年的产业结构水平与安徽省"十三五"规划较为接近。从整体上看，第一产业占比不断减小，第三产业占比不断增加，第二产业占比略有下降但下降的幅度不大。

（3）对 2016～2050 年安徽省常住人口数量作出预测，预测结果与其他文献的结论较为符合，未来安徽省人口增速将逐渐放缓，在不放开二胎政策的情况下，安徽省的人口峰值将出现在 2033 年，峰值人口约 6300 万人。而放开二胎政策后，2050 年前将不会出现明显的人口峰值，在 2020 年、2030 年、2040 年以及 2050 年安徽人口分别会达到 6272 万人、6530 万人、6746 万人以及 6971 万人，2050 年比 2015 年预计增长十三个百分点左右，并且 2050 年在二胎政策情景下比基准情景人口多 700 万人，说明二胎政策对安徽省未来人口增长有非常明显的影响。

参 考 文 献

[1]　胡鞍钢，郑云峰，高宇宁. 中国高耗能行业真实全要素生产率研究（1995—2010）——基于投入产出的视角[J]. 中国工业经济，2015（5）：44-56.

[2]　荣秀婷，叶彬，葛斐，等. 安徽省居民生活用电增长的动因分解与潜力研究[J]. 资源开发与市场，2016，32（7）：793-797.

[3]　安和平. 中国人口预测的自回归分布滞后模型研究[J]. 统计与决策，2005（8x）：4-7.

[4]　王凤. 安徽省人口规模预测分析[J]. 铜陵学院学报，2015，14（5）：18-21.

第7章　安徽远景负荷特性发展预测

7.1　负荷特性变化、智能电网与需求侧管理

7.1.1　产业结构与负荷特性的关系

安徽省 2015 年的人均 GDP 约为 3.6 万元,在全国属于靠后的位置。从产业结构上看,安徽省第一产业和第二产业的占比较高,其中第二产业主要集中在装备制造业上,第三产业的发展则相对落后。由于安徽与周边东部省份的经济发展落差大,且区位与长三角无缝对接,未来一段时间安徽经济的发展,一方面需要以承接东部产业转移为着眼点;另一方面需要充分挖掘自身潜力,促进装备制造业等优势产业的发展。

根据发展规律和安徽省目前的发展水平,在未来很长一段时间,安徽可能还是会处于快速工业化的阶段,其特点就是第一产业占比会不断收缩,而第二产业占比则会维持在较高的水平。而由于各产业的用电负荷特性不同,产业结构的调整变化与用电负荷是紧密相关的。

通过对表 7-1 给出的 2010～2012 年分产业负荷特性的分析发现,各产业在不同季节的日均负荷率存在一定差异,这与不同季度的生产生活习惯、气象因素差异有关。同时,各产业负荷特性存在较大差异,第二产业日均负荷率最高,居民消费日均负荷率相对最低,这与产业用电特点有关。

表 7-1　全省分产业四季典型日平均负荷率

产业	春	夏	秋	冬
第一产业	0.69	0.72	0.65	0.71
第二产业	0.92	0.90	0.89	0.90
第三产业	0.68	0.65	0.63	0.71
居民消费	0.62	0.68	0.64	0.64

资料来源:国网安徽省电力公司经济技术研究院。数据获取方法为对安徽第一产业、第二产业、第三产业和居民消费典型用户的负荷特性的跟踪研究。

不同产业的用电特性不同,而电网的负荷特性是各产业用电负荷加总后反映

出来的特点。因此，需要找到一定的方法将产业结构与负荷特性进行关联。本章后面的部分将利用神经网络建模的方法，探析安徽省产业结构对负荷特性的影响，并对远景的负荷特性进行预测。

7.1.2 智能电网技术与需求侧管理

根据电力需求发展的一般规律，随着工业化的完成，经济社会将进入后工业化时代，一个典型的特性就是第二产业用电的占比下降以及第三产业和居民消费用电占比的上升。而第三产业和居民消费的负荷特性是差于第二产业的。直观来考虑，负荷特性很有可能随着经济社会的发展呈现恶化的趋势。为了应对负荷特性变化可能带来的挑战，电网企业在未来需要借助智能电网技术与需求侧管理（demand side management，DSM）。

高度智能是全球能源互联网的重要特征，提高电网智能化水平是构建全球能源互联网的重要内容。全球能源互联网是以特高压电网为骨干网架（通道），以输送清洁能源为主导，全球互联泛在的坚强智能电网。这其中，智能电网技术的发展是实现全球能源互联网的先决条件之一。

坚强智能电网以特高压电网为骨干网架，充分协调各级电网的发展，涵盖了从电源接入一直到输电、变电、配电、用电和调度的各个环节。智能电网要求集成现代通信信息技术、自动控制技术、决策支持技术与先进电力技术，适应各类电源和用电设施的灵活接入与退出。其应用能够显著地提升电力系统的安全性、可靠性以及运行效率。具体而言，智能电网目前主要有以下几个发展方向。

（1）电网运行控制和调度系统的智能化水平不断提升。智能电网需要融合先进的信息通信技术、优化控制方法、电力电子技术，同时需要电力市场理论的支撑。这就需要电网观测从稳态到动态，电网分析从离线到实时在线，同时要能够实现整体的宏观控制。

（2）智能电网下用户与电网的互动将会加强。随着分布式等技术的发展，用户对于发电和用电的自主性及选择性将会得到加强。用户逐渐会成为电网运行与操作的主体之一。

（3）智能电网的发展，要求电力网络向智能能源信息一体化基础设施的方向扩展。各类智能终端、新型用电设备的大量接入，要求电网能够成为包含能源与信息综合流动的智能电力系统。

（4）智能电网的泛在性将越来越凸显。利用智能电网庞大的用户基础，能够以电网用户为中心，不断融合新的网络与应用，使电网形成服务社会公众的基础设施泛在网络。

全球能源互联网下智能电网的发展，也对安徽省电网企业提出了新的要求。归纳起来，主要有以下几点。

首先，在发电环节，安徽电网要面对的是未来可再生能源和分布式能源大规模并网所带来的冲击。根据中华人民共和国国务院办公厅印发的《能源发展战略行动计划（2014—2020 年）》，到 2020 年，非化石能源占一次能源消费比例达到 15%。其中很大一部分非化石能源发展来自于风能和太阳能等可再生能源。而可再生能源具有波动性和不稳定的特点，其大规模应用必然对传统电网造成巨大的冲击。如何利用先进的电力网管理技术和储能技术，帮助安徽省有效地消纳可再生能源，是安徽电网未来需要面临的重要挑战之一。

其次，全球能源互联网对电力传输和电力网的维护提出了更高的要求。安徽省作为电力传输的关键节点，如何提升输电线路运行维护、状态评估和风险预警，是关系到网络稳定性的关键工作。

最后，在用电环节，随着技术的进步，未来的用电需求将越来越多样化。如何应对物联网和电动汽车等新的技术变化，以及电力市场化改革的市场环境变化，建立以用户为中心，以电力网络为基础的综合电力与信息服务平台，是事关电力公司发展的重要课题。

智能电网的发展，为电力需求侧管理提供了技术条件。能源需求侧管理的概念最早出现于 20 世纪 70 年代的石油危机。20 世纪 80 年代，美国专门从事电力行业研究的非营利机构美国电力研究协会（Electric Power Research Institute，EPRI）将需求侧管理的理念介绍给公众，并将其引入电力需求侧管理。

广义的需求侧管理主要包含以下几个方面：①负荷管理，即减少或改变负荷大小或负荷时序；②能源效率的提升与节能；③能源替代，即改变能源使用结构；④负荷建立，即在特定情况下，战略性地开发和建设某种负荷，使整个系统优化地运行。

而通常讨论的电力行业需求侧管理，则主要关注于负荷管理，具体包括负荷管理和需求响应。负荷管理的目标是改变负荷形状以减少在负荷高峰期的需求，从而减少调峰能力的投资，以提升设备的利用率，减少生产与运行成本。负荷管理常见的方法有削峰、填谷与负荷转移等。

一般而言，需求侧管理手段主要有三类。

第一是直接负荷控制（direct load control，DLC），即能源供应企业采取重新连接用户或调整终端设备等方式，对负荷进行控制。在目前的技术手段与市场条件下，直接负荷控制还局限于简单的"拉闸限电"。未来随着全球能源互联网的建设与发展，电力网与用户的交互性增强，将可能出现更多的直接负荷控制手段。

需求侧管理的第二类常用手段为间接负荷控制，即利用价格信号诱导消费者改变消费行为。目前中国广泛采取的分时电价政策就是间接负荷控制的重要方法。

但是由于各种原因，中国目前还没有实现实时电价。实时电价能够更有效地改变用户的使用习惯，但同时会对电力公司的价格机制设计提出更高的要求。

第三类常用手段就是利用抽水蓄能、电池储能等储能技术，进行削峰填谷。但是，储能技术的应用，主要还受电力市场价格机制以及市场准入机制等多方面因素的制约。

结合技术的发展现状与预期，未来安徽省负荷需求侧管理较有潜力的主要有三个方向：第一，利用竞争性的价格机制，调节需求侧的负荷；第二，借助储能技术的部署，对负荷进行转移；第三，利用远景电动汽车的发展，促进电动汽车广泛参与到负荷的需求侧管理中。在这三个方向中，第一点需要电力市场化的改革进行配合。因为市场化改革问题的敏感性以及争议性，所以在本章的讨论中不进行分析。本章主要围绕储能技术与电动汽车参与需求侧管理的潜力进行探讨。

图 7-1 给出了本章的分析方法。本章首先构建基于神经网络的负荷特性预测模型，利用历史数据对模型进行训练。将未来用电结构的预测数据输入训练好的神经网络模型中，就可以得到未来的负荷特性预测数据。而在需求侧管理模型方面，本章构建储能技术应用模型以及电动汽车需求侧管理模型。将负荷特性预测数据输入需求侧管理模型，就可以得到未来需求侧管理预测效果。

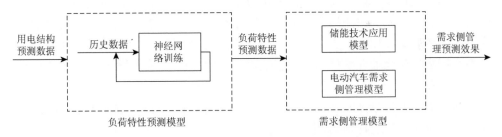

图 7-1　负荷特性预测以及需求侧管理模型结构

7.2　安徽远景主要时间节点负荷特性指标预测

7.2.1　建立分析产业和工业结构与负荷特性的模型

对区域的远景负荷预测往往是十分困难的。首先，区域的负荷特性往往受产业结构的影响很大，而产业结构随着时间的增加会发生动态变化。同时各产业部门的生产技术和用能特性也常常会发生改变。要根据产业和工业结构的变动对负荷特性进行预测，往往需要以产业结构的变动预测为基础，这也加大了预测的难度。

其次，负荷特性往往还受到经济周期性波动的影响。一般而言，居民消费和第三产业的电力消费受经济周期的影响不大，负荷特性也相对稳定。但第二产业受经济周期的影响很大。例如，在经济扩张周期，企业的设备使用率高，相应的负荷也较高；而在经济收缩周期，由于企业的设备使用率降低，负荷会出现下降，同时负荷特性也会更有不确定性。

再次，负荷特性还受到气温等环境因素的影响。当然，短期而言，这种影响只限于一定范围内的波动，即负荷特性只是在一定范围内波动。但长期来看，气候变化造成的极端天气增多，则有可能对负荷特性造成较大影响。

最后，负荷特性还受到需求侧管理、储能技术应用等因素的影响。需求侧管理可以提高终端用电效率和改变用电方式，在满足同样用电功能的同时减少电力消耗和电力需求。此外，电池储能等技术也开始进入商业化阶段，未来储能技术的大规模应用，必将对电网的负荷特性造成巨大的影响。

电力系统负荷预测是电网企业管理的核心内容之一，它是供电部门的重要工作之一。准确的负荷预测可以帮助电网公司更加合理地安排电网检修计划、电网投资以及电源布局等，有效地降低发电成本，提高经济效益和社会效益。

要建立产业结构与电力负荷特性之间的关联，找到合适的方法论工具是十分重要的。本节采用人工神经网络（artificial neural network，ANN）的方法，建立能够利用日负荷率、峰谷差率、产业用电结构、气温来对省级电网日负荷率和日峰谷差率进行预测的预测模型。模型利用 2007 年 3 月～2016 年 7 月安徽省的各产业部门以及居民用电量占全社会用电量的比例作为输入，并将春节假期因素以及季节因素也作为输入变量。输出变量选择各个月份安徽省电网平均的峰谷差率。利用输入和输出变量对神经网络进行训练，得到拟合精度较高的神经网络模型。然后将安徽省的远景产业结构变动的数据输入模型中，对未来关键时间节点的安徽省电力负荷特性进行预测。

7.2.2　人工神经网络介绍

人工神经网络是一种模仿大脑神经元结构，用分布式方法进行信息处理的数学算法。这种网络依靠系统的复杂程度，通过调整内部大量节点之间相互连接的关系，从而达到处理信息的目的。人工神经网络具有自学习和自适应的能力，可以通过预先提供的一批相互对应的输入-输出数据，分析掌握两者之间潜在的规律，最终根据这些规律，用新的输入数据来推算输出结果，这种学习分析的过程称为"训练"。

人工神经网络的研究最早是由美国著名人工智能专家 Minsky 和 Papert 开创的，其出版的 *Perceptron* 一书，指出了感知机的功能及其处理能力的不足。他们通过在感知机中引入隐含神经元，增加神经网络的层次，提高神经网络的处理能力。此后，神经网络研究又经历了六十多年曲折的发展过程。Hinto 等[1]提出了多层前馈网络的误差反向传播算法即 BP（back propagation）算法，掀起了神经网络研究的一轮新热潮。但是，神经网络模型内部是一个黑箱，无法满足计量的严格解释，而且其训练过程中也存在过拟合等问题，因此在此后的发展历程中经历了多次反复。2016 年 3 月，由谷歌（Google）开发的阿尔法围棋（AlphaGo），利用卷积神经网络进行深度学习，打败了围棋世界冠军、职业九段选手李世石，神经网络又重新成为研究领域关注的焦点。

目前人工神经网络研究的热点之一，就是对电力负荷进行预测。但主要还是集中于短期的负荷预测，早期如 Park 等[①]、Drezga 和 Rahman[②]利用人工神经网络进行了短期负荷的预测。之后神经网络广泛地应用于电力预测中，如 Kavousi-Fard[③]利用模糊神经网络进行短期负荷的预测。还有 Demiroren 等[④]利用神经网络对电网频率进行预测。此外，在长期负荷预测上，神经网络也有不少应用，如 Farahat[⑤]利用人工神经网络对长期产业负荷进行了预测。

BP 神经网络由 Rumelhart 和 McCelland 为首的科学家小组在 1986 年提出。其基本原理是一种按误差逆传播算法训练的多层前馈网络。因为良好的拟合与泛化能力，BP 神经网络已成为目前应用最广泛的神经网络模型之一。BP 神经网络能学习和存贮大量的输入-输出模式映射关系，而无须事前揭示描述这种映射关系的数学方程。其学习规则是使用梯度下降法，即利用反向传播来不断调整网络的权值和阈值，使网络的误差平方和最小。Hecht-Nielsen[2]证明了对于任何闭区间内的一个连续函数都可以用一个隐层的 BP 神经网络来逼近，这就是万能逼近定理。BP 神经网络模型拓扑结构包括输入层（input layer）、隐层（hidden layer）和输出层（output layer）。理论上，一个三层的 BP 神经网络就可以完成任意的维到维的映射（Kolrnogorov 定理）。

图 7-2 给出了神经网络的结构示意图。输入数据相当于外界的刺激，是刺激的来源并且将刺激传递给神经元，因此，数据输入部分称为输入层。输入层接收到信号

① Park D C, El-Sharkawi M A, Marks R J, et al. Electric load forecasting using an artificial neural network[J]. IEEE Transactions on Power Systems, 1991, 6（2）: 442-449.

② Drezga I, Rahman S. Input variable selection for ANN-based short-term load forecasting[J]. IEEE Transactions on Power Systems, 1998, 13（4）: 1238-1244.

③ Kavousi-Fard A. A new fuzzy-based feature selection and hybrid TLA-ANN modelling for short-term load forecasting[J]. Journal of Experimental & Theoretical Artificial Intelligence, 2013, 25（4）: 543-557.

④ Demiroren A, Zeynelgil H L, Sengor N S. The application of ANN technique to load-frequency control for three-area power system[C]. 2001 IEEE Porto Power Tech Proceedings, 2001: 5.

⑤ Farahat M A. Long-term industrial load forecasting and planning using neural networks technique and fuzzy inference method[C]. Universities Power Engineering Conference, 2004: 368-372.

刺激后，会将信息传递给其他神经元，表示神经元相互之间传递刺激，相当于人脑的内部，因此把其称为隐层。神经元经过多层次相互传递后，会产生对外界的反应，这里将其称为输出层。

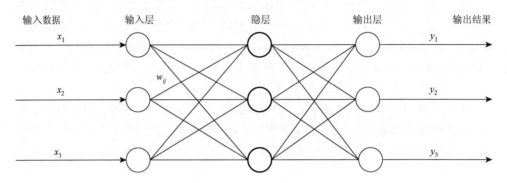

图 7-2　神经网络的结构示意图

简单地描述就是，输入层将刺激传递给隐层，隐层通过神经元之间联系的强度（权重）和传递规则（激活函数）将刺激传到输出层，输出层整理隐层处理后的刺激产生最终结果。若有正确的结果，那么将正确的结果和产生的结果进行比较，得到误差，再逆推对神经网络中的链接权重进行反馈修正，从而完成学习的过程。这就是 BP 神经网络的反馈机制，也正是 BP 名字的来源：运用向后反馈的学习机制，修正神经网络中的权重，最终达到输出正确结果的目的。

人工神经元是神经网络节点的基本元素，其原理可以用图 7-3 表示。图 7-3 中 x_1 至 x_n 是来自于其他神经元的输入信号，w_{ij} 表示从神经元 j 到神经元 i 的连接权值，θ 表示一个阈值（threshold）。神经元起到了信号汇总与转换的功能。

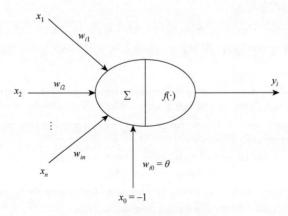

图 7-3　神经元结构示意图

神经元输出关系的表达式可写为式（7-1）的形式。其中 $f(\cdot)$ 为激活函数，相当于刺激强度的数学映射：

$$y_i = f\left(\sum_{j=1}^{n} w_{ij} x_j - \theta\right) \tag{7-1}$$

网络的学习主要是指使用学习算法来调整神经元间的连接权，使网络输出更符合实际。学习算法分为有监督学习（supervised learning）与无监督学习（unsupervised learning）两类。有监督学习算法将一组训练集（training set）送入网络，根据网络的实际输出与期望输出间的差别来调整连接权。无监督学习抽取样本集合中蕴含的统计特性，并以神经元之间的连接权的形式存于网络中。BP 算法就是一种出色的有监督学习算法。

在神经网络的设计中，有几个需要注意的事项。第一，关于隐层节点个数的选择。一般而言，隐层节点的个数选择对识别率的影响并不大。但需要注意，如果节点个数过多，会增加运算成本，使训练较慢。第二，激活函数的选择。激活函数无论对于识别率还是收敛速度都有显著的影响。在逼近高次曲线时，S 形函数精度比线性函数精度要高得多，但计算量也大得多。第三，学习率的选择。学习率影响网络收敛的速度，以及网络能否收敛。学习率设置偏小可以保证网络收敛，但是收敛较慢。相反，学习率设置偏大则有可能使网络不收敛，影响识别效果。

7.2.3　安徽省负荷特性的模拟与预测

本节的目的是找出产业结构变动与安徽电网负荷特性的关系，所以作为神经网络训练的输入变量选择的是各产业用电的占比，同时将季节因素与春节假期因素也作为输入变量。通过对安徽省电网整点小时负荷数据进行整理，得到输入变量如表 7-2 所示。其中，根据气候环境的特点，选择 3～5 月份的季节变量为 1，6～8 月份的季节变量为 2，其余依次类推。而"是否春节"则是指春节是否在该月份。日负荷率和最小负荷率都是该月每天相关指标的平均值。

表 7-2　神经网络训练样本数据

日期	第一产业用电占比	第二产业用电占比	第三产业用电占比	居民消费用电占比	季节	是否春节	日负荷率	最小负荷率
2007 年 3 月	0.0117	0.7507	0.0785	0.1591	1	0	0.8743	0.7815
2007 年 4 月	0.0131	0.7815	0.0784	0.1269	1	0	0.8963	0.8068
2007 年 5 月	0.0135	0.7827	0.0758	0.1280	1	0	0.8864	0.7949
2007 年 6 月	0.0213	0.7718	0.0801	0.1268	2	0	0.8888	0.7981
2007 年 7 月	0.0255	0.7463	0.0777	0.1505	2	0	0.8764	0.7637

续表

日期	第一产业用电占比	第二产业用电占比	第三产业用电占比	居民消费用电占比	季节	是否春节	日负荷率	最小负荷率
2007 年 8 月	0.0201	0.7178	0.0845	0.1776	2	0	0.8776	0.7651
2007 年 9 月	0.0163	0.7128	0.0904	0.1805	3	0	0.8792	0.7830
2007 年 10 月	0.0123	0.7639	0.0797	0.1442	3	0	0.8766	0.7842
2007 年 11 月	0.0125	0.7851	0.0781	0.1244	3	0	0.8633	0.7642
2007 年 12 月	0.0132	0.7728	0.0794	0.1345	4	0	0.8543	0.7381
2008 年 1 月	0.0087	0.7507	0.0821	0.1586	4	0	0.8351	0.6908
2008 年 2 月	0.0123	0.6966	0.0982	0.1929	4	1	0.7946	0.6552
2008 年 3 月	0.0090	0.7305	0.0843	0.1762	1	0	0.8768	0.7725
2008 年 4 月	0.0112	0.7707	0.0805	0.1376	1	0	0.8937	0.7960
2008 年 5 月	0.0127	0.7839	0.0707	0.1328	1	0	0.8773	0.7722
2008 年 6 月	0.0166	0.7744	0.0778	0.1313	2	0	0.8893	0.7819
2008 年 7 月	0.0196	0.7651	0.0730	0.1423	2	0	0.8866	0.7760
2008 年 8 月	0.0155	0.7165	0.0905	0.1776	2	0	0.8739	0.7543
2008 年 9 月	0.0127	0.7165	0.0923	0.1784	3	0	0.8725	0.7708
2008 年 10 月	0.0103	0.7382	0.0856	0.1660	3	0	0.8551	0.7480
2008 年 11 月	0.0099	0.7567	0.0806	0.1528	3	0	0.8255	0.7131
2008 年 12 月	0.0141	0.7677	0.0792	0.1391	4	0	0.8216	0.6962
2009 年 1 月	0.0082	0.7406	0.0952	0.1560	4	1	0.7925	0.6413
2009 年 2 月	0.0105	0.6875	0.1032	0.1989	4	0	0.8288	0.6815
2009 年 3 月	0.0101	0.7312	0.0911	0.1676	1	0	0.8506	0.7283
2009 年 4 月	0.0102	0.7572	0.0867	0.1459	1	0	0.8854	0.7814
2009 年 5 月	0.0114	0.7673	0.0805	0.1408	1	0	0.8858	0.7842
2009 年 6 月	0.0139	0.7748	0.0780	0.1333	2	0	0.8764	0.7627
2009 年 7 月	0.0167	0.7385	0.0918	0.1530	2	0	0.8791	0.7598
2009 年 8 月	0.0151	0.7034	0.1026	0.1789	2	0	0.8816	0.7603
2009 年 9 月	0.0139	0.6932	0.1017	0.1913	3	0	0.8751	0.7744
2009 年 10 月	0.0098	0.7439	0.0873	0.1590	3	0	0.8734	0.7749
2009 年 11 月	0.0094	0.7658	0.0782	0.1466	3	0	0.8463	0.7327
2009 年 12 月	0.0110	0.7605	0.0877	0.1408	4	0	0.8478	0.7246
2010 年 1 月	0.0080	0.7350	0.0960	0.1609	4	0	0.8521	0.7233
2010 年 2 月	0.0087	0.6840	0.1109	0.1964	4	1	0.8081	0.6608

续表

日期	第一产业用电占比	第二产业用电占比	第三产业用电占比	居民消费用电占比	季节	是否春节	日负荷率	最小负荷率
2010 年 3 月	0.0078	0.7209	0.0911	0.1802	1	0	0.8695	0.7525
2010 年 4 月	0.0091	0.7526	0.0882	0.1501	1	0	0.8965	0.7969
2010 年 5 月	0.0094	0.7747	0.0810	0.1349	1	0	0.9056	0.8166
2010 年 6 月	0.0099	0.7768	0.0828	0.1306	2	0	0.9051	0.8114
2010 年 7 月	0.0144	0.7445	0.0885	0.1526	2	0	0.8884	0.7806
2010 年 8 月	0.0183	0.7114	0.0984	0.1719	2	0	0.8946	0.7820
2010 年 9 月	0.0139	0.6775	0.1054	0.2032	3	0	0.8850	0.7836
2010 年 10 月	0.0115	0.7028	0.1036	0.1821	3	0	0.8697	0.7620
2010 年 11 月	0.0092	0.7483	0.0904	0.1521	3	0	0.8522	0.7344
2010 年 12 月	0.0093	0.7779	0.0821	0.1308	4	0	0.8583	0.7416
2011 年 1 月	0.0070	0.7561	0.0906	0.1463	4	0	0.8328	0.6822
2011 年 2 月	0.0090	0.6606	0.1248	0.2056	4	1	0.8235	0.6727
2011 年 3 月	0.0080	0.7089	0.0991	0.1841	1	0	0.8909	0.7830
2011 年 4 月	0.0073	0.7454	0.0933	0.1539	1	0	0.9031	0.8010
2011 年 5 月	0.0102	0.7667	0.0859	0.1372	1	0	0.9156	0.8203
2011 年 6 月	0.0157	0.7577	0.0931	0.1335	2	0	0.8999	0.7998
2011 年 7 月	0.0158	0.7483	0.0944	0.1415	2	0	0.8922	0.7784
2011 年 8 月	0.0130	0.7036	0.1114	0.1720	2	0	0.8911	0.7779
2011 年 9 月	0.0111	0.6859	0.1167	0.1862	3	0	0.9018	0.8050
2011 年 10 月	0.0096	0.7273	0.0991	0.1640	3	0	0.8820	0.7861
2011 年 11 月	0.0085	0.7606	0.0914	0.1395	3	0	0.8602	0.7551
2011 年 12 月	0.0104	0.7679	0.0908	0.1309	4	0	0.8475	0.7154
2012 年 1 月	0.0078	0.7169	0.1126	0.1627	4	1	0.8002	0.6300
2012 年 2 月	0.0088	0.6440	0.1264	0.2208	4	0	0.8404	0.6790
2012 年 3 月	0.0076	0.6856	0.1160	0.1908	1	0	0.8808	0.7598
2012 年 4 月	0.0083	0.7143	0.1080	0.1694	1	0	0.9077	0.8127
2012 年 5 月	0.0085	0.7526	0.0934	0.1454	1	0	0.9119	0.8230
2012 年 6 月	0.0131	0.7541	0.0995	0.1333	2	0	0.9108	0.8111
2012 年 7 月	0.0147	0.7431	0.1038	0.1385	2	0	0.8875	0.7694
2012 年 8 月	0.0169	0.6619	0.1263	0.1948	2	0	0.8968	0.7840
2012 年 9 月	0.0140	0.6620	0.1283	0.1958	3	0	0.9049	0.8134
2012 年 10 月	0.0110	0.7136	0.1102	0.1652	3	0	0.8911	0.7986

续表

日期	第一产业用电占比	第二产业用电占比	第三产业用电占比	居民消费用电占比	季节	是否春节	日负荷率	最小负荷率
2012 年 11 月	0.0105	0.7538	0.1008	0.1350	3	0	0.8700	0.7665
2012 年 12 月	0.0098	0.7624	0.1018	0.1259	4	0	0.8506	0.7141
2013 年 1 月	0.0086	0.7022	0.1244	0.1648	4	0	0.8476	0.6983
2013 年 2 月	0.0102	0.6136	0.1524	0.2238	4	1	0.8078	0.6383
2013 年 3 月	0.0084	0.6726	0.1195	0.1994	1	0	0.8903	0.7827
2013 年 4 月	0.0084	0.7346	0.1056	0.1514	1	0	0.9103	0.8170
2013 年 5 月	0.0089	0.7579	0.0991	0.1341	1	0	0.9169	0.8273
2013 年 6 月	0.0119	0.7528	0.1053	0.1301	2	0	0.9043	0.8069
2013 年 7 月	0.0126	0.7394	0.1037	0.1443	2	0	0.8854	0.7676
2013 年 8 月	0.0154	0.6755	0.1196	0.1894	2	0	0.9020	0.7894
2013 年 9 月	0.0172	0.5968	0.1416	0.2444	3	0	0.9134	0.8231
2013 年 10 月	0.0102	0.6958	0.1139	0.1801	3	0	0.9027	0.8181
2013 年 11 月	0.0094	0.7676	0.0931	0.1299	3	0	0.8782	0.7826
2013 年 12 月	0.0087	0.7658	0.1067	0.1189	4	0	0.8668	0.7440
2014 年 1 月	0.0081	0.7115	0.1333	0.1472	4	1	0.8524	0.7125
2014 年 2 月	0.0080	0.6429	0.1456	0.2035	4	0	0.8286	0.6578
2014 年 3 月	0.0071	0.6855	0.1273	0.1800	1	0	0.8988	0.7948
2014 年 4 月	0.0071	0.7286	0.1143	0.1500	1	0	0.9126	0.8192
2014 年 5 月	0.0077	0.7664	0.0989	0.1270	1	0	0.9234	0.8349
2014 年 6 月	0.0103	0.7508	0.1128	0.1260	2	0	0.9218	0.8321
2014 年 7 月	0.0120	0.7565	0.1099	0.1217	2	0	0.8989	0.7867
2014 年 8 月	0.0133	0.6844	0.1337	0.1686	2	0	0.9067	0.8096
2014 年 9 月	0.0111	0.6757	0.1383	0.1749	3	0	0.9054	0.8147
2014 年 10 月	0.0093	0.7272	0.1154	0.1481	3	0	0.9002	0.8169
2014 年 11 月	0.0086	0.7563	0.1067	0.1285	3	0	0.8802	0.7857
2014 年 12 月	0.0093	0.7691	0.1085	0.1132	4	0	0.8707	0.7522
2015 年 1 月	0.0079	0.7217	0.1328	0.1376	4	0	0.8689	0.7346
2015 年 2 月	0.0090	0.6203	0.1657	0.2049	4	1	0.8217	0.6552
2015 年 3 月	0.0077	0.6582	0.1376	0.1964	1	0	0.8756	0.7473
2015 年 4 月	0.0078	0.6973	0.1291	0.1659	1	0	0.9103	0.8135
2015 年 5 月	0.0084	0.7472	0.1110	0.1334	1	0	0.9228	0.8413
2015 年 6 月	0.0112	0.7360	0.1207	0.1320	2	0	0.9099	0.8157

续表

日期	第一产业用电占比	第二产业用电占比	第三产业用电占比	居民消费用电占比	季节	是否春节	日负荷率	最小负荷率
2015 年 7 月	0.0146	0.7410	0.1211	0.1233	2	0	0.8954	0.7795
2015 年 8 月	0.0129	0.6939	0.1350	0.1583	2	0	0.8974	0.7846
2015 年 9 月	0.0130	0.6551	0.1481	0.1838	3	0	0.9116	0.8146
2015 年 10 月	0.0113	0.6930	0.1297	0.1661	3	0	0.8902	0.7973
2015 年 11 月	0.0092	0.7429	0.1170	0.1309	3	0	0.8636	0.7475
2015 年 12 月	0.0094	0.7445	0.1226	0.1235	4	0	0.8653	0.7312
2016 年 1 月	0.0082	0.7131	0.1378	0.1409	4	0	0.8460	0.6892
2016 年 2 月	0.0097	0.5700	0.1830	0.2373	4	1	0.8117	0.6484
2016 年 3 月	0.0082	0.6459	0.1440	0.2020	1	0	0.8985	0.7946
2016 年 4 月	0.0089	0.6874	0.1328	0.1710	1	0	0.9074	0.8181
2016 年 5 月	0.0096	0.7377	0.1181	0.1346	1	0	0.9158	0.8293
2016 年 6 月	0.0114	0.7377	0.1237	0.1272	2	0	0.9078	0.8130
2016 年 7 月	0.0139	0.7502	0.1185	0.1174	2	0	0.8762	0.7500

资料来源：根据安徽电网数据整理。

网络的构建方法如下。

1. 输入输出层

根据训练样本数据的特点，输入层共有六个节点，其中包含四个产业用电结构变量，分别为第一产业用电占比、第二产业用电占比、第三产业用电占比、居民消费用电占比。此外，输入层还包含了季节变量以及当月是否处于春节的变量。而输出层则包含两个节点，分别为日负荷率和峰谷差率[①]。

2. 隐层节点数的选择

一般而言，只要隐层节点足够多，就能够以任意精度逼近一个非线性函数。本节采用单隐层的三层多输入多输出 BP 神经网络建立预测模型。隐层神经元数的确定十分重要，但目前对于隐层神经元数目的确定并没有明确的公式。隐层神经元个数过多会加大网络计算量并容易产生过度拟合问题。而神经元个数如果过少，则会影响网络性能。本书在选取隐层神经元个数的问题上参照了以下的经验公式：

---

① 峰谷差率 =（最高负荷−最低负荷）/最高负荷。

$$h = (m + n)^{1/2} + a \tag{7-2}$$

其中，h 表示隐层节点数目；m 表示输入层节点数目；n 表示输出层节点数目；a 表示调节常数，取值一般为 1～10。

在本章的模型中，共有 6 个输入层节点，2 个输出层节点。因此，选择隐层节点数为 8 个。

3. 选取激励函数

这里分别选取对数 S 形转移函数（logarithmic sigmoid transfer function）和双曲正切 S 形函数（hyperbolic tangent sigmoid transfer function）作为隐层的激励函数。

对数 S 形转移函数的形式如式（7-3）所示：

$$f(x) = \frac{2}{1 + e^{-x}} - 1, \quad 0 < f(x) < 1 \tag{7-3}$$

双曲正切 S 形函数的形式如式（7-4）所示：

$$f(x) = \frac{2}{1 + e^{-2n}} - 1, \quad -1 < f(x) < 1 \tag{7-4}$$

输出层激励函数则选取线性函数（linear transfer function），其形式如式（7-5）所示：

$$f(x) = x \tag{7-5}$$

4. 模型的实现

神经网络的模型构建选用 MATLAB 中的神经网络工具箱进行网络的训练，选择 traingdx 作为网络训练函数，选择均方误差（mean squared error，MSE）作为网络性能函数。设定单隐层，隐层包含 8 个节点。网络迭代次数限定为 50000 次，期望误差为 0.0001，学习速率为 0.005。根据所选择的参数设定，就可以进行神经网络的训练。

神经网络训练曲线如图 7-4 所示。从图 7-4 中可以看出，大概经过 140 次的训练后，均方误差到达了 0.001 的水平。之后下降的速度开始变慢，说明模型逐渐收敛。随着训练次数的增加，收敛速度开始放慢，最后到达 50000 次的最大训练次数时，均方误差几乎不再发生变化。之所以选择 50000 次的训练次数，主要是为了防止出现"伪收敛"的现象，即当网络训练的参数值陷入"局部最优"时，有可能出现均方误差不发生变化的情况。此时很容易让使用者认为寻优算法已经找到了最优值。而事实上很有可能随着训练次数的增加，寻优算法又能找到可以使目标函数更优的参数区间。

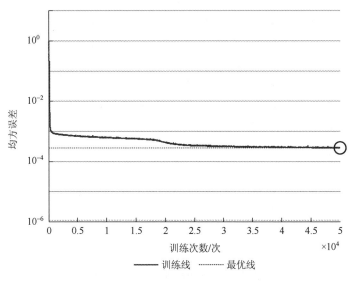

图 7-4　神经网络训练曲线

图 7-5 给出了模拟值和实际值的对比。从图 7-5 中曲线的变化可以看出，模拟值的拟合精度较高。同时，电力负荷的季节性变化也是反映模拟效果的一个重要指标。从图 7-5 中的曲线可以看出，模拟出的日负荷率变化和峰谷差率变化，能够有效地反映出季节波动的特性。这说明了模拟结果的有效性。

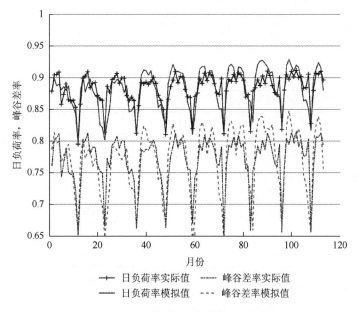

图 7-5　典型日负荷特性模拟值和实际值对比

根据上述模型，只需要将未来各产业用电结构输入模型，就可以对未来的负荷特性进行预测。未来各产业负荷特性的数据将在第 8 章进行讨论，但是这里先引用相关结论，作为计算的输入。表 7-3 给出了未来各产业用电量的预测值。总体来看，未来第一产业的用电占比将持续保持在一个较低的水平，而第二产业的用电占比将呈现下降趋势，第三产业和居民消费用电所占的比例则会不断地上升。这也是符合一般经济社会发展的规律的。

表 7-4 给出了未来分季节典型日负荷特性的预测，从表中数据可以看出，随着时间的推移，除了春季，其他季节的典型日负荷率逐渐下降。特别是对于夏季和秋季，典型日负荷率和日最小负荷率都有较大幅度的变化。这主要是由于第三产业和居民消费用电的占比上升，而第三产业和居民消费的日负荷率和日最小负荷率本身较低。

表 7-3　未来各产业用电比例预测

年份	第一产业	第二产业	第三产业	居民消费
2020	0.0099	0.6787	0.1432	0.1682
2030	0.0091	0.6268	0.1674	0.1967
2050	0.0078	0.5347	0.2103	0.2471

表 7-4　未来分季节典型日负荷特性预测

年份	指标	日负荷率	日最小负荷率	日峰谷差率
2020	春季	0.9061	0.8064	0.1936
	夏季	0.9107	0.8165	0.1835
	秋季	0.8939	0.7852	0.2148
	冬季	0.8438	0.6915	0.3085
2030	春季	0.9104	0.8162	0.1971
	夏季	0.9082	0.8106	0.2655
	秋季	0.8718	0.7402	0.3354
	冬季	0.8304	0.6621	0.3542
2050	春季	0.9038	0.8029	0.1971
	夏季	0.8693	0.7345	0.2655
	秋季	0.8332	0.6646	0.3354
	冬季	0.8231	0.6458	0.3542

远景负荷特性的变化，给电网企业带来了新的要求。一方面，未来随着经济

的发展，全社会用电量会不断上升；另一方面，用电结构的变化，导致负荷特性的恶化。未来保障电网稳定可靠供应的任务将会更艰巨。因此，电网企业需要采取新的需求侧管理技术（如储能技术、电动汽车需求侧管理等），来应对未来的挑战。

对典型日负荷特性的预测，可以提供一个关于负荷特性变化的直观结果。但是，典型日仅能反映当季某一天的负荷变化情况。即使在同一个季节内的不同时间里，日负荷特性也会发生较大的变化。而且随着产业结构的调整，日间的负荷特性区别也会发生变化。因此，依靠典型日负荷特性，并没有办法完全反映出电网负荷的变化情况。

要更为全面地反映电网全年负荷特性的变化，可以选择全年的负荷率（全年平均负荷除以全年最大负荷）作为评价指标。电网建设往往需要满足全年最大负荷的需求，而最大负荷可能只会出现在几个小时甚至几分钟内。在大部分情况下，电网设备都是存在冗余的能力的。年负荷率反映出了电网设备的总体利用情况，能够更好地评价电网的运行情况。

对于远景的年负荷率进行预测，同样可以使用神经网络的办法。但是，如果数据样本的时间周期选择以年为单位，那么由于样本数量的制约，很难构建出有效的神经网络。所幸的是，一般可以从月度数据出发，对全年负荷率进行推导，而使用月度数据保证在分析时可以获得较为充足的训练样本。利用月度数据换算得到的年负荷特性，能够反映出更为微观的变化，并能保证不损失准确性。

在这里，首先需要建立各产业用电占比与月平均负荷率的关系。这里的月平均负荷率是指月平均负荷与全年最大负荷的比例，其能够反映不同月份对于电网的利用水平。月平均负荷同样可以利用全年 8760 小时的运行数据计算得到。但是，由于月平均负荷除了受到各产业用电占比的影响，还受供电企业生产的组织安排（往往受经济大环境影响）、气温等因素的影响。而这部分变量目前是很难获得或难以量化的。所以针对该指标本书采用了比较简单的神经网络模型，通过允许较大的标准误差，避免过度拟合的现象。模型只设定一个含 5 节点的隐层。神经网络的模拟值与真实值结果对比如图 7-6 所示。

根据月平均负荷率以及每月的天数，就可以计算出全年负荷率。全年负荷率的计算公式如式（7-6）所示：

$$lr_{year} = \frac{\sum_{i=1}^{12} lr_{month} md}{365} \tag{7-6}$$

其中，lr_{year} 表示全年负荷率；lr_{month} 表示月平均负荷率；md 表示每月天数。

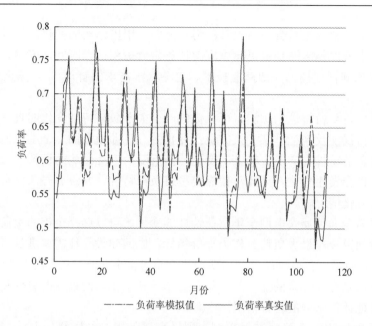

图 7-6　月平均负荷率模拟值与真实值对比

同时，根据全年的负荷率和用电需求的预测结果，可以计算出未来的关键时间节点的年度全社会最大负荷。具体方法如式（7-7）所示：

$$l_{max} = \frac{E}{8760 l r_{year}} \qquad (7\text{-}7)$$

其中，E 表示全年全社会用电量；l_{max} 表示全社会最大负荷。

表 7-5 给出了对未来关键时间节点全年负荷率和全社会最大负荷的预测结果。通过表 7-5 中数据可以发现全年负荷率是呈现逐渐下降的趋势的。这主要是由于第三产业和居民消费的占比在增加，而这两部分的用电需求在全年内的分布较不均衡，往往夏季的用电量很高，而其他季节的用电量较低。这就导致了全年负荷率的逐渐下降。

表 7-5　全年负荷率与全社会最大负荷预测

年份	全年负荷率	全社会最大负荷/万千瓦
2020	0.5662	4646.8
2030	0.5361	8158.9
2050	0.5193	13878.5

注：计算中的全社会用电量数据来自于第 8 章的结果。

7.3 储能技术、电动汽车与需求侧管理

7.3.1 储能技术在安徽电网的应用潜力及其对负荷特性的影响

对于电网而言，其容量需要满足高峰负荷的需要。因此大部分时候电网都是处于不饱和状态的。根据对安徽电网 2015 年的全年整点负荷数据的计算，可以发现安徽省全年平均负荷与最高峰负荷的比值仅为 0.571。这也意味着，在大部分时候，电网的负载能力都是处于闲置状态的。其实，最终来看，所有的电网投资成本都要摊入电价中，电网冗余的成本最终是被转嫁而由消费者来承担的。这样就给储能带来了应用价值：分布在用户端的储能可以帮助转移高峰负荷，从而减少电网投资的需求。

安徽电网整点负荷概率密度分布情况如图 7-7 所示。电网负荷总体虽然呈现出近似于正态分布的分布特性，但是右侧也表现出长尾分布的特性。其中，全年最高负荷为 28.68 吉瓦，最低负荷为 8.59 吉瓦，最高负荷为最低负荷的 3.34 倍。平均负荷为 16.37 吉瓦，平均负荷占最高负荷的比例为 0.5708。

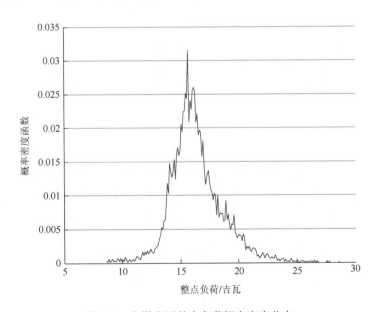

图 7-7　安徽电网整点负荷概率密度分布

从图 7-8 所描绘的安徽电网整点负荷累积密度分布图中可以更为直观地看到，在 90%以上的时间内，电网负荷都是在 19.3 吉瓦以下的。这也意味着，电网的最

大负荷其实只在少数时间满足高峰负荷的需要，在大部分时间电网的负载能力都是处于闲置状态的。

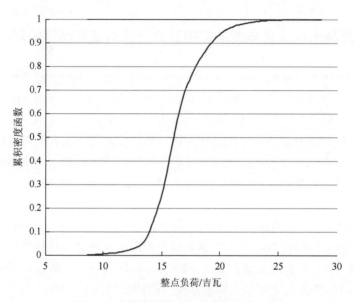

图 7-8　安徽电网整点负荷累积密度分布

　　电网的负荷特性分布，给储能技术的应用带来了很大的空间。从负荷的分布特性上看，极端值出现的时间非常短，也就是说，对于最大负荷的边际供给收益是非常低的。而满足高峰负荷建设的边际成本并不会由于使用率低而下降。如果利用储能系统来进行削峰填谷，帮助提升电网设备的利用率，将能够有效地减小电网的投资规模。

　　要讨论储能技术的应用潜力，首先需要确定储能的最优应用规模。在最优的条件下，单位储能的装机所带来的边际收益应该等于边际成本。储能的边际成本已假设为不变的，即每增加一个单位的储能装机，装机的成本都是相同的。因此，要分析储能的应用价值，重要的是先获得电网的边际成本函数。

　　这里利用厦门大学中国能源政策研究院的一篇工作论文建立的模型，分析安徽电网储能应用的外部性收益。在模型中，将电网在输配电过程中的成本分解为线损成本和其他成本两部分：

$$C_{\text{Grid}} = E\eta_{\text{loss}}P_B + \text{Cap}C_{\text{cap}} \tag{7-8}$$

其中，C_{Grid} 表示电网全年的输配电的总成本；E 表示全年购电量；η_{loss} 表示线损率；P_B 表示上网电价；Cap 表示电网的最高负荷容量；C_{cap} 表示单位负荷的成本。需要说明的是，这里把电网的其他成本也摊入容量成本中。这相当于隐含地假设电网的单位成本是规模不变的，即如果容量扩大了一倍，其他的运营费用也会随之扩大一倍。这么做虽然会引入一定的偏差，但在数据来源有限的情况下，作出如此简化假设是有益于对关键问题进行分析的。上述假设其实是对电网的单位容量成本进行了线性化的假设，即电网的成本仅与电网容量有关，具体可简化为式（7-9）。其中，C_u 表示了最终分摊到单位容量的年化总成本：

$$C_{\text{Grid}} = \text{Cap}C_u \qquad (7\text{-}9)$$

对于中国的电网企业来说，其利润率是相当低的。收益率往往无法覆盖电网资产的经济租（机会成本）。所以，在这里假设电网企业最终零利润，售电收入等于电网成本：

$$R_{\text{Grid}} = P_S E(1 - \eta_{\text{loss}}) - P_B E = C_{\text{Grid}} \qquad (7\text{-}10)$$

其中，R_{Grid} 表示电网的售电收入；P_S 表示销售电价；$E(1 - \eta_{\text{loss}})$ 表示售电量；P_B 表示上网价格。R_{Grid} 其实就相当于电网的购销价差。

表 7-6 给出了安徽电网的相关数据，以及将安徽电网的数据带入式（7-10）后得到的电网成本计算结果。其中，售电量为安徽省 2015 年全社会用电量，购销价差和线损率来源为 2015 年 8 月国家能源局发布的《2013—2014 年度全国电力企业价格情况监管通报》。高峰负荷根据国网安徽省电力公司经济技术研究院提供的 2015 年安徽省整点负荷数据计算。

表 7-6　安徽电网成本数据

项目	数值
售电量/(亿千瓦·时/年)	1639.79
购销价差/(元/(10^3千瓦·时))	200.47
平均销售电价/(元/(10^3千瓦·时))	690.14
电网总购销价差/(亿元/年)	328.73
高峰负荷/吉瓦	28.68
线损率/%	7.67
线损成本/(亿元/年)	57.20
单位容量成本/(元/(千瓦·年))	946.75

当需求端增加储能后，电网的高峰负荷减小，对应的成本也降低。这里可以计算每降低一定量的高峰负荷，所对应需要的储能量。下面给出了结合储能后，在不同的新的高峰负荷约束下，最优储能量的计算方法：

$$\min \text{Cap\_sto} \qquad (7\text{-}11)$$

$$\text{s.t.} \begin{cases} \text{User\_load}_i = \text{Grid\_load}_i + S_i, & S_i \geqslant 0 \\ \text{User\_load}_i = \text{Grid\_load}_i + S_i / \eta_{\text{sto}}, & S_i < 0 \end{cases} \quad (7\text{-}12)$$

$$\text{HP} \geqslant S_i \geqslant -\text{HP} \quad (7\text{-}13)$$

$$\sum_{t=1}^{i} S_t \leqslant \text{Cap\_sto} \quad (7\text{-}14)$$

$$\text{Grid\_load}_i \leqslant \text{LGP} \quad (7\text{-}15)$$

其中，User_load_i 表示在第 i 小时的用户负荷；Grid_load_i 表示第 i 小时电网负荷；S_i 表示储能系统的输出，$S_i > 0$ 表示储能系统在向外供电，$S_i < 0$ 表示储能系统在充电；η_{sto} 表示储能系统的充电效率；HP 表示储能系统的功率限制；Cap_sto 表示储能系统的最大容量；LGP 表示电网的最大功率限制。

当存在储能时，电网的高峰负荷减少，对应的电网投资减少。投资减少额即电网收益，其可按式（7-16）计算。其中，$\Delta\text{Cap}_{\text{Grid}}$ 表示高峰负荷的减少量；$C_{\text{cap\_grid}}$ 表示对应单位负荷容量的投资：

$$\text{Saving} = \Delta\text{Cap}_{\text{Grid}} C_{\text{cap\_grid}} \quad (7\text{-}16)$$

可以用 μ 来表示电网相对于原先的高峰负荷的减少率。那么，电网成本减少量如式（7-17）所示。其中 Cap_{ori} 表示有储能之前电网的高峰负荷：

$$\text{Saving} = \mu\text{Cap}_{\text{ori}} C_{\text{cap\_grid}} \quad (7\text{-}17)$$

要计算储能装机的边际收益，可以用电网成本减少量的边际值除以装机需求的边际值，如式（7-18）所示，其中符号 Δ 表示离散的变化量，$\Delta\mu$ 表示电网负荷的变化比例，$\Delta\text{Cap\_sto}$ 表示电网负荷变化所需的储能量：

$$\text{MR} = \frac{\Delta\text{Saving}}{\Delta\text{Cap\_sto}} = \frac{\Delta\mu\text{Cap}_{\text{ori}} C_{\text{cap\_grid}}}{\Delta\text{Cap\_sto}} \quad (7\text{-}18)$$

对于储能投资而言，其成本主要为设备投资与转移电力的损耗。设备投资可按式（7-19）折成年化成本。其中 $C_{\text{sto\_cap\_total}}$ 表示储能设备的投资成本，lifetime 表示设备的使用寿命，r 表示折现率或利率，$C_{\text{sto\_cap\_annual}}$ 表示年化的投资成本：

$$C_{\text{sto\_cap\_total}} = \sum_{i=1}^{\text{lifetime}} \frac{C_{\text{sto\_cap\_annual}}}{(1+r)^i} \quad (7\text{-}19)$$

运行成本则主要来自于转移电力过程的损耗，其计算公式如式（7-20）所示。其中 E_T 表示储能系统的年转移电量，η_{sto} 表示储能系统的转换效率，P_B 表示上网电价：

$$C_{\text{sto\_opt\_annual}} = E_T(1 - \eta_{\text{sto}})P_B \quad (7\text{-}20)$$

由此，可以计算出储能系统的总成本：

$$C_{\mathrm{sto\_year}} = C_{\mathrm{sto\_cap\_annual}} + C_{\mathrm{sto\_opt\_annual}} \qquad (7\text{-}21)$$

储能系统的边际成本为增加单位容量装机所带来的成本,其计算公式如式(7-22)所示。在实际的计算中,可以设置一个高峰负荷的减少量,然后计算出对应的储能装机变化以及电网成本变化,就可以算出对应的边际成本:

$$\mathrm{MC} = \frac{\Delta C_{\mathrm{sto\_year}}}{\Delta\mathrm{Cap\_sto}} \qquad (7\text{-}22)$$

随着储能投入量的增加,其边际成本不变,但边际收益是不断减少的。在最优状态下,边际成本应等于边际收益:

$$\mathrm{MC} = \mathrm{MR} \qquad (7\text{-}23)$$

根据以上模型,利用安徽省的负荷和电价数据,就可以计算出在不同电网功率下的最优储能量,及对应的电网成本节约与储能系统成本。根据计算得到的结果,可以进一步对储能投资进行经济性分析。图 7-9 给出了安徽省储能应用的边际收益与边际成本。从图 7-9 中可以看出,储能应用的边际成本基本是保持不变的。这主要是由于储能设施的主要成本是设备投资。单位装机的设备投资不会随着装机容量的增加而发生变化,而边际外部收益则呈现出逐渐下降的趋势。这主要是由于负荷分布的不平衡性。从图 7-7 和图 7-8 中可以看出,高峰负荷的概率密度很低,也就意味着少量的储能装机就可以减少高峰负荷。而随着高峰负荷的下降,减少单位负荷所需要的装机规模就会不断上升。对应地,新增单位装机所能够带来的收益就会下降。

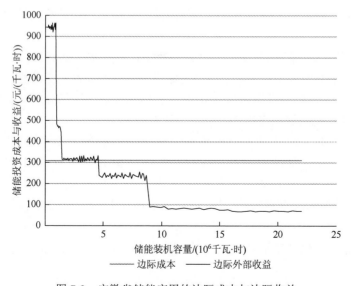

图 7-9 安徽省储能应用的边际成本与边际收益

　　图 7-10 则给出了安徽省不同的储能装机容量对平均负荷率的影响。随着储能规模的增加，新增单位储能装机对于降低负荷率的作用是边际递减的。其原因也在于随着高峰负荷的下降，再降低单位高峰负荷，所需要的储能装机就会上升。

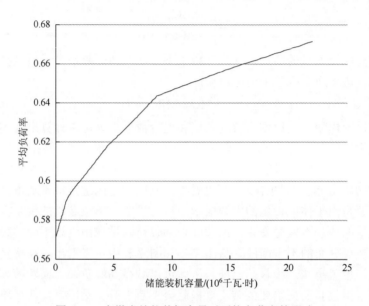

图 7-10　安徽省储能装机容量对平均负荷率的影响

　　图 7-11 给出了不同负荷率对应的储能的边际成本与边际收益情况。从图 7-11 可以更直观地看出，负荷率的提升与边际收益呈线性的关系（负荷率的提升意味着高峰负荷的下降，在规模成本不变的情况下，减少单位高峰负荷的边际收益是相等的）。在本例的分析中，基于当前的储能成本以及电网负荷特性，在最优的储能装机规模下，电网负荷率可以从 0.571 提升至 0.647。这部分的讨论内容，也为 7.4 节中讨论远景的储能应用潜力提供了基本的方法论。

　　储能装机的边际收益递减的现实，说明了储能的应用存在着一个最优的规模。也就是说，储能装机并非越多越好，考虑到储能投资的成本，最优的规模应该是在边际收益等于边际成本的情形下。在最优状态下，边际收益曲线与边际成本曲线之间的面积对应的是储能应用带来的社会福利的增量。根据式（7-24）可以计算单位储能带来的社会福利变化，其中，$\overline{\text{Cap}}$ 表示最优的装机规模。其计算结果显示，安徽省储能应用最多可以带来 6.84 亿元/年的社会福利增量：

$$\Delta \text{Welfare} = \int_{x=0}^{\overline{\text{Cap}}} (\text{MR}(x) - \text{MC}(x))\text{d}x \tag{7-24}$$

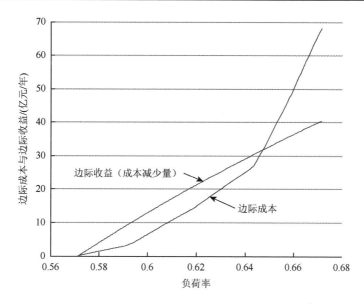

图 7-11　不同负荷率对应的边际成本与边际收益

7.3.2　储能技术的其他应用潜力与发展障碍

　　近年来电池储能技术的快速发展可能是解决清洁能源发电不稳定性的最有效方案，使"清洁能源为主，化石能源为辅"这一根本变革成为可能。目前，电动汽车等大规模电池应用已经较为普遍，而直接与电力系统结合的电池储能的尝试也已经开始，如特斯拉的家用电池系统（Powerwall）和商用电池系统（Powerpack）。一旦电池储能技术得到大规模商业化应用，其与分布式和微电网的结合，将破除清洁能源利用过程中无法大规模并网消纳这个最大的瓶颈，这可能彻底改变人类的能源利用方式。

　　厦门大学能源经济与能源政策协同创新中心通过对不同地区利用特斯拉的家用电池系统和商用电池系统进行储能投资的经济性进行评价，发现仅利用中国目前的峰谷电价差，在不需要补贴的情况下，部分地区投资储能可以获利。这至少说明，可实现商业化运作的电池储能技术离我们可能并不远。从发电成本来看，水电和核电已经具有很强的成本竞争优势；对于风电和太阳能发电，度电成本在过去几年已经下降得非常明显，即使按照目前的技术水平条件，在部分地区风电上网电价（0.49 元/（千瓦·时））已经与火电没有明显差距；过去十年，太阳能发电成本下降了 80%，从原来的每千瓦时 4 到 5 元下降到了现在的0.9 元。随着技术进步和装机容量的进一步增加，未来十年每千瓦时降到 0.4 到0.5 元是完全有可能实现的，这基本上具备和煤炭发电竞争的能力了，而且，目前"弃风弃光"比较严重,与储能技术的结合可以提高利用小时数,这将进一步改善投资经济性。

从储能投资收益的角度来看,影响储能收入的因素主要有两个:一个是储能系统的每个充放电循环能够带来的经济价值;另一个是储能系统的充放次数。其中,充放次数受到使用模式和电池性能的制约,可以视为固定的。因此影响储能投资收益的关键,就在于每次循环过程中充电的成本与放电的收益之间的差值。根据计算,在现有的技术条件下,考虑到投资的财务成本和充放电的电量损失及电池容量的衰减,只有当充放电的价差在 1 元/(千瓦·时)以上时,储能投资才能实现盈亏平衡。

值得注意的是,近年来储能技术的进步速度很快,电池成本平均每年的下降幅度在10%以上。按这个进步率估算,2020 年电池成本将下降到200 美元/(千瓦·时),2025 年更是会下降到120 美元/(千瓦·时)。这将给传统的能源行业带来剧烈的冲击。

基于目前的电池成本和对未来技术进步的预测,储能系统具有应用潜力的领域包括如下几方面。

(1)电力套利。电力套利即在电价低时储电,在电价高时由储能系统供电。目前部分东部省份的峰谷电价差已经达到 1 元/(千瓦·时)以上,已经达到了储能系统投资的盈亏平衡水平。未来随着电池成本的进一步下降,储能投资的可行区域将进一步扩大。

(2)"分布式光伏发电+储能系统"。目前对于分布式光伏发电采用的是"自发自用,余电上网"的原则,余电的上网电价采用的是当地脱硫火电的标杆上网电价。在这种情况下,只要峰期电价与上网电价的差值高于储能成本,进行储能投资就是有利可图的。而在许多东部地区,峰期电价与上网电价的差值已经达到了 1 元/(千瓦·时)左右,已经进入了可行区。

(3)储能系统在可再生能源发电企业中的应用。由于电网的接纳能力有限,很多地区出现了大面积"弃风弃光"的现象。如果将"弃风弃光"损失的这部分电力进行储存,充电成本可视为接近于零。只要上网电价高于储能成本,可再生能源发电企业进行储能投资就是可行的。目前风电的上网电价为 0.49~0.61 元/(千瓦·时),光伏电站的上网电价为 0.9~1 元/(千瓦·时)。对应的盈亏平衡时的电池成本分别是 200 美元/(千瓦·时)和 300 美元/(千瓦·时)。按目前储能技术的进步率来估算,在 5 年内储能技术即可实现在可再生能源发电企业中的广泛应用。

(4)"储能+可再生能源"独立微电网模式。2014 年全国平均销售电价为 0.647 元/(千瓦·时),只要微电网的成本能低于这个数,那么其在经济上就是可行的,即能够对传统的电力系统进行替代。以分布式光伏发电为例,根据不同情景下光伏发电技术与储能技术的进步率来估算,最迟到 2025 年,"光伏+储能"独立微电网的供电成本将低于传统的电力供给模式。

（5）电动汽车。如果仅考虑汽车的能源成本和储能成本，在每单位的电力存储成本低于 1.697 元/(千瓦·时)的情况下，电动汽车在使用成本上已经能替代汽油车。而如果单位电力存储成本低于 0.814 元/(千瓦·时)，电动汽车就可以开始替代柴油车。可以说，制约电动汽车发展的不再是成本，而是汽车的续航能力。只要充电基础设施得到完善，续航能力的约束将大大减弱。目前我国正加快对充电基础设施的投入，到 2020 年将基本建成能满足超过 500 万辆电动汽车的充电需求的充电基础设施体系。在可预见的未来，电动汽车将呈现井喷式的发展。在未来的政策制定上，应该充分考虑储能在消纳可再生能源以及提升电网稳定性等方面的正外部性，设计合理的储能价格补偿机制和市场准入机制。

同时应该对储能技术从研发到应用进行扶持。

首先，可以利用储能来帮助电网消纳可再生能源。目前各地"弃风弃光"现象严重，电网建设与可再生能源发展速度脱节是很重要的一个原因。而电网建设成本往往是巨大的。储能系统能够帮助可再生能源电站进行调峰和平稳输出，在不增加电网容量的情况下提升可再生能源的消纳能力。但问题的关键在于储能的成本由谁来承担。目前储能转移电力的成本与光伏发电的上网电价相当，电源企业是没有动力进行投资的。如果能在上网电价的基础上设置一个储能补贴价格，使储能投资有利可图，最终就有可能形成电网与电源企业双赢的结果。

其次，应该重视储能在分布式电网中的应用。我国电力的特点是负荷中心远离电源中心，东部电力输入省份往往要为远距离输电的成本支付较高的电价。发展分布式电网则可以大大降低电网的输送成本。但以风电和太阳能发电为主的分布式发电同样也面临着波动性，加上其布局分散，对电网会造成较大的冲击。储能装置则可以帮助提升分布式发电的渗透率。可以参考分布式太阳能发电的补贴方式，设置储能电价，以增加储能系统在分布式发电中的应用。

最后，要优化市场机制，以促进储能发展。应降低储能系统的入网障碍，允许储能作为电源参与到供电服务中，并对储能提供的调峰调频服务等进行补偿。同时可以制定更加灵活的电价政策，鼓励通过电力套利等方式充分发挥储能调峰的作用。

7.3.3 电动汽车发展与其在需求侧管理的应用

电动汽车被认为是对石油需求进行替代最有潜力的技术手段。经过多年的发展，电动汽车的成本已经下降到与传统化石能源汽车差距不大的水平。同时由于政府的大力扶持，中国市场近两年电动汽车的销量呈现出井喷式的增加。2013 年，中国纯电动汽车的销量仅为 1.46 万辆，而 2015 的销量已经增长到 24.7 万辆，且快速增长的势头还未停止。在可以预见的未来，电动汽车的发展将对能源结构产生深刻的影响。本节针对安徽省道路交通部门的石油消耗情况，分析未来电动汽车对石油需求的替代。

根据《中国能源统计年鉴2015》数据，安徽省2014年消费的汽油和柴油为945.65万吨，扣除工业终端消费的42.52万吨后，估计用于各类车辆与机械的汽柴油总量为903.13万吨。考虑到原油加工过程中的折扣，按照原油产品83%的总收率计算，折合原油量为903.13/0.83 = 1088.1万吨。根据安徽省公安厅交通管理局的数据，2014年安徽省的汽车保有量约为741万量，按车辆用原油消费中80%为汽车消费计，每辆车的原油消费约为1.17吨/年。

表7-7给出了在不同的电动汽车替代率下，原油的替代量及相应的电力需求增量。从表7-7中数据可以看出，电动汽车的替代率每增加1%，对应的电力需求增量就增加约1.4亿千瓦·时。

表7-7　不同替代水平下原油替代量与电力需求增量

电动汽车替代率/%	1	3	5	10	20	50
电动汽车数量/万辆	7.41	22.23	37.05	74.09	148.19	370.47
原油替代量/万吨	8.70	26.11	43.52	87.05	174.10	435.24
总原油消费替代率/%	1	2	4	8	16	40
电力需求增量/(亿千瓦·时)	1.40	4.20	7.01	14.02	28.03	70.08

注：这里的计算基于2014年的静态保有量数据进行；原油的汽柴油转换率按0.83计算，汽柴油比例按2014年的数据0.7459计算，汽油机效率按25%计算，柴油机平均效率按35%计算，电动汽车综合效率按85%计算，汽油能量密度按4.223千瓦·时/千克计算，柴油能量密度按5.575千瓦·时/千克计算。

电动汽车的发展对于电网企业而言有十分重要的意义：一方面，随着电动汽车数量的增多，电网企业的电力需求量将有较大幅度的增加；另一方面，绝大多数电动汽车都是家用的，大多会选择夜间充电，也就是说电动汽车可以参与到需求侧管理中，提升电网的利用水平。

这里以2015年的全年8760小时负荷数据为基础，采取静态替代分析。假设未来电动汽车能够参与到智能电网的需求侧管理中，主要在夜间参与调峰。同时假设电动汽车的用电需求在四季不发生变化。在模型中，参与需求侧管理的电动汽车的充电会优先选择电网负荷率最低的时间段进行。

调峰问题描述如下，其中，优化问题由365个子优化问题组成。每一个子优化问题的目标是使当天的最小负荷量最大：

$$\max_{Lc_j} [\min(L_j)], \quad j = 1, 2, \cdots, 365 \tag{7-25}$$

其中，$L_j = [l_{1j}, l_{2j}, \cdots, l_{24j}]$表示每天的负荷向量；$\min(L_j)$表示取负荷向量中的最小值，其计算方法用初始的负荷加电动汽车带来的负荷增量表示：

$$l_{ij} = l_{ij}^o + \mathrm{lc}_{ij} \tag{7-26}$$

这里用 $\mathrm{Lc}_j = [\mathrm{lc}_{1j}, \mathrm{lc}_{2j}, \cdots, \mathrm{lc}_{24j}]$ 表示电动汽车每个小时带来的负荷增量。

负荷增量应满足以下的约束条件，即每天由电动汽车应用带来的负荷增量的总和，要等于总的电动汽车电力需求量：

$$\mathrm{Lc}_T = \sum_{i=1}^{24} \mathrm{lc}_{ij}, \quad j = 1, 2, \cdots, 365 \tag{7-27}$$

表 7-8 给出了不同替代率下平均日负荷率、平均最小负荷率与年平均负荷率的变化。通过表 7-8 中的数据可知，电动汽车参与到需求侧管理中，能够有效地改变电网的负荷特性，提升电网的运行效率。特别是对于平均最小负荷率，只需要有 1%的汽车转变为电动汽车，并参与到需求侧管理中，就能够有效地提升平均最小负荷率。但是，由于电动汽车的用电量占全社会用电量的比例并不大，电动汽车替代率提升对于年平均负荷率的影响并不是十分明显。上述结论有很强的政策启示：对于电网企业而言，需要研究如何制定更为灵活的电力定价策略，以吸引电动汽车参与到需求侧管理中；而对于政府而言，在政策制定时也需要对电动汽车参与需求侧管理给予更多的政策支持。

表 7-8　不同替代率下平均日负荷率、平均最小负荷率与年平均负荷率变化

替代率	0	1%	10%	30%	50%	100%
平均日负荷率	0.8864	0.8873	0.8951	0.9119	0.9254	0.9358
平均最小负荷率	0.7725	0.7842	0.8253	0.8759	0.9023	0.9207
年平均负荷率	0.5707	0.5713	0.5763	0.5874	0.5986	

虽然这里的模型只是基于 2014 年的保有量进行的静态替代分析，但是相同的方法与结论可以应用于未来电动汽车的发展对电网影响的远景分析中。

7.4　结合能源互联网关键技术进行需求侧管理的电网负荷

通过前面内容可知，随着产业结构的变化，安徽电网的整体负荷率将随着时间的增长呈现出恶化的趋势。同时，由于电力需求的上升，全社会最大负荷也将快速上升，这将给电网建设带来巨大的成本。同时，在全球能源互联网以及清洁发展的大背景下，未来可再生能源的比例将有很大的提升。但可再生能源由于具有间歇性和波动性，会对电网造成很大的冲击。这就需要在电源技术、电网技术和储能技术方面全面推动技术创新。本节就结合 7.2 节和 7.3 节所预测的安徽电网负荷特性，以及电网需求侧管理技术与储能的应用，对安徽省远景的电网负荷特性进行综合的预测分析。

　　本节从经济性的角度出发，分析智能电网与储能的应用潜力，以及应用相关技术后对安徽远景负荷特性与全社会最大负荷的综合影响。7.2 节和 7.3 节介绍了利用储能技术以及电动汽车参与需求侧管理的静态分析方法。这里将静态分析方法应用于远景的场景预测中，分析需求侧管理和储能技术对远景负荷特性的影响。

　　这里首先对安徽省各时间节点远景的电动汽车保有量进行预测，进而计算出相应的电力需求量（表 7-9），再根据参与需求侧管理的比例，就可以计算出其对电网负荷特性的影响。

表 7-9　安徽远景电动汽车保有量及电力需求量

年份	2015	2020	2030	2050
全国汽车保有量/万辆	17200	27000	40000	59000
全国电动汽车保有量/万辆	33.2	500	8000	59000
电动汽车占比/%	0.2	1.9	20.0	100.0
安徽省汽车保有量/万辆	798.0	1252.7	1855.8	2737.3
安徽省电动汽车保有量/万辆	—	23.2	371.2	2737.3
安徽省电动汽车电力需求量/(亿千瓦·时)	—	4.4	70.2	517.8
参与需求侧管理的比例/%		30	60	90

　　注：2015 年的全国汽车保有量来源于中华人民共和国公安部交通管理局，安徽省 2015 年汽车保有量来源于安徽省公安厅。2020 年、2030 年和 2050 年全国汽车保有量预测数据来自于清华大学能源环境经济研究所。2020 年全国电动汽车保有量数据来源于国家发改委《电动汽车充电基础设施发展指南（2015-2020 年）》。2030 年全国电动汽车保有量数据来源于《节能与新能源汽车技术路线图》。同时，这里假设 2050 年完全实现了电动汽车对化石燃料汽车的替代。安徽省的汽车保有量增长和电动汽车保有量增长速度假定与全国相同。

　　远景的储能成本模拟如表 7-10 所示。根据不同时间节点的储能成本，就可以预测储能技术的应用潜力及其对电网负荷特性的影响。

表 7-10　远景储能成本模拟

年份	2020	2030	2050
储能成本/(美元/(千瓦·时))	250	150	90

　　注：2020 年储能成本按特斯拉公布的超级电池工厂投产后的价格计算。2030 年储能成本来源于 IEA 数据，2050 年的储能成本来源于 IEA 储能路线图。

　　在需求侧管理方面，这里主要应用 7.3.5 节中所介绍的模型，考察电动汽车大规模应用对电网负荷特性的影响。而在分析其他电网关键技术时，将电池储能、蓄冷、蓄热以及电解氢气储能等广义储能技术进行合并分析，利用 7.3.3 节的模型进行应用分析。

在分析电动汽车需求侧管理和储能技术在电网中的应用时，需要有全年8760 个整点负荷数据，但对远景预测时，要准确预测出整点负荷是十分困难的。电网的负荷特性是近似于正态分布的，这里以 2015 年的整点负荷数据为基础，用均值保留展开的形式，模拟出满足关键时间节点负荷特性的整点负荷。再基于模拟数据进行应用分析。这里均值保留展开用的是等比例展开的方式，如式（7-28）所示：

$$l_i^N = \begin{cases} \dfrac{\delta}{1+\delta}(l_i - \overline{l}) + l_i, & l_i \geq \overline{l} \\ \delta(l_i - \overline{l}) + l_i, & l_i < \overline{l} \end{cases} \tag{7-28}$$

其中，δ 表示负荷标准差的调整倍数；l_i 表示 i 时刻的负荷；$\overline{l}$ 表示平均负荷；l_i^N 表示调整后的负荷。

展开后能够保证负荷的均值不发生变化，同时负荷率会减小至约束值：

$$\frac{\min(l_i^N)}{\max(l_i^N)} = \text{load\_rate} \tag{7-29}$$

表 7-11 和表 7-12 给出了应用需求侧管理技术后的电网负荷率以及远景全社会最大负荷的变化。通过表 7-11 和表 7-12 中数据可知，应用电动汽车需求侧管理以及储能技术，可以有效地提升电网负荷率，并能有效降低远景全社会最大负荷水平。

表 7-11　应用需求侧管理技术后的电网负荷率

电网负荷率	2020 年	2030 年	2050 年
初始状态	0.5662	0.5361	0.5193
应用电动汽车需求侧管理	0.5664	0.5427	0.5614
应用储能技术	0.6433	0.6457	0.6301
应用"储能＋电动汽车需求侧管理"	0.6437	0.6499	0.6490

表 7-12　应用需求侧管理技术后的远景全社会最大负荷　　（单位：万千瓦）

远景全社会最大负荷	2020 年	2030 年	2050 年
初始状态	4646.80	8158.90	13878.48
应用电动汽车需求侧管理	4645.16	8059.67	12837.71
应用储能技术	4089.88	6774.02	11438.01
应用"储能＋电动汽车需求侧管理"	4087.34	6730.24	11104.92

7.5　本　章　小　结

本章对安徽省远景负荷特性发展进行了预测，并结合全球能源互联网背景下关键技术的发展预期，分析了应用需求侧管理之后的负荷特性。

由于产业结构与负荷特性之间为非线性的关系，传统的线性模型无法给出令人满意的预测结果。为了对安徽省远景负荷特性进行预测，本章采用了人工神经网络的方法，建立能够利用日负荷率、峰谷差率、产业用电结构、气温来对省级电网日负荷率和日峰谷差率进行预测的预测模型。利用输入和输出变量对神经网络进行训练，得到了拟合精度较高的神经网络模型。然后将安徽省的远景产业结构变动的数据输入模型中，对未来关键时间节点的安徽省电力负荷特性进行预测。结果显示，第三产业和居民消费的占比在增加，安徽省的全年负荷率将在未来呈现逐渐下降的趋势。

为了应对安徽省未来电网负荷率下降和全社会最大负荷上升所带来的挑战，本章讨论了储能技术的应用以及电动汽车参与需求侧管理的情况下，安徽省远景负荷特性的变化。结果显示，应用电动汽车需求侧管理以及储能技术，可以有效地提升电网负荷率，并有效降低远景全社会最大负荷水平。

表 7-13 综合本章的模拟与分析结果，列出了在有需求侧管理和无需求侧管理下，安徽省远景的全社会最大负荷增速、用电量增速以及能源需求增速。从表 7-13 中可以看出，如果没有需求侧管理，未来安徽省的全社会最大负荷增速将会高于用电量的增速，电网将承受较大的压力。而利用需求侧管理，则可以有效降低全社会最大负荷的增速，提升电网效率。

表 7-13　安徽远景电网负荷特性与能源电力增长模拟　　　　（单位：%）

时期	全社会最大负荷增速		用电量增速	能源需求增速
	无需求侧管理	有需求侧管理*		
"十三五"	7.2	4.5	6.8	4.0
2020～2030 年	5.8	5.1	5.0	2.8
2030～2050 年	2.7	2.5	2.4	0.7

* 这里只是给出储能装机达到最优状态下的模拟结果。

参　考　文　献

[1]　Hinto G E，Mcclelland J L，Rumelhart D E. Distributed representations，parallel distributed processing：Explorations in the microstructure of cognition，vol. I: Foundations[J]. Language，1986，63（4）：45-76.

[2]　Hecht-Nielsen R. Theory of the backpropagation neural network[C]. IEEE International Joint Conference on Neural Networks. 1992：65-93.

第 8 章　安徽远景能源电力供需与发展预测

8.1　安徽远景能源电力需求预测

8.1.1　全球能源互联网背景下的能源需求预测

在全球能源互联网背景下，能源需求与供给将在更大范围内实现平衡，而一个地区局部的能源需求可以由本地和其他外来能源供给来满足。在全球能源互联网背景下，预测能源需求能够为电网规划提供更加具有前瞻性的建议，对于建立坚强智能化的能源互联网络具有重要意义。

一般来说，能源需求指的是一个国家或者地区为服务于经济增长所带来的能源消费的情况。关于经济增长和能源需求的关系，有学者认为是经济增长引起了生产生活、社会活动的扩大，活动需要能源的支持，因此能源需求被动增加；也有学者认为能源需求和经济增长之间的关系是双向的，即二者相互促进；另外需要指出的是，能源生产、运输及销售和国民经济中重要的生产与服务部门紧密联系，是经济不可分割的重要组成部分。需求预测则指的是，充分考虑现有的经济社会条件，结合以往能源需求的历史情形，重点分析能源需求主要的影响因素，采用适当的经济模型或者系统动力学方法对未来的能源需求数量进行较准确的估量。影响能源需求的因素众多，最重要的是经济的运行情况、国民经济总体的增长情况、内部各个产业之间的构成关系。进行能源需求预测，能够为保障国民经济各个部门的正常运作提供有力的支撑，对能源资源禀赋稀缺的国家和地区来说，还可以从需求出发，优化供需结构，从而保障能源供给的可持续性，增强能源安全。从现阶段中国的情形来看，经济增长陷入"新常态"，可能会在一段时间之内处于与以往历史发展情形相比较低的经济增长率的情景下，准确地进行能源需求预测，有利于合理规划能源投资建设，避免资源配置无效率。

能源需求预测的方法较多，总体上分为传统的预测方法和现代的预测方法。传统的预测方法主要包括：分产业部门的单位产值能耗预测法、时间序列方法、相关性分析法、人均能源消费指标换算法。现代的预测方法主要有：灰色理论系统分析法、投入产出分析法、计量回归分析法、系统动力学方法以及协整方法等。系统动力学方法可以估计复杂系统的反馈机制，可以考虑多种因素对于能源需求的影响。同时通过考虑各种因素的反馈机制可以测试能源需求对于某一种因素变动的敏感程度,然而模型中众多参数的取值依赖于较强的经验信息,精准性有待商榷。灰色理论系统分析法将经济随机变量作为一定范围内变化的灰色量,构建白化处理的微分方程模型进行预测,需要的数据相对简单,考虑的影响因素全面,然而对于中长期的能源需求预测分析仍显不足。计量回归分析法利用经济变量之间的相关关系,通过相关关系和一些较容易确定的变量的值预测未来能源需求,缺点是如果关键变量的设定有误,则结果往往相差较大。投入产出分析法基于里昂惕夫的投入产出模型,能够较为准确地分析各个经济中部门的相互联系,然而它也存在一定的不足,一是其各种投入是按固定比例的,不能够反映要素之间的互相替代;二是投入产出分析依赖于投入产出表,而投入产出表的编制更耗时间和财力,不少国家和地区往往是相隔较长一段时间才编制一次,对于快速发展中的经济体而言,可能不同经济部门之间的关系已经发生了较大的变化;三是投入产出表无法将价格因素考虑在其中。因此投入产出分析法受限于特定基础年份的经济结构,无法对长期的能源消费情况进行准确的预测。协整方法侧重于各经济变量的中长期稳定均衡关系,预测中长期的能源需求更为恰当,因此这里采用协整方法进行预测。

在进行时间序列分析时,传统上要求所用的时间序列必须是平稳的,即没有随机趋势或确定性趋势,否则,将会产生“伪回归”问题。但是,现实中的时间序列通常都是非平稳的。为使回归有意义,可以对变量进行平稳化处理,常用的方法是对时间序列进行差分,然后对差分序列进行回归。但这种方法容易忽略掉原时间序列中一些分析问题所必需的重要信息。为解决该问题,近年来发展了一种处理非平稳数据的新方法——协整理论。

Phillips 和 Perron[1]提出了一种非参数 PP 法来控制序列中的高阶序列相关。该方法的优势是不需要严格要求 ε_t 是独立同分布的。PP 法是通过一阶自回归项系数的 t 统计量进行修正,从而解决误差项 ε_t 的高阶序列相关问题,检验方程为

$$\Delta y_t = \alpha + \beta y_{t-1} + \varepsilon_t, \quad \text{pp\_statistic:} \ t_{pp} = \frac{\gamma_0^{0.5} t_\beta}{\varpi} - \frac{(\varpi^2 - \gamma_0)TS_\beta}{2\varpi\hat{\sigma}} \quad (8\text{-}1)$$

其中,t_β 表示 β 的 t 统计量;S_β 表示 β 的标准差;$\hat{\sigma}$ 表示检验回归标准差;T 表示检验的时间长度;ϖ 表示 Newey-West 异方差。自回归一致估计由式(8-2)给出:

$$\varpi^2 = \gamma_0 + 2\sum_{j=1}^{q}\left(1 - \frac{j}{q+1}\right)\gamma_j, \quad \gamma_j = \frac{1}{T}\sum_{i=j+1}^{T}\hat{\varepsilon}_i\hat{\varepsilon}_{i-j} \quad (8\text{-}2)$$

其中,q 表示截断滞后因子。检验假设为

H_0：变量服从单位根过程，是非平稳的；　H_1：变量不服从单位根过程，是平稳的。

Kwiatkowski 等提出 KPSS 检验，从待检序列中剔除截距项和趋势项的序列构造统计量。检验方程及检验统计量为

$$y_t = \delta x_t + \varepsilon_t, \quad y_0 = 0, \quad \varepsilon_t \sim i.i.d.(0, \sigma_\varepsilon^2) \tag{8-3}$$

其中，x_t 表示外生变量向量序列，包含被检验序列 y_t 的截距项，或截距项和趋势项。KPSS 利用 OLS 法回归得残差序列估计：

$$\hat{u}_t = y_t - \hat{\delta} x_t \tag{8-4}$$

通过检验该残差是否存在单位根来判断原序列是否有单位根。与 ADF 单位根检验和 PP 检验不同，KPSS 的原假设是时间序列是平稳的，备择假设是时间序列存在单位根。ADF 单位根检验和 PP 检验对小样本数据可能缺乏效力，KPSS 检验的优势在于，当选择较低的滞后截断参数（lag truncation parameters）时，其对小样本更为有效。

根据 Engle 和 Granger[2]在 1978 年提出的协整理论，对于两个都是随机游走的变量序列，如果这两个序列的某个线性组合是稳定的，则称这两个序列为协整的。两个序列具有相同的单整阶数，是序列之间具有协整性的必要条件。

如果已经判断两个序列 x_t 和 y_t 是非平稳的，但其都是 d 阶单整序列，OLS 法的协整回归方程为

$$x_t = T + U y_t + \varepsilon_t \tag{8-5}$$

则可通过检验方程（8-5）的残差项是否平稳来判断 x_t 和 y_t 的协整关系。如果 x_t 和 y_t 没有协整关系，那么它们的任意一个线性组合都是非平稳的，因此残差项也必然是非平稳的。反之，如果检验残差项是平稳的，则可以认为 x_t 和 y_t 之间存在协整关系。

为保证能源消费预测结果的科学性，需要尽可能地构建合理的预测模型，借鉴何晓萍的方法，将影响能源消费的关键指标综合起来，建立安徽省的一次能源需求预测的基本模型。

（1）经济发展水平。能源作为生产活动的基础要素之一，伴随着经济增长，势必拉动能源需求，经济对能源的依赖呈上升趋势，经济增长是能源消费需求增加的原因，本书选择 GDP 来代表经济发展水平。

（2）产业结构。一般来说，从三次产业结构转换出发，第一产业无论从产值看，还是从就业人员看，其所占份额都存在不断减少的趋势，第二产业所占份额则首先是迅速增长的，然后趋于稳定；第三产业所占份额则一直增长，存在由"一、二、三"向"三、二、一"转变的趋势。根据配第-克拉克定理，随着全社会人均国民收入水平的提高，就业人口首先由第一产业转移，当人均国民收入水平有了

进一步提高以后，就业人口便大量向第三产业转移。由于不同产业的能耗水平的差异，产业结构由重工业向第三产业升级的过程中，会使同等的经济增长对能源的需求减少，之前的很多学者已作了相应的研究并得出一致的结论。因此，引入经济结构变量，这里采用第二产业占 GDP 的比例来表示。

（3）能源效率改进。能源效率是指单位能源投入所产生产出的多少，其主要取决于节能技术的进步。能源经济学的重要研究目标就是在保证经济增长的前提下，实现节约能源投入的要求。引入能源效率改进，用工业生产的增加值与工业的能源消费量的比值来表示，也就是单位工业增加值能耗的倒数。

（4）能源价格效应。价格是影响需求的重要因素，能源价格的上涨引起对能源消费的抑制效应以及其他要素的替代效应。在中国，政府担心过高的能源价格会阻碍经济的发展，能源价格也因此被牢牢掌控在政府手中。也因为中国的能源价格不是由市场供需决定的，所以它没有办法体现资源的稀缺性和环境的外部性，也没有办法体现在能源价格指标的选取上。各学者采用的方法不一，本书采用燃料、动力购进价格指数作为能源价格效应的体现。

本书的样本时间为 1985～2014 年，数据来源于历年的《安徽统计年鉴》、《中国能源统计年鉴》、世界银行数据库以及根据其数据计算而得的数据。GDP 及燃料、动力购进价格指数均以 1985 年为基期进行调整。

根据以上对影响能源需求的变量的分析，中国能源消费的函数表达式为

$$Q_t = f(Y_t, M_t, \mathrm{EF}_t, P_t) \tag{8-6}$$

其中，Q_t 表示一次能源消费量；Y_t 表示 GDP；M_t 表示第二产业占 GDP 的比例；EF_t 表示工业生产的增加值与工业的能源消费量的比值；P_t 表示能源价格效应。为分析问题的需要，采用自然对数模型形式，具体的模型表达式为

$$\ln Q_t = c + \beta_1 \ln Y_t + \beta_2 M_t + \beta_3 \ln \mathrm{EF}_t + \beta_4 \ln P_t \tag{8-7}$$

在进行协整检验前需要检验变量的平稳性，单位根检验结果显示，所有变量都是一阶单整的，可以进行 Johansen 协整检验。检验结果表明中国的一次能源需求存在协整关系。模型的结果为

$$\ln Q = 0.922 \ln Y + 2.457 M - 0.754 \ln \mathrm{EF} - 0.141 \ln P - 0.231 \tag{8-8}$$

结果表明中国的经济发展水平对能源消费量的依赖程度较强；产业结构的升级与预期一致，第二产业占 GDP 的比例的增加会使能源需求增加；能源效率的改进有利于减少能源的消费；能源价格效应的符号为负，与预期相同，能源价格上涨有利于抑制能源消费。历史情况拟合图如图 8-1 所示。

根据前面对于 GDP、产业比例的预测，反映能源效率和价格的变量按照历史情形外推，最终可以模拟得出安徽省 2016～2050 年历年，以及远景年份的能源需求及其增速预测，如表 8-1 及表 8-2 所示。根据能源需求模拟的结果，可以得到

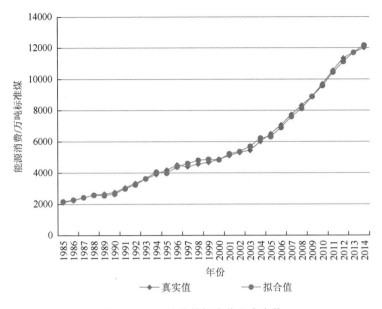

图 8-1　能源消费的拟合值和真实值

资料来源：真实值来源于历年《安徽统计年鉴》，拟合值为笔者计算结果

各时期增速情况：2015～2020 年年均增速为 4.00%，2020～2030 年年均增速为 2.78%，2030～2050 年年均增速为 0.74%。图 8-2 显示了发达国家人均 GDP 与人均能源消费的关系图，发现在人均 GDP 达到 3 万美元之前能源消费基本上处于较为快速的增长，之后可能出现高位平台期，也有部分国家在人均 GDP 达到 3 万美元之后，人均能源消费依然处于缓慢的增长。

表 8-1　安徽省 2016～2050 年能源需求模拟　　　（单位：万吨标准煤）

年份	模拟能源需求	年份	模拟能源需求
2015	12332.0	2030	19749.0
2020	15011.8	2050	22867.9
2025	17531.2		

表 8-2　安徽省分时期能源需求增速模拟　　　（单位：%）

时间段	年均增速
2015～2020 年	4.00
2020～2030 年	2.78
2030～2050 年	0.74

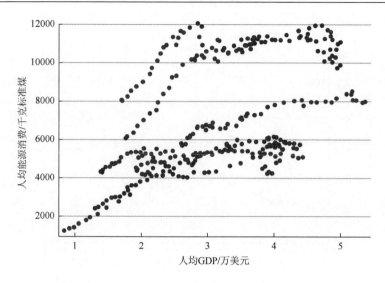

图 8-2　发达国家人均能源消费与人均 GDP 的历史关系

注：本图选择美国、英国、法国、日本、加拿大和澳大利亚 1960~2013 年的人均能源消费和人均 GDP（2010 年美元不变价格），能源消费单位为千克标准煤，人均 GDP 单位是万美元。资料来源为世界银行数据库

8.1.2　全球能源互联网背景下的电力需求预测

对于电力消费，结合以往安徽省电力消费的历史情况进行预测，图 8-3

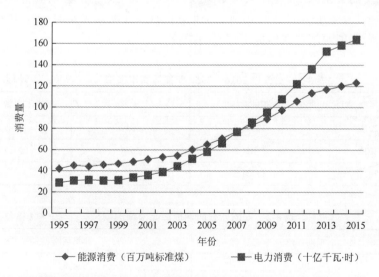

图 8-3　安徽省能源消费和电力消费的历史情况（绝对量）

资料来源：CEIC 数据库

显示了安徽省 1991 年以来能源消费和电力消费的增长情况，可以看出能源消费和电力消费在以往的年份中大部分是同步增长的，而近年来由于能源需求的增长逐步趋缓，电力消费依然保持较为强劲的增长，二者出现了一定程度的背离。1995 年电力消费为 289 亿千瓦·时，能源消费为 4194 万吨标准煤，2000 年电力消费为 339 亿千瓦·时，能源消费为 4879 万吨标准煤，二者基本上处于同步的增长。2015 年能源消费为 12332 万吨标准煤，电力消费为 1640 亿千瓦·时。从最近 20 年的增长来看，电力消费增长幅度高于能源消费的增长幅度。

电力需求可以分为工业用电、服务业用电和居民生活用电三个主要部分，工业用电主要受经济规模和工业用电效率的影响，服务业用电与第三产业比例关系密切，居民生活用电则与反映人们生活水平的人均 GDP 和人均收入密切相关。本书从能源经济学基本理论出发，借鉴现有的文献资料，选取了人口、人均 GDP、第三产业比例、电力使用效率（其中人口和人均 GDP 一起可以反映经济总量水平）、价格水平，研究这些变量与电力消费在长期中的均衡关系，并据此得到未来各年份的电力消费预测值：

$$\ln \text{ELE}_t = c + \gamma_1 \ln \text{PP}_t + \gamma_2 \ln \text{PER}_t + \gamma_3 \ln \text{IELE}_t + \gamma_4 \text{THI}_t + \gamma_5 \ln P_t \qquad (8\text{-}9)$$

其中，ELE 表示电力消费；PP 表示人口；PER 表示人均 GDP；IELE 表示电力使用效率；THI 表示第三产业比例；P 表示价格水平；下标 t 表示年份；γ_1、γ_2、γ_3、γ_4、γ_5 表示该解释变量对被解释变量的弹性；c 表示常数。在进行协整检验前需要检验变量的平稳性，单位根检验结果显示，所有变量都是一阶单整的，可以进行 Johansen 协整检验。检验结果表明中国的一次能源需求存在协整关系。检验各变量关系时发现价格水平并不显著，与电力价格在一定程度上受到政府控制有关系，剔除价格之后，模型的结果为

$$\ln \text{ELE} = 2.830 \ln \text{PP} + 1.004 \ln \text{PER} - 0.650 + \ln \text{IELE} - 0.162 \text{THI} - 6.911 \qquad (8\text{-}10)$$

拟合的情况如图 8-4 所示。

利用式（8-10）对电力消费的历史增长情况进行拟合，图 8-4 显示了对于电力消费历史数据进行拟合的结果，发现模型能够较好地表现出安徽电力消费和能源消费之间的关系。从而可以基于模型和能源消费的模拟值，模拟未来的电力消费，最终结果如表 8-3 所示，2020 年的电力消费为 2277.6 亿千瓦·时，2025 年的电力消费为 2978.2 亿千瓦·时，2030 年的电力消费为 3703.0 亿千瓦·时，2050 年的电力消费为 5956.7 亿千瓦·时。电力消费增速情况如表 8-3 所示，三个时期（2015～2020 年、2020～2030 年、2030～2050 年）的增速分别是 6.8%、5.0%、2.4%。

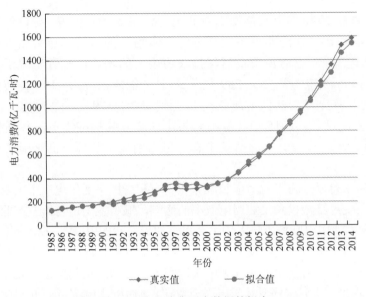

图 8-4　电力消费历史数据的拟合

资料来源：真实值来源于 CEIC 数据库，拟合值为笔者计算

表 8-3　电力消费历史和模拟　　　　　　　　　（单位：亿千瓦·时）

年份	电力需求	年份	电力需求
2010	1077.9	2025	2978.2
2015	1639.8	2030	3703.0
2020	2277.6	2050	5956.7

注：2015 年之后的年份为模拟值，以前年份为真实值。资料来源为 CEIC 数据库。

　　2030～2050 年电力消费依然保持着较快程度的增长，选择发展阶段相似的省份进行对比。2030 年安徽省人均 GDP 将达到 10.6 万元，与现在的天津和上海水平相当，而天津、上海 2010 年的全社会用电量分别是 646 亿千瓦·时、1296 亿千瓦·时，2015 年全社会用电量分别是 801 亿千瓦·时、1406 亿千瓦·时，五年间年均增速分别是 4.4%和 1.6%。再者表 8-4 显示 2030 年安徽的人均用电量约为 6129千瓦·时/人，略高于上海 2015 年的人均用电量。由表 8-5 知，这里预测的结果为2030～2050 年安徽省全社会用电量年均增速约为 2.4%。对于 2050 年的人均用电量横向对比（表 8-6）可以发现 2050 年安徽省人均 GDP 达到 3.1 万美元，高于 2013年的韩国，相当于经济合作与发展组织（Organization for Economic Co-operation and Development，OECD）国家 2013 年的平均值。韩国是典型的外向型经济体，其第二产业占比在 OECD 国家中处于靠前的位置，因此对应较高的人均用电量。随着社会生产生活的电气化发展趋势，可以预计电力将获得更为广泛的应用，由

表 8-6 知，根据模拟的结果，2050 年安徽省人均用电量大约略高于 OECD 国家 2013 年的水平。图 8-5 显示了发达国家人均电力消费和人均 GDP 的历史演变，发现发达国家人均电力消费量在人均 GDP 达到 3.5 万美元之前基本上处于一直上升的情形，人均 GDP 在 4 万美元左右时，人均电力消费量基本上达到高位的平台。

表 8-4　2030 年人均用电量横向对比

对比	上海（2015 年）	天津（2015 年）	安徽（2030 年）
人均 GDP/万元	10.3	10.9	10.6
人均用电量/(千瓦·时/人)	5819	5175	6129

注：此处 2030 年安徽人均用电量为模拟的全社会用电量与人口的比，安徽人均 GDP 采用前面对安徽省的模拟结果。上海与天津 2015 年数据来源于 CEIC 数据库。

表 8-5　安徽省分时期电力需求增速模拟　　　　　（单位：%）

时间段	增速
2015～2020 年	6.8
2020～2030 年	5.0
2030～2050 年	2.4

表 8-6　2050 年人均用电量横向对比

对比	OECD 平均（2013 年）	韩国（2013 年）	安徽（2050 年）
人均 GDP/万美元	3.8	2.6	3.1
人均用电量/(千瓦·时/人)	8034	10428	8545

注：OECD 和韩国的数据来自于世界银行数据库；2050 年安徽人均用电量为预测的全社会用电量与人口的比，安徽人口采用前面对安徽省的预测结果。

　　对于能源消费结构的模拟，目前能源经济领域较为流行的方法是采用马尔可夫模型进行模拟，详见 6.2.2 节。

　　在一次能源消费结构分析中，转移矩阵中的行元素表示该类能源在一次能源消费结构份额的保留与转移出去的概率；列元素表示该类能源所占结构份额的保留概率，以及其他类能源向消费本类能源转移的概率。

　　具体地，参考林伯强和李江龙[①]的研究，采用马尔可夫链的转移概率矩阵，得到历史的能源消费结构转移矩阵。从 n 时刻到 $n+T$ 时刻，厂商和消费者选择从消费一种能源转移到消费另一种能源的可能性大小，就是转移概率。以对煤

---

① 林伯强，李江龙. 环境治理约束下的中国能源结构转变——基于煤炭和二氧化碳峰值的分析[J]. 中国社会科学，2015（9）：84-107.

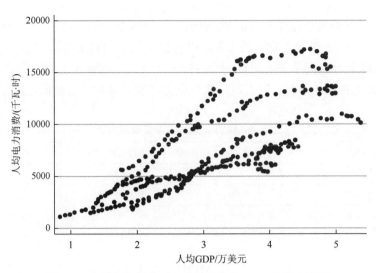

图 8-5　发达国家人均电力消费和人均 GDP 的历史演变

注：本图选择美国、英国、法国、日本、加拿大和澳大利亚 1960～2013 年的人均电力消费和人均 GDP（2010 年
　　美元不变价格）。数据来源为世界银行数据库

炭、石油、天然气和非化石能源之间的转移概率为元素，形成安徽省能源结构
该时段的马尔可夫链中的转移概率矩阵：

$$P = \begin{bmatrix} p_{c \to c}(n) & p_{c \to o}(n) & p_{c \to g}(n) & p_{c \to r}(n) \\ p_{o \to c}(n) & p_{o \to o}(n) & p_{o \to g}(n) & p_{o \to r}(n) \\ p_{g \to c}(n) & p_{g \to o}(n) & p_{g \to g}(n) & p_{g \to r}(n) \\ p_{r \to c}(n) & p_{r \to o}(n) & p_{r \to g}(n) & p_{r \to r}(n) \end{bmatrix} \qquad (8\text{-}11)$$

其中，c 表示煤炭；o 表示石油；g 表示天然气；r 表示非化石能源；$p_{c \to o}(n)$ 表示
从煤炭到石油的转移概率。

　　在转移概率矩阵 P 中，主对角线上的元素表示四种一次能源消费保持原有份
额的概率（保留概率），主对角线以外的元素为转移概率，转移矩阵的每一行之和
等于 1。用马尔可夫链预测模型进行结构演变预测，关键在于确定转移概率矩阵 P。
在给定 2010 年和 2015 年能源结构的基础上，计算转移概率矩阵 P 的步骤如下。

　　（1）计算保留概率元素值。当能源结构从 n 时刻转移到 $n + T$ 时刻时，如果
一种能源的消费份额增加，则这种能源在 P 中的保留概率为 1，如果份额减小，
则其保留概率为：保留概率 = n 时刻的份额/($n + T$ 时刻的份额)。

　　（2）确定保留概率为 1 的元素所在行的转移概率元素值。若该行的保留概率
元素为 1，则说明该行代表的能源消费份额不变或增加，所以不存在向其他能源
转移的可能性，而且根据前面的设定，转移概率矩阵的每行元素之和等于 1。因
此，该行的转移概率元素值都是 0。

（3）确定保留概率小于 1 的元素所在列的吸收概率元素值。若某列的保留概率元素值小于 1，说明该列所代表的能源消费份额在减少，所以不存在从其他能源吸收份额的可能性，因此，该列的吸收概率元素值都是 0。

（4）确定保留概率小于 1 的元素所在行的非零转移概率元素值。假定煤炭的保留概率小于 1，那么可以采用式（8-12）进行计算：

$$\left.\begin{array}{l} p_{c \to c}(n) < 1 \\ p_{c \to o}(n) \neq 0 \\ p_{c \to g}(n) \neq 0 \\ p_{c \to r}(n) \neq 0 \end{array}\right\} \Rightarrow$$

$$\begin{cases} p_{c \to o}(n) = \dfrac{[1 - p_{c \to c}(n)] \times [s_o(n+T) - s_o(n)]}{[s_o(n+T) - s_o(n)] + [s_g(n+T) - s_g(n)] + [s_r(n+T) - s_r(n)]} \\[3mm] p_{c \to g}(n) = \dfrac{[1 - p_{c \to c}(n)] \times [s_g(n+T) - s_g(n)]}{[s_o(n+T) - s_o(n)] + [s_g(n+T) - s_g(n)] + [s_r(n+T) - s_r(n)]} \\[3mm] p_{c \to r}(n) = \dfrac{[1 - p_{c \to c}(n)] \times [s_r(n+T) - s_r(n)]}{[s_o(n+T) - s_o(n)] + [s_g(n+T) - s_g(n)] + [s_r(n+T) - s_r(n)]} \end{cases} \quad (8\text{-}12)$$

根据前面的几个步骤，可以计算出安徽省从 2010 年到 2015 年能源结构的转移概率矩阵 P，使 $S(2015) = S(2010) \cdot P$，再设 $\Omega = (P)^{1/5}$，根据 $S(n+1) = S(n) \cdot \Omega$，则可以算出能源结构随着时间的演变过程。安徽 2010 年和 2015 年能源结构如表 8-7 所示。

表 8-7　安徽能源结构历史情形　　　　　（单位：%）

年份	煤炭	石油	天然气	非化石能源
2010	82.1	13.3	2.1	2.5
2015	77.1	16.2	3.7	3.0

注：2010 年能源结构（与按照实物量和标准煤系数折算的数据有少许差异）来自于《安徽省"十二五"能源发展规划》，2015 年能源结构中水电等其他非化石能源占比数据来自于"十三五"规划纲要，化石能源消费占比数据按照实物量数据和标准煤系数计算估计得到。

按照前面所述的转移概率矩阵预测方法，可以得到 2020～2050 年能源结构的模拟结果，如表 8-8 所示。

表 8-8　自然演化情形下安徽省能源结构模拟　　　　　（单位：%）

年份	煤炭	石油	天然气	非化石能源
2020	72.40	18.92	5.20	3.47
2025	67.99	21.48	6.61	3.91

续表

年份	煤炭	石油	天然气	非化石能源
2030	63.85	23.88	7.94	4.32
2050	49.70	14.20	12.50	23.60

注：数据为根据历史情形预测的结果。

按照"十三五"规划纲要，安徽省在 2020 年设定的目标中非化石能源在能源结构中占比约为 5.5%，而天然气的消费量在 2020 年达到 80 亿立方米，实际上 2014 年安徽省天然气消费为 34.5 亿立方米，根据安徽省天然气消费的历史情况，2010～2014 年历年天然气消费增速分别是 28.4%、60.6%、23.6%、11.7%、23.9%，预计在雾霾等环境问题治理压力下对清洁能源需求会进一步升高，同时中国与中亚和俄罗斯的油气合作、液化天然气（liguefied natural gas，LNG）基础设施的完善、非常规油气开采技术的日渐成熟，将给天然气供给提供有力的保障，预计 2020 年的天然气消费会高于规划值，达到 91.5 亿立方米，这样可以得出规划条件下 2020 年天然气消费占比将达到 7.4%，同时保持石油的消费占比与自然演化情形下相同，这样可以得到煤炭在 2020 年的消费占比是 68.2%，如表 8-9 所示。

表 8-9　"十三五"规划纲要下 2020 年能源结构模拟　　（单位：%）

年份	煤炭	石油	天然气	非化石能源
2015	77.1	16.2	3.7	3.0
2020	68.2	18.9	7.4	5.5

对于 2050 年的能源结构模拟在 2020 年模拟结果的基础上，参照各个机构关于中国的能源结构模拟进行类比得出，如表 8-10 所示。

表 8-10　2050 年中国能源结构模拟　　（单位：%）

年份	煤炭	石油	天然气	非化石能源
2050	37	14	18	31

中国石油经济技术研究院发布的关于 2050 年的中国能源结构如表 8-10 所示。2015 年由国家发改委能源研究所发布的《中国 2050 高比例可再生能源发展情景暨路径研究》中提到高比例可再生能源的情景："在 2050 年可再生能源在一次能源消费中的比例达到 60%以上"，然而对于安徽省而言，预计其可再生能源的利用在 2050 年难以达到上述情景，主要原因是安徽省经济社会发展水平落后于全国平均水平，加上可再生能源的品位不高，面临着以下问题。

　　首先是水电，目前安徽省可利用的常规水电资源已经基本开发完毕；其次是风电资源极为有限，风电技术是目前最为成熟的可再生能源技术之一，安徽全省风能资源满足 70 米高度风速 5.5 米/秒，年等效利用小时数在 1700 小时以上的风资源为 200 万～300 万千瓦，按照"十三五"规划纲要，目前已经规划在建的风电装机容量基本达到 258 万千瓦，按照目前的技术水平和补贴政策，可以开发的所剩无几；再次是光伏资源，安徽省太阳能年辐射总量为 4400～5000 兆焦/米^2，自南向北逐渐增加，属于全国太阳能资源三类地区，发电平均年等效利用小时为1100 小时，光伏品位不高；最后是农林生物质和垃圾发电的规模也比较有限。此外，不可忽略的因素为安徽省的经济社会发展水平在全国仍然较低。2014 年全国人均 GDP 为 4.66 万元，安徽省是 3.44 万元，仅占全国的 73.8%，经济发展水平的相对滞后使安徽省无法承受高的可再生能源转换成本，只有在可再生能源技术成熟的条件下，其大规模应用才能够逐渐推广，在此之前，煤炭为主的化石资源仍将在相当一段时间内是安徽省的主要能源供给，一旦燃煤火电装机建设完毕，将在其寿命周期内锁定相应数量的煤电消费，这在一定程度上使一次能源结构更多地转向可再生能源受到限制。

　　国内外部分机构对于 2050 年中国可再生能源的比例的预测结果如下：清华大学-麻省理工学院中国能源环境项目预测 2050 年在持续努力的情境下，中国非化石能源占一次能源消费比例将从 2020 年的 15%增加到 2050 年的 26%；中石油技术经济研究院的研究认为 2050 年中国可再生能源的比例约为 31%；《中国 2050 高比例可再生能源发展情景暨路径研究》中提到高比例可再生能源的情景，在 2050 年可再生能源在一次能源消费中的比例达到 60%以上。此外，美国能源信息署发布的《年度能源展望 2015》中，对 2040 年的美国能源结构预测，其中核电和可再生能源占比一共达到 18%。基于众多研究资料的对比，结合安徽省的可再生能源资源禀赋和经济社会不能够承受高能源成本的现实，但同时考虑到雾霾等环境问题治理下的清洁化发展要求，对于安徽省历年能源结构的模拟如表 8-11～表 8-13 所示。

表 8-11　历年能源结构模拟（情形 1）　　　　　　（单位：%）

年份	煤炭	石油	天然气	非化石能源
2015	77.10	16.20	3.70	3.00
2020	68.18	18.92	7.40	5.50
2025	60.29	21.33	10.67	7.71
2030	53.32	23.45	13.57	9.67
2050	32.60	14.00	17.50	35.90

　　注：情形 1 为高比例非化石能源的情形，2015 年为按照不同品种能源消费实物量进行估计的值，2016 年之后为根据"十三五"规划纲要预测的结果；2050 年的预测为考虑安徽省能源资源禀赋和经济社会现状给出的结果。

表 8-12　历年能源结构模拟（情形 2）　　　　（单位：%）

年份	煤炭	石油	天然气	非化石能源
2015	77.10	16.20	3.70	3.00
2020	68.64	18.92	6.94	5.50
2025	61.12	21.36	9.81	7.71
2030	54.42	23.54	12.38	9.67
2050	36.93	14.00	17.75	31.32

注：情形 2 为情形 1 和情形 3 的中间情况。

表 8-13　历年能源结构模拟（情形 3）　　　　（单位：%）

年份	煤炭	石油	天然气	非化石能源
2015	77.10	16.20	3.70	3.00
2020	69.11	18.92	6.47	5.50
2025	61.95	21.39	8.96	7.71
2030	55.53	23.62	11.18	9.67
2050	41.26	14.00	18.01	26.74

注：情形 3 为按照基准的规划情形设定的情况，其中石油的比例保持与情形 1 相同。

对于化石能源而言，产生单位热值的热量，煤炭燃烧所放出的污染物最多，温室气体排放因子也高于其他化石能源。在治理雾霾等环境问题的要求下，煤炭的比例需要逐步降低，而石油消费的增加主要是交通运输和物流业的快速发展，加上汽车保有量的快速增加所导致的，然而中国的石油储备并不丰富，出于能源安全和环境的考虑，未来电动汽车将获得大规模的推广，电能替代油品消费成为交通用能的主要来源，相应的石油消费在一次能源中的占比将有所减少。天然气属于清洁的化石能源，然而毕竟其也是重要的碳排放来源之一，与可再生能源相比不够气候友好，所以 2030 年之后天然气在能源结构中的比例增加得较为缓慢。

比较规划条件（情形 1）下和自然演化情形下各能源品种在一次能源结构中的比例，可以发现规划条件下煤炭消费占比 2020 年是 68.18%，2025 年是 60.29%，2030 年是 53.32%，对应的自然演化情形下 2020 年是 72.40%，2025 年是 67.99%，2030 年是 63.85%，规划条件下 2020 年煤炭消费减少 4.22 个百分点，2025 年减少 7.7 个百分点，2030 年减少 10.53 个百分点；规划条件下，天然气消费 2020 年占比为 7.40%，2025 年占比为 10.67%，2030 年占比为 13.57%，自然演化情形下 2020 年占比为 5.20%，2025 年占比为 6.61%，2030 年占比为 7.94%，规划条件下比自然演化情形下 2020 年天然气消费增加 2.2 个百分点，2025 年增加 4.06

个百分点，2030 年增加 5.63 个百分点。水电等非化石能源消费占比在规划条件下 2020 年是 5.50%，2025 年是 7.71%，2030 年是 9.67%，对应的自然演化情形下 2020 年是 3.47%，2025 年是 3.91%，2030 年是 4.32%，规划状态下水电等非化石能源消费占比分别有所提高，2020 年提高 2.03 个百分点，2025 年提高 3.80 个百分点，2030 年提高 5.35 个百分点。根据"十三五"规划纲要，发展清洁能源和提高天然气消费所占比例能够显著地降低安徽对于煤炭的依赖程度，相应地使用更为清洁的天然气，以及可再生清洁能源可以减少二氧化碳等温室气体的排放。煤炭相对而言是较不清洁的化石能源，在使用过程中往往伴随着较高的粉尘、二氧化硫、氮氧化物的排放，通过增加清洁能源所占比例，可以有力地促进空气污染等的防治。

分行业看各个产业部门对于能源的消耗情况，表 8-14 显示了近年来安徽省主要产业部门能耗比例。主要呈现出以下的特点：一是农业能耗占比基本呈现出下降的态势，主要是农业能耗除了农业机械化进程的推进因素，也受气候等因素的影响，农业在整个国民经济中所占的比例有不断下降的趋势，其他产业部门活动更快速度的增加在总量上需要消耗更多的能源，农业能耗占比被动下降；二是工业消费占比有一定程度的下降，轻工业从 2010 年的 6.14% 下降到 2015 年的 5.45%，重工业从 2010 年的 67.57% 下降到 2015 年的 63.26%，轻工业下降了 0.69 个百分点，重工业占比下降了 4.31 个百分点。建筑业 2010 年能耗占比为 1.48%，随后呈现出一定程度的增长，2015 年为建筑业能耗占比仅为 1.70% 增长了 0.22 个百分点。对交通运输邮政而言，2010 年占比为 6.95%，2015 年占比为 8.53%，基本呈现出稳步增加的态势，一方面是由于物流业的快速发展，城际交通越来越便捷，另一方面也与不断增加的汽车保有量有关系。居民生活所占的能耗比例稳步增加，从 2010 年的占比 10.76% 增加到 2015 年的 12.52%，5 年时间增长了 1.76 个百分点。居民生活能耗主要包括了终端生活电力消费和汽车油品等的消费，随着居民可支配收入的增加，生活水平越来越高，中国已经成为世界上最大的汽车市场之一，每年新增的汽车保有量在全国范围内超过 2000 万辆，而中国每千人汽车保有量仍没有达到 200 辆，与欧美、日本等发达国家相比具有较大的差距，安徽在中国各省份的经济地位决定了其未来汽车保有量的进一步攀升也将持续地增加交通运输邮政和居民生活的能耗占比。批发、零售、住宿、餐饮等服务业的能耗从 2010 年的 1.84% 增加到 2015 年的 2.57%，增加了 0.73 个百分点。其他部门主要涉及的是计算机软件服务、科教文卫事业的能源消费，从 3.12% 增加到 4.18%，增加了 1.06 个百分点，这些科教文卫事业和生产性服务业随着经济规模整体的扩大，能耗基本稳步增高。随着技术服务业的快速发展和经济结构的战略转型，可以预计在未来服务业能耗比例也将有进一步的增加。

表 8-14　安徽省近年来主要产业能耗比例　　　　（单位：%）

年份	农业	轻工业	重工业	建筑业	交通运输邮政	批发、零售、住宿、餐饮	其他	居民生活
2010	2.14	6.14	67.57	1.48	6.95	1.84	3.12	10.76
2011	2.06	5.60	67.50	1.55	6.86	2.31	2.91	11.21
2012	1.97	5.29	66.10	1.60	7.66	2.59	3.28	11.49
2013	2.00	5.68	63.95	1.64	8.05	2.62	3.60	12.45
2014	1.89	5.38	64.22	1.66	8.63	2.40	3.86	11.96
2015	1.79	5.45	63.26	1.70	8.53	2.57	4.18	12.52

资料来源：《安徽统计年鉴 2016》。

　　根据前面类似的方法，结合经济中各产业的发展趋势和"新常态"下经济结构中第三产业的比例越来越高，第二产业所占比例逐步下降，以及人均 GDP 的提高所带来的新的消费风尚等的变化，可以预计未来居民生活和服务业的能耗在总能耗中所占比例将进一步增加，模拟得到的各个产业部门和居民生活的能耗在总能耗中所占比例如表 8-15 所示。模拟的结果显示，农业消耗占比总体上呈现出下降趋势，第二产业能耗比例总体上也呈现出下降趋势。

表 8-15　安徽省未来各产业能耗比例模拟　　　　（单位：%）

年份	农业	轻工业	重工业	建筑业	交通运输邮政	批发、零售、住宿、餐饮	其他	居民生活
2020	1.67	5.09	59.06	1.59	10.00	3.02	4.90	14.67
2025	1.56	4.75	55.15	1.48	11.37	3.43	5.58	16.68
2030	1.46	4.44	51.49	1.38	12.65	3.82	6.20	18.56
2050	1.11	3.37	39.13	1.05	16.98	5.13	8.33	24.92

　　根据各行业占比的结构及全省一次能源消费的总量变动趋势可以得到各行业能源消费的模拟值如表 8-16 所示。可以看出，根据预计的结果，农业、轻工业、重工业和建筑业的能源消费均有略微的增长；中国也由于基数比较大看起来增长的绝对量较多。交通运输邮政的能源消费可以翻倍，批发、零售、住宿、餐饮，其他部门，居民生活的能源消费也基本上翻倍。未来能源消费的增长将主要来自于第三产业的增长和居民生活的增长，其中服务业规模的扩大和汽车保有量的增加所推动的居民生活能源消费的快速增长是最主要的推动力。

表 8-16　各行业能源消费模拟　　　　（单位：万吨标准煤）

年份	农业	轻工业	重工业	建筑业	交通运输邮政	批发、零售、住宿、餐饮	其他	居民生活	合计
2020	251.2	763.9	8866.4	238.0	1500.8	453.1	736.0	2202.5	15011.8

续表

年份	农业	轻工业	重工业	建筑业	交通运输邮政	批发、零售、住宿、餐饮	其他	居民生活	合计
2025	273.9	833.0	9667.6	259.5	1993.1	601.8	977.4	2925.0	17531.2
2030	288.1	876.1	10168.2	272.9	2498.2	754.3	1225.1	3666.2	19749.0
2050	253.5	770.9	8947.3	240.1	3882.4	1172.2	1903.9	5697.7	22867.9

从全省用电结构来看，图 8-6 显示了各产业用电所占比例变动的历史情形，可以看出工业用电所占比例最大，农业用电占比从 2000 年以后快速减少，服务业、建筑业和居民生活用电比例在近年来，特别是 2008 年金融危机发生之后稳步增加。表 8-17 对图 8-6 主要年份的数据进行了更为详细的展示。农业用电从 2000 年的占比 6.29%减少到 2005 年的 2.02%，2015 年基本维持在 1.03%的水平，工业用电占比呈现出了先增加后减少的情况，2000 年为 70.30%，2005 年为 74.10%，2010 年为 72.10%，2015 年为 69.08%。建筑业用电所占比例先减少后增加，2000 年占比约为 1.11%，2015 年占比约为 1.54%。服务业用电所占比例有了较大的提高 2000 年仅为 6.66%，2005 年为 7.62%，2010 年为 9.29%，2015 年为 13.04%，居民生活用电所占比例基本上处于波动状态。

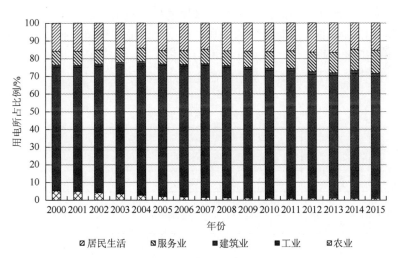

图 8-6　安徽省各产业用电所占比例变动的历史情形

资料来源：安徽电网

表 8-17　安徽省近年来电力消费结构情形　　　　　　　（单位：%）

年份	农业	工业	建筑业	服务业	居民生活
2000	6.29	70.30	1.11	6.66	15.65

续表

年份	农业	工业	建筑业	服务业	居民生活
2005	2.02	74.10	0.84	7.62	15.42
2010	1.10	72.10	1.37	9.29	16.14
2013	1.10	69.18	1.62	11.47	16.63
2014	0.94	70.71	1.57	12.00	14.78
2015	1.03	69.08	1.54	13.04	15.32

资料来源：《安徽统计年鉴 2016》。

从前面的分析出发可以得出各个行业的用电量和电力消费在全社会用电量中所占的比例分别如表 8-18 所示。从结构上来看，农业用电占比在 2030 年相比有了一定程度的下降，工业用电比例也有所下降，而服务业和居民生活用电则有所上升。随着人均收入水平的提高，预计未来的汽车保有量将快速增长，国家为了保障石油安全，同时防治大气污染，会大力促进电动汽车产业的发展。而中国汽车市场正处在快速增长的过程中，预计未来电动汽车的大量投入使用将伴随着家庭用电消费的快速增长，从而拉动居民生活用电在全社会用电量中所占的比例。相关研究资料表明，重工业单位产值的电力消耗约是服务业单位产值电力消耗的 7 倍，未来第三产业比例的提高和产业规模的扩大将引起总体上能源消费的快速增加，但有相当一部分能源消费的增加是由于物流业、仓储和邮政等行业的油品消费，而由于服务业单位产值较低的电力消耗，其总体上经济规模的快速增加引起的电力消费在全社会能源消费中所占比例的提高是有一定限度的。

表 8-18　安徽省电力消费结构模拟　　　　　　　　（单位：%）

年份	农业	工业	建筑业	服务业	居民生活	合计
2020	0.99	66.39	1.48	14.32	16.82	100.00
2025	0.95	63.81	1.42	15.55	18.27	100.00
2030	0.91	61.32	1.36	16.74	19.67	100.00
2050	0.78	52.31	1.16	21.03	24.71	100.00

表 8-19 显示了模拟的各行业电力消费的增长绝对量情况。可以看出到 2030 年，工业、服务业、居民生活的电力消费增长快速。工业的电力消费从 2015 年的 1132.8 亿千瓦·时，增长到 2020 年的 1512.1 亿千瓦·时，2025 年进一步达到 1900.4 亿千瓦·时，2030 年则进一步达到 2270.7 亿千瓦·时，虽然工业用电量增速显著地低于服务业和居民生活用电量的增速，然而由于其巨大的基础体量，其绝对量的增长依然较大。

表 8-19　安徽省各行业电力消费模拟　　　（单位：亿千瓦·时）

年份	农业	工业	建筑业	服务业	居民生活	合计
2015	16.8	1132.8	25.2	213.7	251.2	1639.8
2020	22.5	1512.1	33.7	326.2	383.1	2277.6
2025	28.3	1900.4	42.3	463.1	544.1	2978.2
2030	33.7	2270.7	50.4	619.9	728.4	3703.0
2050	46.5	3115.9	69.1	1252.7	1471.9	5956.1

注：2015 年为真实消费量，以后年份来自于模拟的结果。

　　根据模拟的生活用电量和人口，可以得到主要年份的人均生活用电量，如表 8-20 所示，2050 年安徽省人均生活用电量为 2111 千瓦·时/人。对比安徽省 2050 年人均生活用电量和部分发达国家的情况，可以发现 2050 年安徽省的人均生活用电量高于英国 2011 年的水平，与日本和法国 2011 年的水平相当。未来随着生产生活的进一步电气化发展，人们的生活将更加依赖于电能。这里 2050 年人均生活用电量的水平较高主要是由于以下几个方面。

表 8-20　安徽省主要年份人均生活用电量模拟

年份	2015	2020	2025	2030	2050
人均生活用电量/(千瓦·时/人)	356	611	848	1115	2111

注：人均用电量为模拟的全社会生活用电量与人口的比，安徽人口采用来自正文中对安徽省的模拟结果。

　　（1）考虑到未来电动汽车的大范围普及应用带来家庭用能中电力对于油品的替代。中国目前千人汽车保有量仅为 110 辆左右，日本略少于 600 辆，美国为 800 辆左右，中国的汽车市场仍然有较大的增长空间，由此燃油消费量会随着汽车保有量的增加而进一步攀升，给降低石油对外依存度带来更大的挑战。从能源安全和环境治理的角度出发，推广电动汽车是政府的重要能源政策之一。安徽省社会经济发展低于全国平均水平，未来汽车保有量的增长必将带来石油消费占比的快速攀升。2015 年石油在一次能源消费中占比为 16.20%，规划条件中预测 2030 年为 23.45%，2050 年为 14%。这里石油占比的大幅度下降主要考虑到未来电动汽车的推广，使家庭能源消费中电力所占比例越来越高，这是人均生活用电量从 2030 年到 2050 年有加大增长的主要原因。

　　（2）安徽省地处秦岭淮河一带，处于中国南方和北方的分界线附近，并没有大范围地推广集中供暖。未来，随着人们收入和生活水平的上升，对于生活舒适性的要求越来越高，预计供暖需求将引起生活电力消费较大程度的增加，图 8-7 显示，典型美国家庭的供暖需求将占到家庭用能总量的 41%，预计随着生活水平的提高，安徽省未来供暖需求将是引起生活用电量增加的重要因素之一。

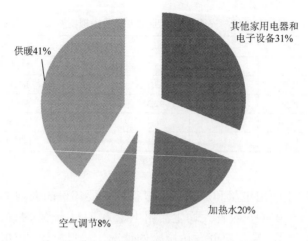

图 8-7　典型美国家庭用能结构

资料来源：美国能源局

（3）电力具有清洁方便的特点，电气化是人类社会的发展趋势，法国在 2011 年人均生活用电量已经达到 2282 千瓦·时/人，可以预计 40 年后的安徽省达到并略微超过这一值是很有可能的。图 8-8 显示了部分发展中国家与发达国家在加热和制冷之外家庭能源消费的情形（平均来说，加热和制冷电力消费一般在家庭用电总量的 20% 以上），可以看出中国整体水平与发达国家相比，当时依然处于靠下方

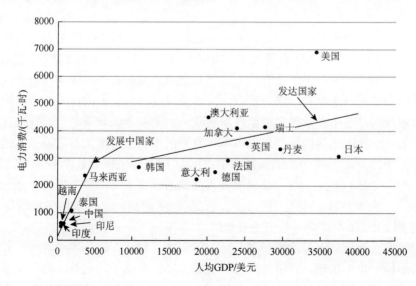

图 8-8　部分发达国家与发展中国家在加热和制冷之外家庭电力消费与人均 GDP 的关系

此图为 2000 年数据，引自 Hidetoshi N，Chiharu M，Yumiko I. International comparison of household energy consumption and its indicator. Jyukankyo Research Institute，2008

的位置。而且发达国家和发展中国家人均电力消费与人均 GDP 有着不同的关系（图 8-8 中，两条线的斜率截然不同），因此单纯地以现阶段发展中国家的情形来推测未来的情形可能具有一定的片面性，需要参考发达国家的发展历程来给出更合理的推断，部分发达国家的情形如表 8-21 所示，这里安徽省在 2050 年的消费量与发达国家的历史发展情形是近似的。

表 8-22 显示了近年来安徽省最大用电负荷的历史情况——从 2001 年的 660.5 万千瓦增长到 2005 年的 1055.0 万千瓦，进一步增加到 2010 年的 1994.7 万千瓦，到 2015 年则达到 3150.0 万千瓦，从 2005 年以来，每五年增加的最大用电负荷约为 1000 万千瓦。最大用电负荷最为明显的特征是随着全社会用电量的增长而增长，其主要推动因素来源于经济社会发展所导致的电力需求的增长。

表 8-21　2050 年安徽省人均生活用电量与部分发达国家横向对比

对比	新西兰（2011 年）	澳大利亚（2011 年）	法国（2011 年）	日本（2011 年）	英国（2011 年）	安徽（2050 年）
人均 GDP/万美元	3.8	6.2	4.4	4.6	3.8	3.1
人均生活用电量/(千瓦·时/人)	2912	2723	2282	2270	1779	2111

注：新西兰、澳大利亚、法国、日本、英国的数据均为 2011 年的数据，来源于世界银行数据库和 IEA；2050 年安徽人均生活用电量为模拟的全社会生活用电量与人口的比，安徽人口采用正文中对安徽省的模拟结果。

表 8-22　安徽省最大用电负荷的历史情况

年份	全社会用电量/(亿千瓦·时)	最大用电负荷/万千瓦
2001	359.1	660.5
2002	390.3	737.7
2003	444.1	826.9
2004	516.6	909.6
2005	581.6	1055.0
2006	662.4	1209.7
2007	768.7	1377.3
2008	858.9	1433.0
2009	952.3	1718.0
2010	1077.9	1994.7
2011	1221.2	2130.0
2012	1361.1	2425.0
2013	1528.1	2830.0
2014	1585.2	2930.0
2015	1639.8	3150.0

资料来源：安徽电网。

从最大用电负荷和全社会用电量的比发现，二者的比值在 2001～2015 年基本维持在 1.8 左右，而 2001～2005 年的均值为 1.833，2006～2010 年的均值为 1.788，2011～2015 年的平均值为 1.829，可以看出呈现典型的"两头大，中间小"的分布规律，与此相对应的是电力需求中各个产业部门之间的此消彼长，对照各个产业电力消费量在全社会用电量中的比例，可以发现工业用电比例为 70.3%，2005 年该比例进一步增加到 74.1%，2010 年则减少到 72.1%，2014 年则为 70.7%。可以发现工业用电比例越高，最大用电负荷与全社会用电量的比越小，主要原因在于，为了缩减成本，减少由重新启动生产准备环节带来的各种不方便，工业生产活动一般是连续进行的，反映在用电负荷中，则表现出较为平滑的负荷曲线；而服务业用电和居民生活用电由于人们一天当中作息时间等的变动而在每天当中对用电负荷呈现出较为明显的波峰和波谷交替出现的态势。不考虑经济周期等较为宏观因素的影响，用电负荷曲线在每天的变动主要是服务业和居民生活用电所造成的。从这种意义上来说，随着服务业用电量和居民生活用电量在全社会用电量中所占比例的增高，最大用电负荷与全社会用电量的比也将出现一定程度的升高。

最大用电负荷与全社会用电量的比的波动区间为 1.67～1.92，其中 2008 年达到最低点为 1.67，主要原因在于经济危机对经济活动的严重影响，最高的年份是 2015 年的 1.92。除去经济危机年份中较低的异常值，次低的为 2011 年的 1.74。另外 2012 年也较低，国家大力推动的铁路等基础设施建设大幅度推广，拉动工业产出快速增长，因此工业用电比例相对较高，建筑业用电快速增长，导致最大用电负荷和全社会用电量的比一度下降到区间的低点。而 2015 年工业用电比例进一步下降，从图 8-9 可以看出建筑业、工业用电增速也快速下滑，相对的服务业用电快速增长，居民生活用电增长也快速抬头，用电"轻型化"快速发展。综上所述，最大用电负荷和全社会用电量的比会随着居民生活用电和服务业用电的快速增长而增加，也就是说，用电"轻型化"的发展将导致该比值增大。

根据前面各个产业部门中电力消费比例的预测结果，2030 年工业用电比例为 64.72%，服务业用电比例为 14.78%，居民生活用电比例为 18.21%，而 2014 年这三个部门用电比例分别是工业 70.71%、服务业 12.00%、居民生活用电 14.78%。可以看出到 2030 年服务业用电和居民生活用电将进一步快速增长，在全社会用电中两者的总比例也将有进一步的增加，对应的工业用电比例则有所下降，这意味着用电"轻型化"将进一步发展。结合以往年份中这些主要部门用电比例的变动趋势和最大用电负荷与全社会用电量的比之间的关系，大致可以预计未来最大用电负荷与全社会用电量的比将有一定程度的增长。而近年来，经济发展进入"新常态"，国家推出产业结构的战略调整，工业增长较缓慢，服务业快速增长，第

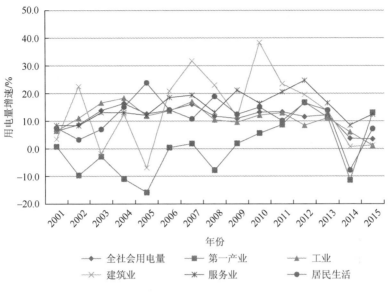

图 8-9　不同部门近年来用电量增速情况

三产业比例越来越高，而第二产业比例则有所下降，因此用电"轻型化"将进展较快。预计未来最大用电负荷和全社会用电量的比将进一步变大。

8.2　安徽远景能源电力供给预测

全球能源互联网背景下的能源电力需求，可以利用互联互通的特高压电网、能源网络，实现本省的能源电力需求由其他省份来提供，同时向外地供给本地富余的能源品种，此外对电力而言，可以基于满足基础负荷和调峰之间的需求在不同省份之间调剂余缺，实现电力资源的优化配置。因此互联互通背景下的能源电力供给和需求需要考虑到与其他省份及地区之间的调入与调出。安徽省作为内陆省份，几乎没有油气资源，油品消费主要来自外省调入和进口。可再生能源的资源禀赋有限，受限于水资源含量的匮乏，可供开采利用的常规水电资源目前已经基本开发完毕。表 8-23 显示了能源生产量和消费量的历史情况，2000 年能源生产量是 3426 万吨标准煤，消费量是 4879 万吨标准煤，生产量占消费量的比例为 70.4%，2010 年生产量与消费量基本持平，2015 年生产量为 9973 万吨标准煤，消费量则是 12332 万吨标准煤，生产量占消费量的比例是 80.9%。受能源资源禀赋的限制，安徽省未来的能源消费除了本省提供大部分煤炭生产、有限的清洁能源供给，仍然有相当一部分需要依靠外部调入和进口。

表 8-23　安徽省能源生产和消费的历史情况

年份	能源消费量/万吨标准煤	能源生产量/万吨标准煤	生产量占消费量的比例
2000	4879	3436	70.4%
2005	6506	6215	95.5%
2010	9707	9689	99.8%
2011	10570	10281	97.3%
2012	11358	10947	96.4%
2013	11696	10056	86.0%
2014	12011	9413	78.4%
2015	12332	9973	80.9%

资料来源：CEIC 数据库。

安徽省没有油气资源的生产，因此其油气供应均依赖于调入。表 8-24 显示了油气资源需要从其他省份调入的量。对于煤炭资源而言，其每年产量能够满足本省所需，一般不需要从外省调入。

表 8-24　外省调入油气资源模拟　　　　（单位：万吨标准煤）

年份	石油	天然气
2015	1998.7	456.5
2020	2840.2	1110.9
2025	3738.6	1870.9
2030	4631.6	2679.0
2050	3201.5	4001.9

注：2015 年为真实值，其他年份为模拟值，此表为高比例可再生能源情形下的计算结果。

一次能源中煤炭占据绝对优势，电力供给中火电占据绝对的优势。表 8-25 显示了安徽省 1998～2015 年水电和火电的发电情况，可以看出水电的发电量总体上增长很小，火电则出现了大幅度的增长。

表 8-25　1998～2015 年安徽省水电和火电的发电情况　　　（单位：十亿千瓦·时）

年份	水电	火电	年份	水电	火电
1998	1.38	29.89	2003	1.56	54.16
1999	1.25	29.85	2004	1.81	58.76
2000	0.46	35.09	2005	1.25	63.64
2001	0.93	38.12	2006	1.57	71.87
2002	1.36	45.52	2007	1.97	85.38

续表

年份	水电	火电	年份	水电	火电
2008	2.81	109.63	2012	1.96	174.41
2009	1.64	130.02	2013	3.41	192.84
2010	1.89	142.02	2014	4.15	195.61
2011	1.79	160.99	2015	3.09	195.47

表 8-26 显示了电煤消费占煤炭消费的比例关系，可以看出，煤炭在总能源结构中比例的逐步下降，电力消费的快速增长，导致电煤消费占煤炭消费比例的增长。2010 年电煤消费占煤炭消费的 35.9%，到 2015 年该比例增加到 43.2%，在五年之间增加了 7.3 个百分点，根据前面对能源消费总量和结构的预测，以及电力消费总量的预计，可以计算出 2020 年电煤消费占煤炭消费的比例约为 60.3%，2030 年该比例进一步达到 69.8%，2050 年为 67.3%。

表 8-26　约束情形下电煤消费情况模拟

年份	能源消费量/万吨标准煤	煤炭消费量/万吨标准煤	电煤消费量/万吨标准煤	电煤消费占煤炭消费比例/%
2010	9706.6	8367.1	3003.9	35.9
2015	12332.0	9473.4	4092.5	43.2
2020	15011.8	10235.0	5298.2	51.8
2025	17531.2	10569.9	6377.1	60.3
2030	19749.0	10529.5	7354.6	69.8
2050	22867.9	7454.9	5019.9	67.3

注：此表为高比例非化石能源情形下的计算结果。

2010 年和 2015 年的电源装机结构与发电利用小时数如表 8-27 和表 8-28 所示。2010 年燃煤火电装机容量为 2689 万千瓦，总体装机容量为 2933 万千瓦，燃煤火电装机容量占总装机容量的比例为 91.7%，火电装机占据绝对的优势。2015 年燃煤火电装机容量进一步快速增长到 4387.1 万千瓦，主要是因为以往年份中全社会用电量的快速增长趋势导致对电力消费增长有高的预期，电力相关投资在以往年份增速较高存在惯性。水电装机中常规水电在 2010 年是 101.4 万千瓦，抽水蓄能为 68 万千瓦，2015 年常规水电受限制于可经济开发利用的资源量而仅增长了 21.8 万千瓦，与此同时抽水蓄能电站建设则快速发展，增加了 100 万千瓦达到 168 万千瓦。风电和太阳能发电的发展从无到有经历了极为快速的增长，二者在 2015 年分别达到 135.5 万千瓦和 120.8 万千瓦。

表 8-27　安徽省装机结构变动　　　　　　（单位：万千瓦）

年份	燃煤火电	燃气火电	其他火电	常规水电	抽水蓄能
2010	2689.0	—	74.4	101.4	68.0
2015	4387.1	10.8	215.1	123.2	168.0
年份	风电	太阳能发电	生物质发电	合计	
2010	—	—	0.2	2933.0	
2015	135.5	120.8	—	5160.5	

资料来源：安徽电网。

表 8-28　安徽省 2015 年不同电源装机发电利用小时数

电源类型		平均发电设备利用小时数/小时
水电	水电整体	1682
	抽水蓄能	896
火电	火电整体	4550
	燃煤	4508
	燃气	5256
	其他	5373
风电		1700

资料来源：安徽电网。

为便于与全国情况对比，下面列出全国 2015 年的电力生产数据。2015 年全国电源装机和不同种类电源的设备利用小时数如表 8-29 所示，2015 年末全国发电装机容量为 150818 万千瓦，其中，火电装机容量为 99021 万千瓦；水电装机容量为 31937 万千瓦；核电装机容量为 2608 万千瓦；并网风电装机容量为 12934 万千瓦；并网太阳能发电装机容量为 4318 万千瓦。电源装机比例中水电为 21.2%，火电为 65.7%，核电为 1.7%，并网风电和并网太阳能发电占比分别为 8.6% 和 2.9%。2000～2015 年，水电和火电的发电利用小时数如图 8-10 所示，除了水电利用小时数有一定程度的增加，火电利用小时数不断地下降。

表 8-29　2015 年电源装机和发电利用小时数

参数	装机容量/万千瓦	比例/%	6000 千瓦及以上电厂发电利用小时数/小时
总发电装机容量	150818	100	3969
水电	31937	21.2	3621
火电	99021	65.7	4329
核电	2608	1.7	7350

续表

参数	装机容量/万千瓦	比例/%	6000 千瓦及以上电厂发电利用小时数/小时
并网风电	12934	8.6	1728
并网太阳能发电	4318	2.9	900

资料来源：根据国家能源局公布数据整理。

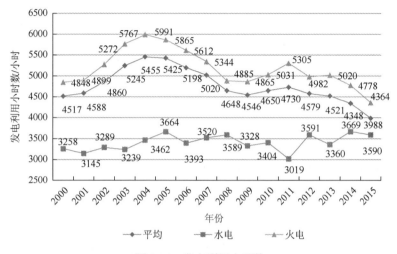

图 8-10　发电利用小时数

资料来源：历年《中国电力年鉴》

2015 年末燃气发电机装机 10.8 万千瓦，其中煤层气装机 10.1 万千瓦，沼气发电装机 0.6 万千瓦。其他发电装机包括余热、余压和余气发电装机 135.1 万千瓦，垃圾发电装机 23.5 万千瓦，农林生物质发电装机 56.6 万千瓦。燃煤火电中包括了煤矸石发电装机 243 万千瓦。

根据安徽省"十三五"规划发展纲要：推动能源技术创新，积极推进清洁能源替代和电能替代，加快煤电升级改造。对于煤炭的发展，规划到 2020 年，煤炭入选率达到 97%以上，电煤占煤炭消费比例达到 60%以上……同时有序发展燃煤火电，完成 30 万千瓦及以上燃煤发电机组的升级改造任务。到 2020 年，电力装机 8000 万千瓦。对于可再生能源发展，"十三五"期间，要新增新能源和可再生能源发电装机 1385 万千瓦。

对于光伏发电而言，安徽省太阳能年辐射总量为 4400～5000 兆焦/米^2，自南向北逐渐增加，属于全国太阳能资源三类地区，发电平均年等效利用小时为 1100 小时。截至 2016 年 5 月全省光伏并网容量为 232.1 万千瓦，合肥 93.6 万千瓦，六安 39.9 万千瓦，芜湖 35.4 万千瓦，宿州 23.6 万千瓦，亳州 17 万千瓦，阜阳 9.1 万千瓦，其余地市合计 13.5 万千瓦。此外，仍有在建光伏电站 23 个，容量为 66 万千瓦。规划 2020 年全省光伏规模达到 800 万千瓦，其中金寨光伏群 320 万千瓦，两淮采煤塌陷区光伏群 320 万千瓦，扶贫光伏约 90 万千瓦，其他类光伏群 70 万千瓦。

对于风电而言，全省风能资源满足 70 米高度风速 5.5 米/秒，年等效利用小时数在 1700 小时以上的风资源为 200 万～300 万千瓦，截至 2016 年 5 月，安徽全省风电已并网容量为 154.8 万千瓦，其中滁州市 77.9 万千瓦，安庆市 19.5 万千瓦，宿州市 14.8 万千瓦，合肥市 9.9 万千瓦，宣城市 9.8 万千瓦，马鞍山 9.7 万千瓦，芜湖市 9.6 万千瓦，六安市 3.6 万千瓦。在建风场有 25 个，容量为 129.3 万千瓦，按照规划 2020 年全省风电规模将达到 260 万千瓦，目前已经投产和核准在建的风电装机规模已经超过了规划的容量。

对于核电建设，安徽的内陆核电研究工作早已经开展，多方论证的主要核电选择地址有：董公山厂址、芭茅山厂址和吉阳厂址，各厂址规划装机容量均为 4×100 万千瓦级，芭茅山具体规划装机容量为 4×125 万千瓦，其他两个厂址也按此装机容量考虑，基本上核电站均按照两期建设，一期工程 2×125 万千瓦。日本福岛核事故的发展，导致了公众对于核电发展安全性的担忧，因此安徽省的内陆核电建设计划被一度搁置。

对于水电的发展而言，安徽省常规水电资源并不丰富，常规水电理论蕴藏量为 160 万千瓦，经济可开发量为 120 万千瓦，目前常规水电资源已基本开发完毕。而抽水蓄能电站可以选择的站址资源丰富，从普查资料看，具有开发价值的站址共 27 处，装机容量为 2825 万千瓦，其中装机容量超过 100 万千瓦且水头高于 300 米的有 13 处，装机容量为 1815 万千瓦。截至 2015 年底，安徽省抽水蓄能电站共 3 座，其中：响水涧为 4×25 万千瓦、琅琊山为 4×15 万千瓦、响洪涧为 2×4 万千瓦，总装机容量为 168 万千瓦，省内抽水蓄能资源开发利用还有很大的提升空间。绩溪抽水蓄能电站（6×30 万千瓦）、金寨抽蓄电站（4×30 万千瓦）两个站址被国家能源局批准列为安徽省 2020 年新建抽水蓄能电站推荐站点，目前正在开工建设，预计绩溪抽水蓄能电站 2019 年投产，金寨抽水蓄能电站 2020 年投产。考虑到水电的较长的建设周期（一般为 4～8 年），2020 年投产项目需要在"十二五"期间全部开工。考虑到工程建设进度的影响，结合安徽省电力发展"十三五"规划数据，预计 2020 年总共投产的抽水蓄能电站将大约为 378 万千瓦。另外，桐城、宁国、岳西已确定站址，但这几个抽水蓄能电站需要在远景考虑，各按 120 万千瓦考虑，抽水蓄能机组利用小时数在 2015 年及之前按 800 小时，2016 年已经升高至 1600 小时，后面的小时数至少与 2016 年持平。对于未来的抽水蓄能发展，国家能源局印发的《水电发展"十三五"规划》中提到，华东电网的抽水蓄能发展目标为：服务核电和新能源大规模发展，以及接受区外电力需要，统筹华东电网抽水蓄能站点布局，抽水蓄能电站重点布局在浙江、福建和安徽。规划 2020 年装机规模为 1276 万千瓦,"十三五"期间开工规模约 1600 万千瓦。2025 年,抽水蓄能电站装机规模约 2400 万千瓦。依照国家能源局的规划,2025 年的抽水蓄能规模相较于 2020 年约翻一番。抽水蓄能具有双向调节作用:一方面随着新能源和核电装机规模的扩大,新能源发电具有不稳定的特点,利用抽水蓄能可以在一定程度上解决目前较为严重的"弃风弃光"问题;另一方面,随着服务业和居民生活电力消费占比的提高,以及全社会用电量的快速增加,峰谷差越来越大,抽水蓄能能够起到较好的削峰填谷的作用,对于稳定和完善智慧型互联电网的功能具有至关重要的意义。根据全国水电发展的规划,结合安徽省的抽水蓄能资源禀赋的情况,对抽水蓄能的装机结构预测为,2020 年新增装机需要在"十二五"期间开工,2030 年规模约为 900 万千瓦,2050 年规模约为 2000 万千瓦。

对于生物质能的发展而言,在农作物秸秆资源方面:安徽省是农业大省,农作物秸秆资源丰富,年产量为 4000 多万吨,可能源化利用量为 1000 万~1200 万吨。2012 年发电、燃料等能源化利用量仅 300 万吨,利用潜力较大。按 1 个装机 3 万千瓦的农林生物质电厂年消耗 30 万吨秸秆推算,农林剩余物资源仍可满足 20 个电厂的燃料需求。农作物秸秆的最大可能源化利用量按 1200 万吨考虑,按 1 个装机 3 万千瓦的农林生物质电厂年消耗 30 万吨秸秆推算,最大可能源化利用量对应的秸秆发电最大装机为 120 万千瓦。在生活垃圾资源方面:目前全省城镇生活垃圾年清运量约 800 万吨,无害化处理量为 720 万吨,其中填埋处理超过 90%,焚烧发电处理不足 10%。根据《"十二五"安徽省城镇生活垃圾无害化处理设施建设规划》,2015 年全省城镇生活垃圾无害化处理能力达到 3 万吨/日,其中垃圾焚烧处理超过 48%。按垃圾焚烧发电 1 万千瓦日处理量为 500 吨垃圾推算,可建设垃圾焚烧发电装机规模 30 万千瓦。基于以上资料假定,2020 年的垃圾发电装机达到 30 万千瓦,农林生物质发电装机达到 90 万千瓦。

表 8-30 对安徽省未来的电力装机结构进行了模拟。其中,2050 年考虑了不同的非化石能源比例的情形。由于安徽省可再生能源资源禀赋本身并不丰裕,所以在不同的情景中,主要考虑的是核电装机的差异。由于核电装机的不同,对应的抽水蓄能规模也存在差异。

表 8-30　安徽省电力装机结构模拟　　　　　（单位：万千瓦）

电源类型	2050 年(情形 1)	2050 年(情形 2)	2050 年(情形 3)	2030 年	2020 年	2015 年
合计	21524	20524	19524	12692	8034	5160.5
燃煤火电	5500	5500	5500	5600	5609	4387.1
燃气火电	100	100	100	60	20	10.8

续表

电源类型		2050 年（情形 1）	2050 年（情形 2）	2050 年（情形 3）	2030 年	2020 年	2015 年
其他火电	其他火电整体	920	920	920	630	396	215.1
	余热余压余气发电	600	600	600	400	260	135
	垃圾发电	200	200	200	110	46	23.5
	农林生物质发电	120	120	120	120	90	56.5
水电	水电整体	2630	2130	1630	1023	503	291.2
	常规水电	130	130	130	123	125	123.2
	抽水蓄能	2500	2000	1500	900	378	168
其他储能		2774	2774	2774	1429	50	—
核电		1500	1000	500	—	—	—
风电		600	600	600	450	260	135.5
光伏		7500	7500	7500	3500	1100	120.8

注：风电 2030 年和 2050 年的装机容量增加考虑了技术进步所带来的可利用的风能资源增加；常规水电 2050 年微量增加也是考虑了同样的因素；垃圾发电装机增加，基于城市垃圾大约每年 9%的增长速度估算。其他储能指的是基于需求侧管理的储能应用，这里 2030 年和 2050 年使用的是第 7 章中的最优装机规模的预计。为了保证装机的平衡，未来需要特高压从外部供电。

8.3　安徽远景煤炭生产

虽然全球能源互联网提出要发展清洁能源，但是考虑到化石能源在一定时间和范围内的不可替代性，仍然有必要对安徽省主要化石能源的生产和供给作出预测。根据目前的统计资料，安徽省不生产石油和天然气，未来是否生产也不易简单地从经济学角度给出预测，因为这与地质勘探有关。所以根据 Hubbert 理论和 Hubbert 曲线只估计安徽省的煤炭产量。

本节将主要模拟 2016～2050 年安徽省的煤炭产量，首先利用 Hubbert 模型结合安徽省历年煤炭产量数据对 2016～2050 年安徽省煤炭产量作出合理估计。

Hubbert 模型由美国地球物理学家 Hubbert 于 1949 年提出，根据此模型，Hubbert 成功地预测了美国 48 个州的石油产量峰值的出现时间。对于安徽省而言，之前对其煤炭产量峰值的研究多是利用 2000 年以前的数据，考虑到现在不断发展的地质勘探技术，对安徽省煤炭产量剩余可采储量的估计也在不断变化，因此，有必要使用最新的数据重新对安徽省煤炭产量进行建模。

Hubbert 模型可以由以下方程表示：

$$Q = \frac{URR}{1 + e^{-a(t-t_m)}} \qquad (8-13)$$

其中，Q 表示煤炭累计产量；URR（ultimate recoverable reserves）表示煤炭累计产量和剩余煤炭可采储量之和；t_m 表示煤炭产量峰值出现的时间；a 表示一个常数；t 表示年份。

通过数值模拟，变动参数 a 和 t_m 使拟合值及观测值残差平方和最小，可求出峰值出现的年份，进而可以求出峰值出现年份对应的峰值产量。

使用 MATLAB 对方程（8-13）进行求解，可以得到安徽省 2016～2050 年煤炭产量模拟图，如图 8-11 所示，可以看到安徽省煤炭产量峰值将出现在 2027 年，峰值产量为 310.57 百万吨。

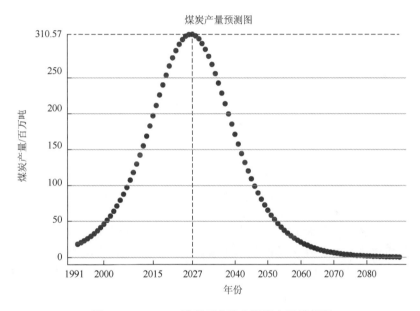

图 8-11　Hubbert 模型下安徽省煤炭产量模拟图

可以看出，未来安徽省的煤炭产量符合倒"U"型曲线特征，其在 2027 年前不断上升，2027 年煤炭产量达到峰值，峰值产量为 310.57 百万吨，从 2028 年开始，安徽省煤炭产量开始逐年下降。这个倒"U"型曲线的安徽省煤炭产量模拟符合大多数化石能源产量的预测，可以认为是比较合理的。

需要说明的是，Hubbert 模型只是基于一般的地质储量以及经济社会发展规律对能源的产量进行的总结。但是，在现实中，能源的生产还可能受到其他外部因素的影响，如对于中国而言，行政干预对于能源生产的影响较大，加上中国正处于能源快速转型的阶段，因此有必要作出另一种干预情形下的安徽省煤炭产量模拟图，根据安徽省政府 2016 年 8 月发布的《关于煤炭行业化解过剩产能实现脱困发展的实施意见》，安徽将在 2016～2020 年每年退出煤炭产能 3000 万吨，到

2020 年将煤炭产能控制在 1.1 亿吨以内。本书针对该约束设定了另一项情形，即在 2020 年以后，煤炭的产量将维持在满足安徽本省需求的水平。在该情形下，未来安徽省的煤炭产量将维持在 1.3 亿吨以下。具体来看，图 8-12 给出了安徽省 2016～2050 年的煤炭模拟产量。

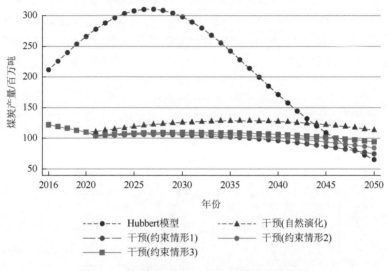

图 8-12　安徽省 2016～2050 年煤炭产量模拟

如前面所述，在 Hubbert 模型模拟下，安徽省煤炭产量峰值大约会在 2027 年出现，其后逐年减少，从关键时间点来看，2020 年煤炭产量约为 266.27 百万吨，2030 年约为 297.92 百万吨，2040 年约为 171.27 百万吨，2050 年约为 65.37 百万吨。在行政干预条件下，安徽省未来煤炭产量较为平稳，在 125 百万吨上下小幅度波动。

结合前面对安徽省远景煤炭的需求模拟，可以估算煤炭富余量或缺口量。表 8-31 给出了安徽省远景煤炭富余量或缺口量的数值，其中正值表示富余，即安徽省煤炭生产量大于需求量，负值表示缺口，即安徽省煤炭生产量小于需求量。在 Hubbert 模型的情形下，由于煤炭生产未受到约束，产量会持续增长。在 2020 年产量将达到 2.663 亿吨。但是，由于在前期煤炭资源的过快开采，预计到 2050 年，煤炭将会存在 0.48 亿吨的缺口。

而在行政干预条件下，安徽将在 2016～2020 年每年退出煤炭产能 3000 万吨，到 2020 年将煤炭产能控制在 1.1 亿吨以内。在 2020 年以后，每年煤炭的产量将维持在满足本省需求的水平，所以没有任何富余量或缺口量。表 8-31 分别给出了在 Hubbert 模型和干预情形下的安徽省未来煤炭富余量或缺口量，其中数字大于零表示产量大于需求量，数字小于零表示产量小于需求量，即供不应求。

表 8-31　安徽省远景煤炭富余量或缺口量　　　　（单位：万吨）

年份	Hubbert 模型			
	自然演化情形	约束情形 1	约束情形 2	约束情形 3
2016	11194.63	11313.74	11300.65	11287.56
2017	12414.91	12657.35	12630.26	12603.17
2018	13599.6	13968.22	13927.58	13886.93
2019	14723.32	15222.3	15167.18	15112.06
2020	15758.87	16392.37	16322.56	16252.76
2021	16688.87	17461.74	17377.16	17292.58
2022	17488.23	18401.76	18302.39	18203.03
2023	18132.22	19190.29	19075.39	18960.49
2024	18600.79	19803.41	19673.1	19542.79
2025	18873.06	20222.96	20077.45	19931.94
2026	18941.7	20440.43	20281.01	20121.59
2027	18804.36	20450.82	20276.19	20101.57
2028	18459.69	20253.75	20063.55	19873.36
2029	17914.58	19853.33	19649.2	19445.07
2030	17181.85	19261.42	19043.19	18824.96
2050	−4828.08	−917.669	−1907.85	−2898.03
年份	干预情形			
	自然演化情形	约束情形 1	约束情形 2	约束情形 3
2016	2269.559	2388.67	2375.581	2362.492
2017	1742.891	1985.331	1958.242	1931.154
2018	1210.846	1579.469	1538.822	1498.176
2019	673.687	1172.666	1117.546	1062.427
2020	131.457	764.955	695.15	625.345
2030	0	0	0	0
2050	0	0	0	0

8.4　主要污染物和碳排放

　　根据前面对安徽省未来能源消费总量和能源消费结构的预测，这里仍然分为四种情形进行讨论：自然演化情形、约束情形 1、约束情形 2 和约束情形 3。在自然演化情形下，所有能源品种消费量及消费结构的演化将按照历史进程进行，而在约束情形下，所有能源品种消费量及消费结构应满足安徽省对于远景能源的规划，在约束情形下又设置了三种不同的情形，分别是情形 1、情形 2 和情形 3。在自然演化情形下，如表 8-32 所示，2020 年安徽省能源消费总量为 15011.8 万吨标准煤，其中煤炭消费 10868.54 万吨标准煤，石油消费 2840.23 万吨标准煤，天然气消费 780.61 万吨标准煤，其他清洁能源消费 522.42 万吨标准煤。2025 年能源消费总量为 17531.2 万吨标准煤，其中煤炭消费 11919.46 万吨标准煤，石油消费 3765.70 万吨标准煤，天然气消费 1158.81 万吨标准煤，其他清洁能源消费 687.23 万吨标准煤。2030 年安徽省能源消费总量为 19749.0 万吨标准煤，其中煤炭消费 12609.74 万吨标准煤，石油消费 4716.06 万吨标准煤，天然气消费 1568.07 万吨标准煤，其他清洁能源消费 855.13 万吨标准煤。2050 年安徽省能源消费总量为 22867.9 万吨标准煤，其中煤炭消费 11365.35 万吨标准煤，石油消费 3247.24 万吨标准煤，天然气消费 2858.49 万吨标准煤，其他清洁能源消费 5396.82 万吨标准煤。

表 8-32　　自然演化情形下安徽省 2015～2050 年能源
消费总量和分品种能源消费量模拟　　　　（单位：万吨标准煤）

年份	分品种消费量				消费总量
	煤炭	石油	天然气	其他清洁能源	
2015	9512.52	1998.74	456.5	370.14	12337.9
2016	9966.04	2193.73	524.87	404.46	13089.1
2017	10183.81	2344.48	583.75	432.06	13544.1
2018	10406.95	2501.87	646.14	461.14	14016.1
2019	10635.21	2667.51	712.21	490.27	14505.2
2020	10868.54	2840.23	780.61	522.42	15011.8
2021	11096.44	3018.54	852.02	552.5	15519.5
2022	11316.59	3200.57	926.35	583.39	16026.9
2023	11528.04	3385.84	1001.86	616.66	16532.4
2024	11728.18	3573.82	1079.98	652.42	17034.4
2025	11919.46	3765.70	1158.81	687.23	17531.2
2026	12096.07	3957.57	1241.13	718.73	18013.5
2027	12253.29	4150.34	1321.23	753.94	18478.8
2028	12391.89	4341.33	1404.21	787.27	18924.7
2029	12510.93	4529.55	1485.99	822.33	19348.8
2030	12609.74	4716.06	1568.07	855.13	19749.0
2050	11365.35	3247.24	2858.49	5396.82	22867.9

在约束情形 1 下，如表 8-33 所示，2020 年安徽省能源消费总量为 15011.8 万吨标准煤，其中煤炭消费 10235.05 万吨标准煤，石油消费 2840.23 万吨标准煤，天然气消费 1110.87 万吨标准煤，其他清洁能源消费 825.65 万吨标准煤。2025 年安徽省能源消费总量为 17531.2 万吨标准煤，其中煤炭消费 10569.56 万吨标准煤，石油消费 3739.41 万吨标准煤，天然气消费 1870.58 万吨标准煤，其他清洁能源消费 1351.66 万吨标准煤。2030 年安徽省能源消费总量为 19749.0 万吨标准煤，其中煤炭消费 10530.17 万吨标准煤，石油消费 4631.14 万吨标准煤，天然气消费 2679.94 万吨标准煤，其他清洁能源消费 1909.73 万吨标准煤。2050 年安徽省能源消费总量为 22867.9 万吨标准煤，其中煤炭消费 7454.94 万吨标准煤，石油消费 3201.51 万吨标准煤，天然气消费 4001.88 万吨标准煤，其他清洁能源消费 8209.58 万吨标准煤。

表 8-33　约束情形 1 下安徽省 2015～2050 年能源
消费总量和分品种能源消费量模拟　　　（单位：万吨标准煤）

年份	分品种消费量				消费总量
	煤炭	石油	天然气	其他清洁能源	
2015	9512.52	1998.74	456.50	370.14	12337.9
2016	9846.93	2195.04	586.39	460.74	13089.1
2017	9941.37	2347.19	708.36	547.18	13544.1
2018	10038.33	2504.68	836.76	636.33	14016.1
2019	10136.23	2668.96	971.85	728.16	14505.2
2020	10235.05	2840.23	1110.87	825.65	15011.8
2021	10323.57	3015.44	1255.53	924.96	15519.5
2022	10403.06	3192.56	1403.96	1028.93	16026.9
2023	10469.97	3372.61	1555.70	1134.12	16532.4
2024	10525.56	3555.08	1711.96	1241.81	17034.4
2025	10569.56	3739.41	1870.58	1351.66	17531.2
2026	10597.34	3921.54	2031.92	1462.70	18013.5
2027	10606.83	4104.14	2193.43	1574.39	18478.8
2028	10597.83	4282.66	2356.13	1686.19	18924.7
2029	10572.18	4459.90	2517.28	1797.50	19348.8
2030	10530.17	4631.14	2679.94	1909.73	19749.0
2050	7454.94	3201.51	4001.88	8209.58	22867.9

在约束情形 2 下，如表 8-34 所示，2020 年安徽省能源消费总量为 15011.8 万吨标准煤，其中煤炭消费 10304.85 万吨标准煤，石油消费 2840.23 万吨标准煤，天然气消费 1041.07 万吨标准煤，其他清洁能源消费 825.65 万吨标准煤。2025 年能源消费总量为 17531.2 万吨标准煤，其中煤炭消费 10715.07 万吨标准煤，石油消费 3742.03 万吨标准煤，天然气消费 1720.69 万吨标准煤，其他清洁能源消费 1353.41 万吨标准煤。2030 年安徽省能源消费总量为 19749.0 万吨标准煤，其中煤炭消费 10748.39 万吨标准煤，石油消费 4640.03 万吨标准煤，天然气消费 2443.94 万吨标准煤，其他清洁能源消费 1916.64 万吨标准煤。2050 年安徽省能源消费总量为 22867.9 万吨标准煤，其中煤炭消费 8445.12 万吨标准煤，石油消费 3201.51 万吨标准煤，天然气消费 4060.20 万吨标准煤，其他清洁能源消费 7161.07 万吨标准煤。

表 8-34　约束情形 2 下安徽省 2015～2050 年能源
消费总量和分品种能源消费量模拟　　　　（单位：万吨标准煤）

年份	分品种消费量				消费总量
	煤炭	石油	天然气	其他清洁能源	
2015	9512.52	1998.74	456.5	370.14	12337.9
2016	9860.02	2195.04	573.3	460.74	13089.1
2017	9968.46	2346.52	681.95	547.17	13544.1
2018	10078.98	2504.68	796.82	635.62	14016.1
2019	10191.35	2668.96	916.73	728.16	14505.2
2020	10304.85	2840.23	1041.07	825.65	15011.8
2021	10408.15	3015.44	1170.17	925.74	15519.5
2022	10502.43	3193.36	1302.99	1028.12	16026.9
2023	10584.87	3373.44	1438.32	1135.77	16532.4
2024	10655.87	3556.78	1578.24	1243.51	17034.4
2025	10715.07	3742.03	1720.69	1353.41	17531.2
2026	10756.76	3925.14	1864.40	1467.20	18013.5
2027	10781.46	4108.76	2009.57	1579.01	18478.8
2028	10788.03	4289.28	2154.58	1692.81	18924.7
2029	10776.31	4467.64	2299.6	1805.25	19348.8
2030	10748.39	4640.03	2443.94	1916.64	19749.0
2050	8445.12	3201.51	4060.20	7161.07	22867.9

在约束情形 3 下，如表 8-35 所示，2020 年安徽省能源消费总量为 15011.8 万吨标准煤，其中煤炭消费 10374.66 万吨标准煤，石油消费 2840.23 万吨标准煤，

天然气消费 971.26 万吨标准煤，其他清洁能源消费 825.65 万吨标准煤。2025 年
能源消费总量为 17531.2 万吨标准煤，其中煤炭消费 10860.58 万吨标准煤，石
油消费 3744.66 万吨标准煤，天然气消费 1570.80 万吨标准煤，其他清洁能源消
费 1355.16 万吨标准煤。2030 年安徽省能源消费总量为 19749.0 万吨标准煤，其
中煤炭消费 10966.62 万吨标准煤，石油消费 4648.91 万吨标准煤，天然气消费
2207.94 万吨标准煤，其他清洁能源消费 1925.53 万吨标准煤。2050 年安徽省能
源消费总量为 22867.9 万吨标准煤，其中煤炭消费 9435.30 万吨标准煤，石油消
费 3201.51 万吨标准煤，天然气消费 4118.51 万吨标准煤，其他清洁能源消费
6112.58 万吨标准煤。

表 8-35 约束情形 3 下安徽省 2015～2050 年能源
消费总量和分品种能源消费量模拟 （单位：万吨标准煤）

年份	分品种消费量				消费总量
	煤炭	石油	天然气	其他清洁能源	
2015	9512.52	1998.74	456.5	370.14	12337.9
2016	9873.11	2195.04	560.21	460.74	13089.1
2017	9995.55	2345.84	655.53	547.18	13544.1
2018	10119.62	2504.68	756.87	634.93	14016.1
2019	10246.47	2668.96	861.61	728.16	14505.2
2020	10374.66	2840.23	971.26	825.65	15011.8
2021	10492.73	3015.44	1084.81	926.52	15519.5
2022	10601.79	3194.16	1202.02	1028.93	16026.9
2023	10699.77	3374.26	1320.94	1137.43	16532.4
2024	10786.18	3558.49	1444.52	1245.21	17034.4
2025	10860.58	3744.66	1570.80	1355.16	17531.2
2026	10916.18	3928.74	1696.87	1471.71	18013.5
2027	10956.08	4113.38	1825.71	1583.63	18478.8
2028	10978.22	4295.91	1953.03	1697.54	18924.7
2029	10980.44	4475.38	2081.93	1811.05	19348.8
2030	10966.62	4648.91	2207.94	1925.53	19749.0
2050	9435.30	3201.51	4118.51	6112.58	22867.9

对比表 8-32～表 8-35 可以发现，在约束情形下，煤炭消费量和石油消费量都
要低于自然演化情形下的煤炭消费量和石油消费量，但天然气和其他清洁能源的
消费量都要远远高于自然演化情形下的消费量。当前安徽省正大力推进清洁能源
的使用，并出台了一系列措施，这也说明清洁能源的发展确实离不开政策的支持，

如果仅依靠其自身的力量,是难以发展的。约束情形 2 则是介于约束情形 1 和约束情形 3 之间的一种情形设置,其各类能源消费量也介于另外两种情形之间。

本书认为清洁能源的消费不产生任何污染物,污染物主要由化石能源的消费带来。所以下面将分别计算煤炭、石油和天然气消费产生的污染物量。同样地,本书将分自然演化情形、三种约束情形分别进行计算。

煤炭燃烧会产生一氧化碳、二氧化硫、二氧化碳、氮氧化物以及烟尘等污染物。根据各种污染物的排放系数,在考虑不同除尘率和脱硫效率的情形下分别计算 2020 年、2025 年、2030 年和 2050 年安徽省煤炭燃烧的污染物排放。

1. 自然演化情形

二氧化硫的排放主要取决于煤炭中的含硫量,其次是燃烧过程中烟气硫的转化率,其排放公式如下:

$$SO_2 = 2 \times 0.8 \times Coal \times KSO_2 \times (1 - \eta) \tag{8-14}$$

其中,SO_2 表示燃烧产生的二氧化硫;Coal 表示使用的煤炭量;KSO_2 表示煤中的含硫分;η 表示脱硫效率。目前,我国煤炭平均含硫分为 1.74%,但中华人民共和国环境保护部(简称环保部)要求发电用煤含硫分不超过 1%,燃烧电厂烟气硫平均转化率为 0.9,即脱硫率为 90%,则燃烧 1 吨煤炭会产生的二氧化硫量如下:

$$SO_2 = 2 \times 0.8 \times 1000 \times 1\% \times 10\% = 1.6(千克)$$

也就是说,如果脱硫率为 90%,则燃烧 1 吨煤炭,会产生 1.6 千克二氧化硫。长期来看,在能源互联网背景下可以假设随着脱硫装置的不断更新和脱硫率的不断提高,到 2050 年脱硫率会提高到 99%,并在 2016～2050 年呈线性变化。根据本书的计算,2020 年安徽省煤炭使用排放的二氧化硫约为 21.21 万吨,2025 年安徽省煤炭使用排放的二氧化硫约为 19.83 万吨,2030 年安徽省煤炭使用排放的二氧化硫约为 17.35 万吨,2050 年安徽省煤炭使用排放的二氧化硫约为 2.54 万吨。

对于二氧化碳来说,其排放量大小主要取决于煤炭中的含碳量,煤炭燃烧排放二氧化碳的公式为

$$CCO_2 = Coal \times CQ \times CE \times KCO_2 \times \lambda CO_2 \tag{8-15}$$

其中,CCO_2 表示煤炭燃烧排放的二氧化碳量;Coal 表示煤炭消费量;CQ 表示煤炭的单位热值;CE 表示煤炭单位热值下潜在的碳排放量;KCO_2 表示碳的氧化率;λCO_2 表示二氧化碳与碳的摩尔质量比,其值大约为 3.667。对目前的中国而言,煤炭的单位热值为 20.934 兆焦/千克,潜在的碳排放量为 24.7 吨/太焦,碳的氧化率为 0.99,因此可以计算燃烧一吨煤炭所排放的二氧化碳量约为

$$CCO_2 = 1000 \times 20.934 \times 24.7 / 1000 \times 0.99 \times 3.667 = 1877.1(千克) = 1.88(吨)$$

根据估算得到的安徽省煤炭消费量和式(8-15),可以估算得到 2020 年安徽

省煤炭使用排放的二氧化碳为 28605.43 万吨，2025 年安徽省煤炭使用排放的二氧化碳 31371.40 万吨，2030 年安徽省煤炭使用排放的二氧化碳为 33188.16 万吨，2050 年安徽省煤炭使用排放的二氧化碳约为 29912.99 万吨。

对于氮氧化物（NOx）来说，根据国家环境保护总局编著的《排污申报登记实用手册》，目前燃烧工业锅炉氮氧化物的排污系数因炉型的不同而不同，具体来说，小于等于 6 吨/小时的层燃锅炉为 4.81 千克/吨，大于等于 10 吨/小时的层燃锅炉为 8.53 千克/吨，抛煤机炉为 5.58 千克/吨，循环流化床为 5.77 千克/吨，煤粉炉为 4.05 千克/吨。为了初步估算，本书取其平均值为 5.75 千克/吨。

根据估算得到的安徽省单位煤炭消费量产生的氮氧化物，可以估算得到 2020 年安徽省煤炭使用排放的氮氧化物为 87.49 万吨，2025 年安徽省煤炭使用排放的氮氧化物为 95.95 万吨，2030 年安徽省煤炭使用排放的氮氧化物为 101.51 万吨，2050 年安徽省煤炭使用排放的氮氧化物约为 91.49 万吨。

与煤炭一样，石油消费也会排放二氧化碳、二氧化硫、氮氧化物以及烟尘。

石油消费引起的二氧化硫排放量计算公式为

$$SO_2 = 2 \times Oil \times S \times (1-\eta) \tag{8-16}$$

其中，SO_2 表示二氧化硫排放量；Oil 表示石油使用量；S 表示燃油中的含硫分，通常为 2%。假设脱硫效率为 50%，则使用一吨石油排放的二氧化硫为

$$2 \times 1000 \times 2\% \times 50\% = 0.02(吨) = 20(千克)$$

在能源互联网背景下假设到 2050 年石油燃烧的脱硫率会达到 90%，且在 2016～2050 年会呈线性变化，则根据估算得到的安徽省石油消费量和式（8-16），可以估算得到 2020 年安徽省石油使用排放的二氧化硫为 34.20 万吨，2025 年安徽省石油使用排放的二氧化硫为 37.75 万吨，2030 年安徽省石油使用排放的二氧化硫为 38.29 万吨，2050 年安徽省石油使用排放的二氧化硫为 0.91 万吨，可以看出因为脱硫率的不断提高，2050 年石油使用产生的二氧化硫会下降到很低。

对二氧化碳而言，石油的二氧化碳排放公式为

$$OCO_2 = Oil \times OQ \times OE \times KCO_2 \times \lambda CO_2 / 10000 \tag{8-17}$$

其中，OCO_2 表示石油消费排放的二氧化碳量；Oil 表示石油消费量；OQ 表示石油的单位热值；OE 表示石油单位热值下潜在的碳排放量；KCO_2 表示碳的氧化率；λCO_2 表示二氧化碳与碳的摩尔质量比，其值大约为 3.667。石油的低位发热量通常取 418.16，碳排放因子通常取 20，碳氧化率通常取 0.98，碳转换系数取 44/12。所以，使用一吨石油排放的二氧化碳为

$$CO_2 = 1 \times 418.16 \times 20 \times 0.98 \times 44 / 12 / 10000 = 3.005(吨)$$

根据估算得到的安徽省石油消费量和式（8-17），可以估算得到 2020 年安徽省石油使用排放的二氧化碳为 5974.31 万吨，2025 年安徽省石油使用排放的二氧

化碳为 7921.00 万吨，2030 年安徽省石油使用排放的二氧化碳为 9920.03 万吨，2050 年安徽省石油使用排放的二氧化碳为 6830.44 万吨。

对石油消费排放的氮氧化物来说，其排放公式为

$$NO_x = 1.63 \times Oil \times (N \times KNO_x + 0.000938) \tag{8-18}$$

其中，NO_x 表示氮氧化物排放量；Oil 表示石油使用量；N 表示石油中氮的含量，通常取 0.14%；KNO_x 表示石油中氮氧化物的氮的转化率，通常取 35%。因此，使用一吨石油排放的氮氧化物排放量为

$$NO_x = 1.63 \times 1 \times (0.14\% \times 35\% + 0.000938) = 0.00233(吨) = 2.33(千克)$$

根据估算得到的安徽省石油消费量和式（8-18），可以估算得到 2020 年安徽省石油使用排放的氮氧化物为 4.61 万吨，2025 年安徽省石油使用排放的氮氧化物为 6.12 万吨，2030 年安徽省石油使用排放的氮氧化物为 7.66 万吨，2050 年安徽省石油使用排放的氮氧化物为 5.27 万吨。

天然气作为一种清洁化石能源，本书只考虑其燃烧排放的二氧化碳，其排放公式为

$$CO_2 = Natural\_gas \times Q \times E \times KCO_2 \times \lambda CO_2 / 10000 \tag{8-19}$$

其中，Natural_gas 表示天然气消费量；Q 表示低位发热量；E 表示碳排放因子；KCO_2 表示碳氧化率；λCO_2 表示碳转换系数。天然气的低位发热量通常取 3893.1，碳排放因子通常取 15.3，碳氧化率通常取 1.00，碳转换系数取 44/12。所以，使用一亿立方米天然气排放的二氧化碳为

$$CO_2 = 1 \times 3893.1 \times 15.3 \times 1.00 \times 44 / 12 / 10000 = 21.84(吨)$$

根据估算得到的安徽省天然气消费量和式（8-19），可以估算得到 2020 年安徽省天然气使用排放的二氧化碳为 0.13 万吨，2025 年安徽省天然气使用排放的二氧化碳为 0.19 万吨，2030 年安徽省天然气使用排放的二氧化碳为 0.26 万吨，2050 年安徽省天然气使用排放的二氧化碳为 0.47 万吨。直观可见，天然气使用排放的污染物比煤炭和石油要低得多。

目前对于控制二氧化碳排放的技术主要是 CCS，是指将大型发电厂、钢铁厂、化工厂等排放源产生的二氧化碳收集起来，并用各种方法储存以避免其排放到大气中的一种技术。CCS 技术包括二氧化碳捕集、运输以及封存三个环节，它可以使单位发电碳排放减少 85%～90%。但是就目前而言，现有碳捕集技术的成本过高，捕集一吨二氧化碳最高成本 400 英镑，不适宜大规模商业推广应用。但是长期来看，一旦 CCS 技术得到应用，二氧化碳排放量将大大减少。

燃煤和石油消费均可以排放烟尘，对于煤炭燃烧而言，大电厂和其他行业因为除尘设备不一样，其除尘率也不一样，大型电厂目前除尘率一般可达到 98%，假设安徽省其他行业在 2020 年、2030 年、2040 年和 2050 年除尘率也可以达到这

一水平，则燃烧一吨煤炭本来可以产生 200 千克烟尘，但是如果考虑到除尘率，燃烧一吨煤炭仅排放 4 千克烟尘。根据前面中对安徽 2020 年、2025 年、2030 年、2040 年和 2050 年的煤炭消费量的估算，可以估计得到由煤炭消费引起的安徽省 2020 年烟尘排放量为 60.87 万吨，2025 年烟尘排放量为 66.75 万吨，2030 年烟尘排放量为 70.61 万吨，2050 年烟尘排放量为 63.64 万吨。

对石油消费而言，燃烧一吨石油大约排放烟尘 2 千克，在能源互联网背景下假设到 2050 年石油燃烧的除尘率可以达到 90%且在 2016～2050 年内线性变化，则根据前面对安徽省 2020 年、2030 年和 2050 年的石油消费量的估算，可以估计得到由石油消费引起的安徽省 2020 年烟尘排放量为 3.47 万吨，2025 年因石油消费引起的烟尘排放量为 3.92 万吨，2030 年因石油消费引起的烟尘排放量为 4.06 万吨，2050 年因石油消费引起的烟尘排放量为 0.45 万吨，可以看出在长时间内，由于脱尘率的不断上升，石油消费排放的烟尘会下降很多。

所以，在自然演化情形下，各类污染物排放总量如表 8-36 所示。

表 8-36 安徽省自然演化情形下 2015～2050 年污染物排放模拟 （单位：万吨）

年份	二氧化硫	二氧化碳	氮氧化物	烟尘
2015	49.29	29240.79	79.82	56.07
2016	51.60	30844.61	83.79	58.80
2017	52.62	31734.87	85.79	60.14
2018	53.60	32653.25	87.84	61.51
2019	54.53	33602.42	89.94	62.91
2020	55.41	34579.87	92.10	64.34
2021	56.18	35554.77	94.23	65.71
2022	56.81	36517.10	96.29	67.05
2023	57.29	37463.33	98.30	68.32
2024	57.62	38385.52	100.21	69.52
2025	57.79	39292.58	102.07	70.67
2026	57.77	40160.98	103.80	71.71
2027	57.56	40980.30	105.38	72.63
2028	57.13	41746.84	106.80	73.44
2029	56.49	42456.09	108.07	74.12
2030	55.64	43108.46	109.17	74.67
2050	3.45	36743.90	96.76	64.10

2. 约束情形 1

根据前面对约束情形 1 下安徽省 2020 年、2030 年、2050 年煤炭、石油及天

然气的消费量模拟以及各品种能源消费量的污染物排放系数，可以估算出安徽省
2020～2050 年污染物排放量，具体如下。

2020 年安徽省在约束情形 1 下排放的二氧化硫为 54.17 万吨，排放的二氧化
碳为 32912.59 万吨，排放的氮氧化物为 87.00 万吨，排放的烟尘为 60.78 万吨。

2030 年安徽省在约束情形 1 下排放的二氧化硫为 52.09 万吨，排放的二氧化
碳为 37456.69 万吨，排放的氮氧化物为 92.29 万吨，排放的烟尘为 62.95 万吨。

2050 年安徽省在约束情形 1 下排放的二氧化硫为 2.57 万吨，排放的二氧化碳
为 26355.89 万吨，排放的氮氧化物为 65.21 万吨，排放的烟尘为 42.20 万吨。

约束情形 1 下各污染物排放总量如表 8-37 所示。

表 8-37 安徽省约束情形 1 下 2015～2050 年污染物排放模拟 （单位：万吨）

年份	二氧化硫	二氧化碳	氮氧化物	烟尘
2015	49.29	29240.79	79.82	56.07
2016	51.36	30533.88	82.83	58.14
2017	52.14	31102.50	83.84	58.79
2018	52.87	31688.98	84.87	59.45
2019	53.55	32292.23	85.93	60.11
2020	54.17	32912.59	87.00	60.78
2021	54.68	33514.15	88.00	61.38
2022	55.04	34095.95	88.93	61.92
2023	55.27	34650.81	89.76	62.38
2024	55.35	35180.95	90.50	62.77
2025	55.28	35684.52	91.16	63.08
2026	55.01	36140.77	91.68	63.28
2027	54.58	36549.87	92.05	63.37
2028	53.94	36901.72	92.27	63.34
2029	53.12	37207.06	92.35	63.20
2030	52.09	37456.69	92.29	62.95
2050	2.57	26355.89	65.21	42.20

3. 约束情形 2

根据前面对约束情形 2 下安徽省 2020 年、2030 年、2050 年煤炭、石油及天
然气的消费量模拟以及各品种能源消费量的污染物排放系数，可以估算出在该情
形下安徽省 2020～2050 年污染物排放量，具体如下。

2020 年安徽省在约束情形 2 下排放的二氧化硫为 54.31 万吨，排放的二氧化

碳为 33096.30 万吨，排放的氮氧化物为 87.56 万吨，排放的烟尘为 61.17 万吨。

2030 年安徽省在约束情形 2 下排放的二氧化硫为 52.47 万吨，排放的二氧化碳为 38049.71 万吨，排放的氮氧化物为 94.06 万吨，排放的烟尘为 64.18 万吨。

2050 年安徽省在约束情形 2 下排放的二氧化硫为 2.79 万吨，排放的二氧化碳为 28962.00 万吨，排放的氮氧化物为 73.18 万吨，排放的烟尘为 47.74 万吨。

约束情形 2 下各污染物排放总量如表 8-38 所示。

表 8-38　安徽省约束情形 2 下 2015～2050 年污染物排放模拟　（单位：万吨）

年份	二氧化硫	二氧化碳	氮氧化物	烟尘
2015	49.29	29240.79	79.82	56.07
2016	51.39	30568.32	82.94	58.21
2017	52.19	31172.36	84.06	58.94
2018	52.95	31795.95	85.20	59.68
2019	53.66	32437.30	86.37	60.42
2020	54.31	33096.30	87.56	61.17
2021	54.84	33736.75	88.68	61.85
2022	55.23	34359.15	89.73	62.48
2023	55.48	34954.94	90.68	63.03
2024	55.59	35527.49	91.55	63.50
2025	55.55	36072.99	92.33	63.89
2026	55.31	36567.91	92.96	64.18
2027	54.89	37019.16	93.46	64.35
2028	54.28	37416.20	93.81	64.41
2029	53.48	37760.56	94.00	64.35
2030	52.47	38049.71	94.06	64.18
2050	2.79	28962.00	73.18	47.74

4. 约束情形 3

根据前面对约束情形 3 下安徽省 2020 年、2030 年、2050 年煤炭、石油及天然气的消费量模拟以及各品种能源消费量的污染物排放系数，可以估算出在该情形下安徽省 2020～2050 年污染物排放量，具体如下。

2020 年安徽省在约束情形 3 下排放的二氧化硫为 54.45 万吨，排放的二氧化碳为 33280.02 万吨，排放的氮氧化物为 88.13 万吨，排放的烟尘为 61.56 万吨。

2030 年安徽省在约束情形 3 下排放的二氧化硫为 52.84 万吨，排放的二氧化碳为 38642.73 万吨，排放的氮氧化物为 95.83 万吨，排放的烟尘为 65.41 万吨。

2050 年安徽省在约束情形 3 下排放的二氧化硫为 3.01 万吨，排放的二氧化碳为 31568.11 万吨，排放的氮氧化物为 81.15 万吨，排放的烟尘为 53.28 万吨。

约束情形 3 下各污染物排放总量如表 8-39 所示。

表 8-39　安徽省约束情形 3 下 2015～2050 年污染物排放模拟　（单位：万吨）

年份	二氧化硫	二氧化碳	氮氧化物	烟尘
2015	49.29	29240.79	79.82	56.07
2016	51.42	30602.77	83.04	58.28
2017	52.24	31242.23	84.27	59.09
2018	53.04	31902.93	85.53	59.90
2019	53.77	32582.36	86.82	60.73
2020	54.45	33280.02	88.13	61.56
2021	55.00	33959.35	89.36	62.33
2022	55.43	34622.35	90.53	63.04
2023	55.69	35259.07	91.61	63.67
2024	55.83	35874.03	92.61	64.23
2025	55.82	36461.47	93.51	64.71
2026	55.60	36995.04	94.25	65.07
2027	55.21	37488.45	94.87	65.33
2028	54.62	37930.67	95.35	65.48
2029	53.83	38314.06	95.66	65.50
2030	52.84	38642.73	95.83	65.41
2050	3.01	31568.11	81.15	53.28

比较四种情形（自然演化情形和三种约束情形）下的各类污染物排放总量，可以发现约束情形下的污染物排放总量比自然演化情形下的排放总量要低一些，它们之间的差值可以用来衡量安徽省总的各类污染物的减排潜力，本书分三种情况讨论减排潜力，即从自然演化情形分别向约束情形 1、约束情形 2 和约束情形 3 演化，最终结果如表 8-40、表 8-41 和表 8-42 所示。

表 8-40　从自然演化情形下到约束情形 1 下各类污染物减排潜力　（单位：万吨）

年份	二氧化硫	二氧化碳	氮氧化物	烟尘
2016	0.24	310.73	0.96	0.67
2017	0.48	632.37	1.95	1.35
2018	0.73	964.27	2.96	2.06

续表

年份	二氧化硫	二氧化碳	氮氧化物	烟尘
2019	0.98	1310.19	4.01	2.79
2020	1.24	1667.28	5.10	3.55
2021	1.50	2040.62	6.23	4.33
2022	1.77	2421.15	7.37	5.12
2023	2.03	2812.52	8.54	5.94
2024	2.27	3204.57	9.71	6.75
2025	2.51	3608.07	10.91	7.59
2026	2.76	4020.21	12.12	8.43
2027	2.98	4430.43	13.33	9.26
2028	3.20	4845.12	14.54	10.10
2029	3.37	5249.04	15.72	10.92
2030	3.55	5651.76	16.88	11.72
2050	0.89	10388.01	31.55	21.90

表 8-41　从自然演化情形下到约束情形 2 下各类污染物减排潜力　（单位：万吨）

年份	二氧化硫	二氧化碳	氮氧化物	烟尘
2016	0.21	276.28	0.85	0.59
2017	0.43	562.50	1.73	1.20
2018	0.64	857.30	2.64	1.83
2019	0.87	1165.13	3.57	2.48
2020	1.10	1483.57	4.54	3.16
2021	1.34	1818.02	5.55	3.86
2022	1.58	2157.95	6.57	4.57
2023	1.81	2508.39	7.61	5.30
2024	2.02	2858.03	8.66	6.02
2025	2.24	3219.59	9.73	6.77
2026	2.47	3593.08	10.83	7.53
2027	2.67	3961.14	11.92	8.28
2028	2.86	4330.64	13.00	9.03
2029	3.01	4695.53	14.06	9.77
2030	3.18	5058.75	15.11	10.49
2050	0.67	7781.90	23.58	16.36

表 8-42　从自然演化情形下到约束情形 3 下各类污染物减排潜力　（单位：万吨）

年份	二氧化硫	二氧化碳	氮氧化物	烟尘
2016	0.19	241.83	0.75	0.52
2017	0.38	492.64	1.51	1.05
2018	0.56	750.32	2.31	1.61
2019	0.76	1020.07	3.13	2.18
2020	0.96	1299.86	3.98	2.77
2021	1.18	1595.42	4.86	3.38
2022	1.39	1894.75	5.76	4.01
2023	1.60	2204.26	6.69	4.65
2024	1.78	2511.49	7.61	5.29
2025	1.97	2831.11	8.56	5.95
2026	2.17	3165.94	9.54	6.64
2027	2.35	3491.85	10.50	7.30
2028	2.51	3816.17	11.45	7.96
2029	2.66	4142.03	12.41	8.62
2030	2.81	4465.73	13.34	9.26
2050	0.45	5175.79	15.61	10.81

　　很明显，从自然演化情形转化到约束情形 1 下各类污染物的减排潜力大于其他两种情形，为了更清楚地了解安徽省各行业对污染物减排的贡献，本书将分情形、分行业计算它们的污染物排放量及其减排潜力。

　　表 8-43 显示了安徽省 2020 年、2025 年、2030 年和 2050 年各行业各类污染物的减排潜力，主要分为农业、轻工业、重工业、建筑业、交通运输业、商业、居民消费和其他部门进行讨论。可以看出，对各行业来说，二氧化硫的减排潜力在 2030 年是最大的，然后到 2050 年降低，这是脱硫率不断提高和煤炭消费量降低引起的；其他污染物排放的减排潜力在 2020～2050 年逐年递增，到 2050 年达到最大；分行业来看，重工业的污染物减排潜力最大，其次是居民消费，农业部门减排潜力最小。所以说，未来要逐步改变重工业和居民能源消费习惯及结构，更好地促进节能减排。

表 8-43　安徽省未来关键时间点各行业减排潜力　（单位：万吨）

行业	2020 年				2025 年			
	二氧化硫	二氧化碳	氮氧化物	烟尘	二氧化硫	二氧化碳	氮氧化物	烟尘
农业	0.04	9.17	0.05	0.03	0.05	17.12	0.09	0.06
轻工业	0.08	119.35	0.37	0.26	0.15	246.28	0.76	0.53

续表

行业	2020 年				2025 年			
	二氧化硫	二氧化碳	氮氧化物	烟尘	二氧化硫	二氧化碳	氮氧化物	烟尘
重工业	0.27	806.68	2.62	1.82	0.54	1732.27	5.60	3.90
建筑业	0.03	12.12	0.05	0.04	0.04	22.85	0.10	0.07
交通运输业	0.42	103.04	0.16	0.11	0.77	218.65	0.32	0.22
商业	0.11	110.58	0.33	0.23	0.21	238.91	0.70	0.49
其他	0.03	71.68	0.26	0.18	0.04	175.90	0.62	0.43
居民消费	0.47	437.51	1.27	0.89	0.98	958.72	2.73	1.89

行业	2030 年				2050 年			
	二氧化硫	二氧化碳	氮氧化物	烟尘	二氧化硫	二氧化碳	氮氧化物	烟尘
农业	0.05	23.64	0.12	0.08	0.01	80.63	0.31	0.23
轻工业	0.19	367.44	1.13	0.78	0.04	436.10	1.34	0.93
重工业	0.77	2684.25	8.64	6.04	0.39	4671.00	14.49	10.12
建筑业	0.03	31.81	0.13	0.09	0.01	90.27	0.31	0.22
交通运输业	1.01	344.02	0.48	0.30		815.61	1.86	1.16
商业	0.28	374.85	1.09	0.75	0.05	577.27	1.76	1.23
其他	0.02	307.46	1.06	0.75	0.08	965.25	3.03	2.13
居民消费	1.41	1525.23	4.24	2.93	0.23	2753.95	8.46	5.89

　　如表 8-44 所示,在没有全球能源互联网的背景下,未来脱硫率和除尘率可能不会继续提高,相应的二氧化硫和烟尘的排放量就不会一直下降。

表 8-44　无全球能源互联网背景下各种情形二氧化硫和烟尘排放量　　（单位：万吨）

年份	自然演化		约束情形 1		约束情形 2		约束情形 3	
	二氧化硫	烟尘	二氧化硫	烟尘	二氧化硫	烟尘	二氧化硫	烟尘
2016	53.04	58.88	52.79	58.21	52.82	58.29	52.85	58.36
2017	55.63	60.31	55.13	58.96	55.18	59.11	55.23	59.26
2018	58.34	61.78	57.55	59.72	57.64	59.95	57.73	60.18
2019	61.17	63.29	60.07	60.50	60.19	60.81	60.32	61.12
2020	64.11	64.84	62.69	61.29	62.84	61.68	63.00	62.07
2021	67.11	66.36	65.34	62.03	65.53	62.51	65.72	62.98
2022	70.16	67.85	68.00	62.73	68.23	63.28	68.46	63.84
2023	73.22	69.30	70.67	63.35	70.94	64.00	71.21	64.64
2024	76.30	70.68	73.35	63.92	73.66	64.65	73.98	65.38

续表

年份	自然演化		约束情形 1		约束情形 2		约束情形 3	
	二氧化硫	烟尘	二氧化硫	烟尘	二氧化硫	烟尘	二氧化硫	烟尘
2025	79.42	72.02	76.03	64.42	76.39	65.24	76.75	66.06
2026	82.50	73.28	78.64	64.83	79.05	65.73	79.45	66.63
2027	85.55	74.43	81.22	65.14	81.67	66.13	82.13	67.11
2028	88.53	75.47	83.69	65.34	84.21	66.42	84.73	67.49
2029	91.44	76.40	86.12	65.45	86.68	66.60	87.25	67.75
2030	94.27	77.22	88.42	65.45	89.04	66.69	89.65	67.92
2050	70.92	68.19	61.52	46.23	63.74	51.77	65.95	57.32

8.5 电气化水平

《全球能源互联网》提出，未来人类社会将会推进以电为中心的能源结构调整，安徽省也不例外，传统意义上，电力被认为是一种清洁能源，风能和太阳能发出的电尤为如此。在终端能源消费过程中，电力消费的占比成为衡量一个社会和国家现代化水平的重要因素之一。

表 8-45 显示了安徽省远景电气化水平的四个指标，分别为人均用电量、人均生活用电量、人均能源消费量，以及生活用电占总用电比例。各项指标在 2016～2050 年基本保持上升趋势，其中人均用电量增量最大，2020 年为 3641 千瓦·时/人，2030 年为 6129 千瓦·时/人，2050 年增长到 8545 千瓦·时/人。人均生活用电量和人均能源消费量也一直增长。其中人均生活用电量从 2016 年的 412 千瓦·时/人增长至 2050 年的 2111 千瓦·时/人。人均能源消费量从 2016 年的 2.15 吨标准煤/人增长至 2030 年的 3.06 吨标准煤/人和 2050 年的 3.28 吨标准煤/人。四大指标在 2016～2020 年的年平均增速最快，在 2020～2030 和 2031～2050 年增速放缓。

表 8-45 安徽省远景电气化水平模拟

年份	人均用电量/ (千瓦·时/人)	人均生活用电量/ (千瓦·时/人)	人均能源消费量/ (吨标准煤/人)	生活用电占总用电比例/%
2018	3283	501	2.26	15.3
2019	3479	554	2.33	15.9
2020	3641	611	2.40	16.8
2021	3895	654	2.47	16.8
2022	4111	699	2.54	17.0
2023	4333	747	2.61	17.2

续表

年份	人均用电量/ (千瓦·时/人)	人均生活用电量/ (千瓦·时/人)	人均能源消费量/ (吨标准煤/人)	生活用电占总用电比例/%
2024	4558	799	2.68	17.5
2025	4678	848	2.75	18.1
2026	5021	903	2.82	18.0
2027	5254	955	2.89	18.2
2028	5486	1010	2.95	18.4
2029	5717	1069	3.01	18.7
2030	6129	1115	3.06	18.2
2050	8545	2111	3.28	24.7

通过横向对比，在人均 GDP 达到发达国家水平以前，人均能源消费量、人均用电量以及人均生活用电量随着 GDP 的增加而增加是一个普遍的规律。从人均能源消费量来看，2012 年 OECD 国家为 6.00 吨标准煤/人，加拿大最高，为 10.37 吨标准煤/人，美国为 9.67 吨标准煤/人，日本为 5.07 吨标准煤/人，韩国为 7.49 吨标准煤/人，英国为 4.35 吨标准煤/人，比较安徽省的模拟情况可以看出，到 2050 年安徽省人均能源消费量要低于这些发达国家，如美国、德国、日本、英国等，甚至要低于 2012 年意大利的水平（3.75 吨标准煤/人）。人均生活用电量是一个更能反映生活水平的指标，从它来看，2011 年挪威人均生活用电量高达 7152 千瓦·时/人，排名世界第一，美国为 4560 千瓦·时/人，加拿大为 4437 千瓦·时/人，中国仅为 417 千瓦·时/人，排名世界第 37。对安徽省而言，其人均生活用电量 2020 年会增加到约 611 千瓦·时/人，低于 2011 年埃及的水平（687 千瓦·时/人）；2030 年会进一步增加到约 1115 千瓦·时/人，接近韩国 2011 年的水平（1266 千瓦·时/人）；2050 年安徽省预测人均生活电量为 2111 千瓦·时/人，低于法国 2011 年的水平（2684 千瓦·时/人）。

人类的所有物质生产活动，最终都是为了提高人类的效用。能源生产和消费也是如此。目前，安徽省还处于比较低的发展阶段，未来能源消费的增加是必然的趋势。因此，在制定能源发展的规划时，需要注意不能"为了节能而节能"，否则将有可能造成能源供应的短缺。

8.6　特高压电力受进规模限制下安徽省远景电力运输

特高压电网是全球能源互联网的实质内容之一，并且是关键组成因素。对安徽省而言，在能源互联网这个大背景下，随着未来清洁能源装机容量的不断增长，其自身对电力的消纳能力如何？自产的电力是否过剩？如果过剩，其电力将如何通过特高压线路向其他省份送电？本节将对这些问题作出解释和回答。

根据前面对安徽省 2020 年、2025 年、2030 年和 2050 年的经济发展情形及能源消费模拟，可以得到特高压的受进量。

对于作为二次能源的电力而言，依据前面对其消费量与能源消费总量之间关系的模拟，可以得到安徽省 2020 年的电力需求为 2277.6 亿千瓦·时，2025 年的电力需求为 2978.2 亿千瓦·时，2030 年的电力需求为 3703.0 亿千瓦·时，2050 年的电力需求为 5956.7 亿千瓦·时。电力需求在 2015～2020 年的年均增速为 6.8%，2020～2030 年的年均增速为 5.0%，2030～2050 年的年均增速为 2.4%。

按照目前国家发改委提供的火电厂发电煤耗数据，以及目前安徽省电煤消费大概占煤炭消费总量的比例，可以估算未来安徽省的电煤消费量，进而可以计算未来安徽省煤炭消费中用于火力发电的煤炭所占的比例。可以估计安徽省未来的火力发电供给量。因为在自然演化情形和约束情形下煤炭消费量不同，同样需要分两种情形进行讨论。

自然演化情形和三种约束情形下安徽省内火力发电供给量如表 8-46 所示。

表 8-46　不同情形下安徽省火力发电供给量　　（单位：亿千瓦·时）

年份	自然演化	约束情形 1	约束情形 2	约束情形 3
2016	2095.35	1478.82	1480.83	1482.83
2017	2239.98	1562.00	1566.24	1570.48
2018	2391.08	1647.44	1654.15	1660.87
2019	2548.87	1735.17	1744.61	1754.05
2020	2713.55	1825.19	1837.63	1850.06
2021	2885.55	1917.69	1933.39	1949.08
2022	3061.37	2010.22	2029.45	2048.67
2023	3240.59	2102.48	2125.48	2148.49
2024	3422.76	2194.13	2221.18	2248.22
2025	3607.39	2284.84	2316.18	2347.52
2026	3807.04	2382.48	2418.48	2454.47
2027	4006.72	2477.47	2518.36	2559.24
2028	4205.50	2569.31	2615.31	2661.31
029	4402.47	2657.50	2708.81	2760.11
2030	4596.65	2741.55	2798.34	2855.13
2050	4594.41	2152.64	2438.56	2724.48

可以看出在自然演化情形及三种约束情形下，安徽省火力发电供给量均保持上升趋势，在自然演化情形下，火电供给量从 2016 年的 2095.35 亿千瓦·时增长至 2050 年的 4594.41 亿千瓦·时，但在 2030～2050 年却保持下降，其在 2016～2020 年的年均增速为 6.7%，2021～2030 年的年均增速为 5.3%，2030～2050 年的年均增速为−0.002%。在约束情形 1 下，火电供给量从 2016 年的 1478.82 亿千瓦·时增长至 2050 年的 2152.64 亿千瓦·时，2030～2050 年同样保持下降，其在 2016～2020 年的年均增速为 5.4%，2021～2030 年的年均增速为 4.1%，2030～2050 年的年均增速为−1.20%。在约束情形 2 下，火电供给量从 2016 年的 1480.83 亿千瓦·时增长至 2050 年的 2438.56 亿千瓦·时，2030～2050 年同样保持下降，其在 2016～2020 年的年均增速为 5.5%，2021～2030 年的年均增速为 4.2%，2030～2050 年的年均增速为−0.69%。在约束情形 3 下，火电供给量从 2016 年的 1482.83 亿千瓦·时增长至 2050 年的 2724.48 亿千瓦·时，2030～2050 年同样保持下降，其在 2016～2020 年的年均增速为 5.7%，2021～2030 年的年均增速为 4.3%，2030～2050 年的年均增速为−0.23%。自然演化情形下的火力发电供给量均高于三种约束情形下的火力发电供给量，因为自然演化情形下的煤炭消费比例更高。

考虑安徽省对新能源的规划，前面估计了安徽省未来关键时间点 2020 年、2030 年以及 2050 年的太阳能和风能装机情况，为了估算未来每年太阳能和风能发电量，假设在这些时间段其装机容量呈现线性增长，发电小时数维持不变。所以，如果把未来太阳能和风能发电量也考虑进来，再按照 8.2 节的发电结构，则可以计算出安徽省未来省内电力总供给量。

自然演化情形下，2020 年安徽省可以提供的发电量预计达到约 3191 亿千瓦·时，而电力消费约为 2278 亿千瓦·时，届时可以向省外调出约 913 亿千瓦·时的电量。2030 年可提供电量为 3964 亿千瓦·时，消费约 3703 亿千瓦·时，届时可以向省外送出 261 亿千瓦·时。2050 年可提供电量约为 5802 亿千瓦·时，消费约 5957 亿千瓦·时，届时需要从省外调进约 155 亿千瓦·时的电量，如表 8-47 所示。

表 8-47　电力平衡模拟　　　　　（单位：亿千瓦·时）

年份	2015	2020	2030	2050
发电量	2062	3191	3964	5802
电力消费	1640	2278	3703	5957
缺口（负号表示富余）	−422	−913	−261	155

目前安徽省向其他省份输出电量主要通过"皖电东送"进行，其中 2015 年皖

电东送线路可向其他省份送出电量为 541.6 亿千瓦·时。而安徽省电力受进量的来源主要有，三峡（三沪二回）、秦山核电、新富水电站、天荒坪抽水蓄能电站，2015年受进电量为 44.64 亿千瓦·时。根据目前安徽省的规划，2015 年以后 2019 年以前三峡（三沪二回）、秦山核电、新富水电站、天荒坪抽水蓄能电站的电力受进规模保持不变，为 44.64 亿千瓦·时，2019 年及以后由于淮东直流的投入运行，安徽省现在规划的总电量受进规模可达 302.64 亿千瓦·时。

8.7　未来能源成本变化对能源消费和产出的影响冲击

清洁能源的发展为人类未来解决能源短缺问题，应对气候变化危机，实现自身可持续发展提供了一个选择。在全球能源互联网的背景下，对安徽省而言，未来清洁能源的发展将在一定程度上替代传统化石能源，如煤炭、石油和天然气，实现以清洁能源为主、传统化石能源为辅的能源消费结构。但与此同时，因为清洁能源成本比传统化石能源高，在能源消费总量不断上涨的过程中，用清洁能源对传统化石能源进行替代必然会导致能源成本的上升。这部分上升的成本将对安徽省经济系统产生什么影响？本书将通过可计算一般均衡（computable general equilibrium，CGE）模型对安徽省经济能源系统进行进模拟，并模拟出未来能源成本上升对经济系统产生的影响。

本节将部门合并整理，通过以下五个模块进行刻画：生产、能源、价格、排放及系统约束，而因为静态 CGE 模型仅能够模拟相关政策冲击对于经济体一期的影响，所以在模型中，将未来远景的能源结构、能源价格作为冲击，带入模型中计算相应的影响。

1. 生产

生产模块主要描述国内外产品市场的供需情况。方程（8-20）为包含要素投入的多元生产函数，该生产函数包括劳动、资本、中间投入以及能源投入等变量：

$$Y_i = AF_{1i}^{\alpha_{1i}} F_{2i}^{\alpha_{2i}} F_{3i}^{\alpha_{3i}} F_{4i}^{\alpha_{4i}} L_i^{\alpha_{5i}} K_i^{\alpha_{6i}} \tag{8-20}$$

其中，Y_i 表示 i 部门的产出；F_{ki} 表示第 i 产业对第 k 产业的要素需求；L_i 表示 i 部门的劳动投入；K_i 表示 i 部门的资本投入；α_{ki} 表示在 i 部门生产函数中对 k 投入的系数。

2. 价格

在零利润的假设下，如果各投入获得边际报酬，那么，α_{ki} 就等于投入产出表中的直接投入系数。

在最大利润的约束下，不同要素投入的边际产出之比等于边际价格之比：

$$\frac{MU_{Ai}}{MU_{Bi}} = \frac{P_A}{P_B} \Rightarrow \frac{\alpha_{Ai}}{\alpha_{Bi}}\frac{F_{Bi}}{F_{Ai}} = \frac{P_A}{P_B} \tag{8-21}$$

由于投入系数一般不发生变化，根据式（8-21），就可以计算价格变动后，对于投入要素需求的冲击。当价格变化后，不同的投入要素要根据式（8-21）进行调整，重新满足平衡约束条件。

3. 能源

根据变化后的要素投入量，可以计算出对能源需求和社会总产出的冲击。由于能源在本模型中作为一种要素投入，能源价格变化后对总能源消费的影响为

$$\mu = \frac{\sum_{i=1}^{4}\Delta F_{Ei}}{E} \tag{8-22}$$

其中，μ 表示能源消费变化率；ΔF_{Ei} 表示各行业对能源投入要素需求的变化量；E 表示总能源需求。

而社会总产出则等于各行业产出变化减中间投入变化量。新的社会总产出如式（8-23）所示：

$$Y_T = (I - A)F^N \tag{8-23}$$

其中，Y_T 表示社会总产出；F^N 表示调整后的要素投入量；A 表示直接消耗系数矩阵。

总产出变化率则可以根据价格变化前后社会总产出的变化情况进行计算。

4. 排放

（1）煤炭使用污染物排放。如 8.4 节所述，煤炭使用主要产出二氧化碳、二氧化硫、氮氧化物和烟尘等污染物。燃烧一吨煤炭会产生 1.6 千克二氧化硫，1.88 吨二氧化碳，5.75 千克氮氧化物以及 4 千克烟尘。

（2）石油使用污染物排放。与煤炭一样，石油消费也会排放二氧化碳、二氧化硫、氮氧化物以及烟尘。使用一吨石油会产生 20 千克二氧化硫，3.005 吨二氧化碳，2.32 千克氮氧化物以及大约 2 千克烟尘。

（3）天然气使用污染物排放。天然气作为一种清洁化石能源，只考虑其燃烧排放的二氧化碳，使用一亿立方米天然气排放的二氧化碳大约为 21.84 吨。

5. 系统约束

这一部分主要描 CGE 模型中的各种均衡关系。由于本模型主要关注长期能源

结构与价格变化的影响，讨论家庭与政府平衡对于分析问题的意义不大，这里主要关注投入要素之间的平衡。

在上述所有约束条件下，使用 CGE 模型可以模拟出能源成本变化对安徽省能源消费变化和产出冲击的影响，先计算清洁能源成本。

根据 Lin 和 Li 的研究，可再生能源的成本问题可分为发电系统成本和并网系统成本。

（1）对于发电问题，目前可再生能源的发电成本高于传统发电设备的发电成本。2016 年陆上风电的上网电价是 0.47～0.60 元/千瓦·时，光伏发电上网电价是 0.80～0.98 元/千瓦·时，而火力发电的上网电价只有 0.27～0.47 元/千瓦·时，水力发电的上网电价是 0.20～0.40 元/千瓦·时。但是，如果考虑未来可能的技术进步，可再生能源的发电成本可以进一步降低。

（2）对于并网难题，其在一定程度上也是一个成本问题。因为可再生能源并网要求更高的技术水平，这会提高其运营成本。可再生能源发电首先需要连接到电网，然后传输到负荷中心，但是可再生能源的间歇性和随机性等固有属性使并网变得更具挑战性。

目前中国陆上风电和光伏发电都是固定上网电价，这里首先分别计算它们的固定上网电价，基本思想是年均摊销成本加上合理的利润率。图 8-13 解释了清洁能源标杆电价组成。

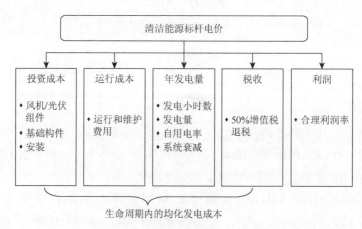

图 8-13　清洁能源标杆电价组成

根据以上结果，相比于传统的电力来源，对火力发电而言，如果考虑技术进步带来的成本逐步降低，光伏发电和风力发电在成本方面将具有优势。在本节内，可再生能源的购电成本是基于第 4 章的结果估算的：

$$PC_t = \sum_i Fit_{i,t} Q_{i,t} \tag{8-24}$$

其中，PC_t 表示购电成本；$Fit_{i,t}$ 表示光伏发电和风力发电的上网电价；$Q_{i,t}$ 表示 t 期第 i 种发电方式上网发电量，$i \in$ {陆上风电，光伏发电}。风电和光伏发电的上网电价 $Fit_{i,t}$ 在第 4 章已经估计出。因此可以估算出安徽省未来可再生能源的无偏购电总成本。

可再生能源发电的第二部分的成本来源于可再生能源的并网挑战，以及随之而来的并网成本，如表 8-48 所示。在过去的几年中，人们对于可再生能源对电力系统的影响的理解已经有了实质性的进展[3]。由风和太阳发出的电力是间歇和随机的，这两个特性可能会对电网的正常运行造成影响。因此，除了前面分析的购电成本，大规模发展可再生能源需要建设相应的配套设施，这将最终导致电网的运营成本的上升。准确评估这些成本是非常重要的，这样将风电和光伏发电与其他类型电力进行比较才比较公平。

表 8-48　并网电网成本分析参数估计

参数	含义	取值	来源
电网基础设施建设：单位运输成本			
t	陆上风电	3.96 美元/(10^3 千瓦·时)	文献[4]
	光伏发电	15.55 美元/(10^3 千瓦·时)	文献[4]
系统平衡成本			
I	抽水蓄能电站的单位投资	3898 元/(千瓦·时)	基于清远抽水蓄能电站
α	平衡配置	1 : 0.25	文献[5]
n	投资回收期限	25 年	
r	投资回收率	10%	
ζ	能量转换效率	70%~80%	文献[6]

由于可再生能源的可变性和间歇性，两个重要的方面会决定可再生能源的并网成本：电网基础设施和系统平衡[7]。因此，本书将从这两个方面分析可再生能源的并网成本。

1）电网基础设施

电网设施对于可再生能源并网来说是个重大挑战。电网基础设施分析表明，电网中可再生能源的占比急剧增加，将极大地刺激未来电网升级的需求。例如，为了确保获得可靠的并传出可再生能源发出的电，改变电网、强化其结构将是必需的。因此，未来投资的很大一部分将用于强化电力运输系统。

可再生能源快速大规模的发展已经引来越来越多关于电网容量的担心。这样的发展将需要增加电网基础设施，如一个更强大的转换网络[4]。尽管可再生能源的加速发展需要新的设施已经成为一种共识，但人们对于中国到底需要花费多少在电网基础设施建设上仍然没有太多了解。

2）系统平衡

可再生能源（尤其是风电和光伏发电）的间歇性和可变性需要系统平衡容量设置来转变电力负荷进行峰值调控。抽水蓄能电站是其中最有效和最成熟的方案。为了维持电网电力供需的动态平衡，有必要在电力充足时蓄水在高处，并在用电高峰期放水推动涡轮机发电，来满足用电高峰需求。通过这种方法，抽水蓄能电站能够将负载从高峰移向低谷，这对于电网维持实时平衡是至关重要的。在系统平衡成本的估计中，可再生能源的调峰是以使用抽水蓄能电站为假设的，理由如下：2015 年中国抽水蓄能电站的计划装机容量为 30 吉瓦，根据可再生能源"十二五"规划，2020 年将达到 70 吉瓦。根据 1∶0.25 的系统平衡容量设置[5]，即使考虑到核能的调峰要求，抽水蓄能电站的容量仍能满足系统的平衡需求。

系统平衡成本来源于两部分：抽水蓄能电站的建造成本以及平衡时的电力损失成本。根据南网的清远抽水蓄能电站的结算，平均投资成本大约为 3898 元/(千瓦·时)[①]。假设每年回收的成本相等，预计净残值为零，那么，每年为可再生能源建造的抽水蓄能电站的成本为

$$\sum_i \alpha \times CC_{i,t} \times I \times \frac{r(1+r)^n}{(1+r)^n - 1} \qquad (8\text{-}25)$$

其中，I 表示抽水蓄能电站的单位投资成本；α 表示平衡配置；r 表示投资回收率；n 表示投资回收期限；CC_i 表示风电或光伏发电的装机容量。

系统平衡的另一部分成本通常被忽略，那就是平衡中的电力损失。根据世界抽水蓄能电站的运营数据，抽水蓄能电站的能源转换效率为 70%～80%[6]。现今，中国的这个数据为 75%。考虑技术进步的因素在内，本书假设，2050 年中国的能源转换效率将提升到 80%，这已经是目前最先进的能源转换效率了。将平衡时的电力损失纳入考量，总体的系统成本为

$$\sum_i \alpha \times CC_{i,t} \times I \times \frac{r(1+r)^n}{(1+r)^n - 1} + \sum_i (1-\xi) \times p_{i,t} \times Q_{i,t} \qquad (8\text{-}26)$$

其中，ξ 表示能源转换效率。表 8-48 中展示了参数以及相关的参考值。

从表 8-49 中可以看出，约束情形下的能源总成本比自然演化情形下的总成本大，这是约束情形下对传统化石能源（煤炭、石油、天然气）的消费量减少，而对清洁可再生能源的消费增加造成的。自然演化情形下能源成本由 2016 年的

---

① 假设抽水蓄能电站的建造成本保持不变，原因如下：一方面，技术进步可能导致未来的成本下降；另一方面，较好的建站地点越来越难以找到，建造成本将被提高。

1712.9 亿元增加至 2050 年的 5924.9 亿元，增加两倍多；而在三种约束情形下，能源成本都增加三倍多。

表 8-49　安徽省未来能源成本测算　　　　　（单位：亿元）

年份	自然演化	约束情形 1	约束情形 2	约束情形 3
2016	1712.9	1723.3	1720.6	1717.9
2017	1831.0	1853.6	1847.6	1841.5
2018	1950.0	1986.5	1977.3	1968.1
2019	2081.5	2133.9	2120.3	2106.8
2020	2209.8	2280.1	2261.9	2243.8
2021	2362.9	2482.9	2459.7	2436.5
2022	2524.1	2692.8	2664.5	2636.2
2023	2692.7	2909.9	2875.6	2841.3
2024	2869.1	3134.7	3094.4	3054.2
2025	3053.3	3366.4	3319.9	3273.3
2026	3234.2	3592.5	3538.8	3485.2
2027	3384.7	3788.7	3728.2	3667.6
2028	3536.5	3984.2	3916.3	3848.4
2029	3687.7	4179.3	4103.9	4028.4
2030	3997.0	4548.4	4464.3	4380.3
2050	5924.9	7125.5	7043.1	6960.6

这里利用 CGE 模型模拟了能源成本增加后对于能源消费和产出的影响，具体结果见表 8-50。从表 8-50 中可以看出，与自然演化情形相比，约束情形下的能源消费和产出冲击都会减少，这是因为受到能源结构变化的约束，约束情形下的传统化石能源消费比例下降，新能源消费比例上升，这会导致能源成本上升，进而导致能源与其他生产要素之间发生替代，如要更多地使用资本和劳动来替代能源投入，资本和劳动投入的增加相当于增加了中间投入，所以最终产出也会减少。具体来说，到 2050 年，由于能源成本的上升，产出的冲击在不同的情形下都将达到 3%以上。

表 8-50　CGE 模拟结果　　　　　　　（单位：%）

年份	能源消费			产出冲击		
	约束情形 1	约束情形 2	约束情形 3	约束情形 1	约束情形 2	约束情形 3
2020	−1.58	−1.18	−0.77	−0.64	−0.48	−0.31
2030	−6.41	−5.50	−4.57	−2.61	−2.24	−1.86
2050	−9.06	−8.50	−7.94	−3.71	−3.48	−3.24

8.8　本　章　小　结

全球能源互联网的背景要求大力发展智能电网、特高压电网和清洁能源，本章从安徽省的实际角度出发，先从基本的能源经济学理论出发，研究安徽省能源消费与 GDP、产业结构、能源使用效率、能源价格在长期中的均衡关系，在此基础之上结合第 6 章中对于安徽省经济社会发展状况的模拟，得到未来各年份能源使用量的模拟值。具体地，2015 年安徽省实际能源消费为 12332.0 万吨标准煤，2020 年能源需求为 15011.8 万吨标准煤，2025 年的能源需求是 17531.2 万吨标准煤，2030 年的能源需求是 19749.0 万吨标准煤，2050 年的能源需求是 22867.9 万吨标准煤。其中 2030～2050 年能源需求的年均增速是 0.7%。安徽省 2030 年人均 GDP 将达到 10.6 万元，大致相当于目前上海和天津的水平，可以预计其能源需求仍将呈现出一定程度的缓慢上升。安徽省 2015 年人均 GDP 为 3.6 万元，全国的人均 GDP 为 5.0 万元，安徽省水平低于全国的均值，能源需求通常与经济发展阶段相适应，可以预计安徽省的能源需求峰值将晚于全国。将以上预测结果与中国石油技术经济研究院对全国能源消费的预测情况进行对照，其研究预测"中国能源消费 2035 年前后达到峰值""2050 年一次能源消费量下降"，本章模拟的结果与中国石油技术经济研究院的预测推论比较相似。

全球能源互联网背景下的能源结构将朝着更为清洁的方向发展，可再生能源不稳定对电力系统的冲击可以通过互联的能源网络实现动态的瞬时平衡，并借助于用户的储能装置，实现电力供给对于负荷变动的契合。在可再生能源大力发展和全球能源互联网背景下，利用马尔可夫模型，根据安徽省历年的能源结构演变情况得到自然演变情况下未来的能源结构；根据安徽省"十三五"规划纲要中关于能源结构的规划得到规划下的能源结构。然后依据相似的方法得到不同产业的能源消费占比和电力消费占比情况。中国石油经济技术研究院发布 2050 年中国能源结构中清洁能源占比约为 31%；2015 年由国家发改委能源研究所发布的《中国2050 高比例可再生能源发展情景暨路径研究》中提到高比例可再生能源的情景："在 2050 年可再生能源在一次能源消费中的比例达到 60%以上"，然而对于安徽省而言，本书预计其可再生能源的利用在 2050 年难以达到上述情景，主要原因是安徽省经济社会发展水平落后于全国平均水平，加上可再生能源的品位不高，其面临着以下问题。

电力需求可以分为工业用电、服务业用电和居民生活用电三个主要部分，工业用电主要受经济规模和工业用电效率的影响，服务业用电与第三产业比例关系密切，居民生活用电则与反映人们生活水平的人均 GDP 和人均收入密切相关。本书从能源经济学基本理论出发，借鉴现有的文献资料，选取了人口、人均 GDP、第三产业比例、电力使用效率（其中人口和人均 GDP 一起可以反映经济总量水平）、价格水平这些变量，研究这些变量与电力需求在长期中的均衡关系，并据此得到未来各年份的电力需求预测值。2015 年安徽省的实际电力消费是 1639.8 亿千瓦·时，2020 年的电力需求为 2277.6 亿千瓦·时，2025 年为 2978.2 亿千瓦·时，2030 年为 3703.0 亿千瓦·时，2050 年为 5956.1 亿千瓦·时。结合以往各部门在总电力消费中所占比例，运用马尔可夫模型对各部门电力消费占比进行预测，进一步计算可以得到各部门的电力消费预测结果，如表 8-19 所示。

安徽省 2030～2050 年电力消费依然保持着较快速度的增长，选择发展阶段相似的省份进行对比。2030 年安徽省人均 GDP 将达到 10.6 万元，与现在的天津和上海水平相当，而天津、上海 2010 年的全社会用电量分别是 646 亿千瓦·时、1296 亿千瓦·时，2015 年全社会用电量分别是 801 亿千瓦·时、1406 亿千瓦·时，五年间增速分别是 4.4%和 1.6%。2030 年安徽的人均用电量约为 6129 千瓦·时/人，略高于上海和天津当前水平。这里模拟的结果为 2030～2050 年安徽省全社会用电量年均增速约为 2.4%。对于 2050 年的人均用电量横向对比可以发现 2050 年安徽省人均 GDP 达到 3.1 万美元，高于 2013 年的韩国，相当于 OECD 国家 2013 年的平均值。韩国是典型的外向型经济体，其第二产业占比在 OECD 国家中处于靠前的位置，因此对应较高的人均用电量。随着社会生产生活的电气化发展趋势，可以预计电力将获得更为广泛的应用。

未来的电力供给将依赖于互联互通、坚强智能的电力网络。首先，居民生活和服务业用电比例的增加给全球能源互联网带来较高的调峰要求；其次，可再生能源的不稳定性使可再生能源的大幅利用依赖于全球能源互联网的发展；再次，不同省份之间的经济发展阶段和资源禀赋不同，存在着远距离调剂电力余缺的需要。结合安徽省可以利用的风电和太阳能发电以及生物质发电情况（常规水电已经基本开发完毕），未来非化石能源比例的调整主要还是取决于核电的发展规模。

在模拟完安徽省未来电力需求以后，本章定量分析了安徽省未来传统化石能源的供给（以煤炭为主）、清洁能源的发展，在自然演化和约束两个情形下对未来安徽省能源消费结构进行模拟的基础上，以一次能源消费量的模拟为根据估计了两种情形下的分品种能源消费量，进而可以模拟出安徽省未来两种情形下的电力供需情况和特高压受进规模。与此同时，本章构建了四个指标分析安徽省未来电气化发展水平：人均用电量、人均生活用电量、人均能源消费量和生活用电占总用电比例。最后，不同的发展情形对清洁能源的发展要求不一样，以此为根据，本章进一步用 CGE 模型讨论了未来能源成本变化对安徽省经济系统产生的影响，进一步得到的主要结论如下：

（1）未来安徽省的煤炭产量符合倒"U"型曲线特征，其在 2027 年前不断上升，至 2027 年煤炭产量达到峰值，峰值产量为 310.57 百万吨，从 2028 年开始，安徽省煤炭产量开始逐年下降。这个倒"U"型曲线的安徽省煤炭产量预测符合大多数化石能源产量的预测，但是，考虑到现实中煤炭生产会受到行政手段的限制，本章又讨论了加入行政约束的煤炭生产情形，并进行了对比。在约束情形下，煤炭在前期的产量相比 Hubbert 曲线的预计值将会有较大幅度的下降，但是，由于资源开采速度较慢，能保证资源的长期供应。

（2）安徽省未来主要污染物排放和各行业减排贡献。在自然演化情形下，安徽省未来二氧化硫排放量在 2030 年前一直保持增加趋势，从 2016 年的 51.60 万吨增加至 2030 年的 55.64 万吨，但 2050 年会下降为 3.45 万吨，这是脱硫率的大大提高和煤炭消费量的减少造成的。其他三类污染物，如二氧化碳、氮氧化物和烟尘也是如此，在 2030 年前都上涨，但 2050 年会下降。这与安徽省未来会增加清洁能源消费以减少化石能源消费有关。具体来说，二氧化碳排放量从 2016 年的 30844.61 万吨增加至 2030 年的 43108.46 万吨，但 2050 年下降为 36743.90 万吨；氮氧化物从 2016 年的 83.79 万吨增加至 2030 年的 109.17 万吨，2050 年下降为 96.76 万吨；烟尘从 2016 年的 58.80 万吨增加至 2030 年的 74.67 万吨，2050 年下降为 64.10 万吨。

在三种约束情形下，安徽省未来的主要污染物排放量比自然演化情形低，这是由对化石能源的约束引起的。但是增长趋势与自然演化情形类似，2030 年前递增，2050 年下降。其中，在约束情形 1 下，二氧化硫排放量从 2016 年的 51.36 万吨增加至 2030 年的 52.09 万吨，但 2050 年会下降为 2.57 万吨；二氧化碳排放量从 2016 年的 30533.88 万吨增加至 2030 年的 37456.69 万吨，但 2050 年下降为 26355.89 万吨；氮氧化物从 2016 年的 82.83 万吨增加至 2030 年的 92.29 万吨，2050 年下降为 65.21 万吨；烟尘从 2016 年的 58.14 万吨增加至 2030 年的 62.95 万吨，2050 年下降为 42.20 万吨。在约束情形 2 下，二氧化硫排放量从 2016 年的 51.39 万吨增加至 2030 年的 52.47 万吨，但 2050 年会下降为 2.79 万吨；二氧化碳排放量从 2016 年的 30568.32 万吨增加至 2030 年的 38049.71 万吨，但 2050 年下降为 28962.00 万吨；氮氧化物从 2016 年的 82.94 万吨增加至 2030 年的 94.06 万吨，2050 年下降为 73.18 万吨；烟尘从 2016 年的 58.21 万吨增加至 2030 年的 64.18 万吨，2050 年下降为 47.74 万吨。在约束情形 3 下，二氧化硫排放量从 2016 年的 51.42 万吨增加至 2030 年的 52.84 万吨，但 2050 年会下降为 3.01 万吨；二氧化碳排放量从 2016 年的 30602.77 万吨增加至 2030 年的 38642.73 万吨，但 2050 年下降为 31568.11 万吨；氮氧化物从 2016 年的 83.04 万吨增加至 2030 年的 95.83 万吨，2050 年下降为 81.15 万吨；烟尘从 2016 年的 58.28 万吨增加至 2030 年的 65.41 万吨，2050 年下降为 53.28 万吨。

本章还计算了安徽省未来主要污染物的减排潜力。

很明显,从自然演化情形转化到约束情形 1 下各类污染物的减排潜力大于其他两种情况,为了更清楚地了解安徽省各行业对污染物减排的贡献,本书分情形、分行业计算了它们的污染物排放量及其减排潜力,如表 8-43 所示。

表 8-43 显示了安徽省 2020 年、2025 年、2030 年和 2050 年各行业各类污染物的减排潜力,主要分为农业、轻工业、重工业、建筑业、交通运输业、商业、居民生活和其他部门进行讨论。

二氧化硫的减排潜力在 2030 年是最大的,然后到 2050 年逐渐降低,这是脱硫率不断提高和煤炭消费量降低引起的;其他污染物排放的减排潜力在 2020～2050 年逐年递增,到 2050 年达到最大;分行业来看,重工业的污染物减排潜力最大,其次是居民生活,农业部门减排潜力最小。所以说,未来要逐步改变重工业和居民生活消费习惯及结构,更好地促进节能减排。

表 8-51 显示了安徽省远景电气化水平的四个指标,分别为人均用电量、人均生活用电量、人均能源消费量,以及生活用电占总用电比例。各项指标在 2020～2050 年基本保持上升趋势,其中人均用电量增量最大,2020 年为 3641 千瓦·时/人,2030 年为 6129 千瓦·时/人,2050 年增长到 8545 千瓦·时/人。人均生活用电量和人均能源消费量也一直增长。人均能源消费量从 2020 年的 2.40 吨标准煤/人增长至 2030 年的 3.06 吨标准煤/人和 2050 年的 3.28 吨标准煤/人。

表 8-51　主要年份人均能源消费指标

年份	人均用电量 /(千瓦·时/人)	人均生活用电量 /(千瓦·时/人)	人均能源消费量 /(吨标准煤/人)	生活用电占总用电比例 /%
2020	3641	611	2.40	16.8
2030	6129	1115	3.06	18.2
2050	8545	2111	3.28	24.7

对比表 8-21 中的安徽省 2050 年人均生活用电量和部分发达国家的情况,可以发现 2050 年安徽省的人均生活用电量高于英国 2011 年的水平,与日本和法国 2011 年的水平相当。未来随着生产生活的进一步电气化发展,人们的生活将更加依赖于电能,这也是经济发展的普遍规律。

按照 8.2 节的发电结构,2020 年安徽省可以提供的电力生产能力预计达到约 3200 亿千瓦·时,而根据前面的模拟结果 2020 年安徽省的电力消费约为 2300 亿千瓦·时,届时可以向省外调出约 900 亿千瓦·时的电力。

在 2030 年及之前,安徽省自发电力足够满足本省国民生产和居民生活的电力需求,因此,不需要通过特高压线路从其他省份调电,而可以通过特高压向其他省供电。但是,到 2050 年,高比例可再生能源情形下安徽省内发电量已经不足以满足本省的用电需求，电力差额为 155 亿千瓦·时。这时需要通过特高压从省外调电。目前安徽省向其他省份输出电力主要通过"皖电东送"进行，其中 2015 年"皖电东送"线路可向其他省份送出电量为 541.6 亿千瓦·时。而安徽省电力受进量的来源主要有三峡（三沪二回）、秦山核电、新富水电站、天荒坪抽水蓄能电站 2015 年总电力可受进量为 44.64 亿千瓦·时。根据目前安徽省的规划，2015 年以后 2019 年以前三峡（三沪二回）、秦山核电、新富水电站、天荒坪抽水蓄能电站的电力受进规模保持不变，为 44.64 亿千瓦·时；2019 年及以后由于淮东直流的投入运行，安徽省现在规划的总电力受进规模可达 302.64 亿千瓦·时，小于本书估计的 2050 年安徽省缺口电力量。因此，在进行特高压的远景规划时，需要考虑到安徽省的电力输出与受进的变化。

最后，本章通过 CGE 模型模拟了安徽省未来更多地使用清洁能源导致的能源成本上升对整个经济系统能源消费量和产出的影响，其结果为：与自然演化情形相比，约束情形下的能源消费和产出都会减少，这是因为受到能源结构变化的约束，约束情形下的传统化石能源消费比例下降，新能源消费比例上升，这会导致能源成本上升，进而导致能源与其他生产要素之间发生替代，如要更多地使用资本和劳动来替代能源投入，资本和劳动投入的增加相当于增加了中间投入，所以最终产出也会减少。具体来说，2020 年，能源成本的上升会使产出在不同的约束情形下比自然演化情形下降低 0.3%～0.6%，2030 年产出将降低 1.9%～2.6%，2050 年产出将下降 3.2%～3.7%。

参 考 文 献

[1]　Phillips P C B，Perron P. Testing for a unit root in time series regression[J]. Biometrica 1988；75（2）：335-346.

[2]　Engle R F，Granger C W J. Co-integration and error correction: representation，estimation and testing[J]. Econometrica 1987；55：251-276.

[3]　Smith J C，Milligan M R，DeMeo E A, et al. Utility wind integration and operating impact state of the art[J]. IEEE Transactions on Power Systems，2007，22（3）：900-908.

[4]　Cometto M，Keppler J H. Nuclear energy and renewables: System effects in low-carbon electricity systems[J]. Paris Dauphine University，2012.

[5]　周小谦. 国网摒弃抽水蓄能 利好风电并网为何不建[EB/OL].[2012-06-15]http://www.cnsb.cn/html/news/782/show_782855.html.

[6]　Evans A，Strezov V，Evans T J. Assessment of utility energy storage options for increased renewable energy penetration[J]. Renewable and Sustainable Energy Reviews，2012，16（6）：4141-4147.

[7]　European Wind Energy Association. The Economics of Wind Energy[M]. EWEA，2009.

第9章 结论与政策建议

9.1 主要结论

9.1.1 全球能源互联网背景下安徽远景经济社会发展

根据模拟，到 2020 年安徽省 GDP 将达到 3.3 万亿元，"十三五"时期年均增长 8.5%，三次产业结构调整至 9.1∶48.3∶42.6，主要产品产量保持正增长，常住人口达到 6272 万人，城镇化率达到 56%。

到 2030 年安徽省 GDP 达到 6.6 万亿元，潜在经济增速放缓，2020～2030 年的年均增速为 7.2%左右，产业结构调整取得重大进展，第二产业比例进一步降至 40%左右，而第三产业比例突破 50%，主要产品产量相继达到峰值，常住人口达到 6530 万人，城镇化率达到 66.5%。

到 2050 年安徽省 GDP 达到 14.8 万亿元，2041～2050 年的年均增速为 3.3%左右，人均 GDP 达到 3.1 万美元，相当于当前韩国和日本水平，第二产业比例进一步降至 40%以下，而第三产业比例突破 60%，主要行业产品产量呈现负增长态势，常住人口增长至 6971 万人，进入中等发达序列。

9.1.2 全球能源互联网背景下安徽远景负荷特性

未来安徽省第二产业在经济与用电结构中比例不断下降，受此影响，安徽省负荷特性将逐步变差，2020 年、2030 年和 2050 年电网全年负荷率将下降至 0.5662、0.5361 和 0.5193。但如果积极采取行动应对负荷率变化的挑战，如加强电动汽车对传统燃油汽车的替代、促进储能装置的规模化应用，并使电动汽车和储能装置参与到电力需求侧管理中，则可有效改善电网负荷特性。预计在最优状态下，可将 2030 年的负荷率提升至 0.6437，将 2050 年的负荷率提升至 0.6490。

在没有负荷需求侧管理的情形下，随着负荷率的下降，未来全社会最大负荷增速将快于用电量增速。电网在保障电力供应方面将面临更加严峻的挑战。而在应用电动汽车和储能装置参与需求侧管理的情形下，未来全社会最大负荷增速将低于用电量的增速，电网负荷特性将得到改善。

9.1.3　全球能源互联网背景下安徽远景能源电力供需与结构

预测 2020 年、2030 年和 2050 年安徽省一次能源需求总量分别达到 1.50 亿吨标准煤、1.97 亿吨标准煤和 2.29 亿吨标准煤,"十三五"、2020～2030 年和 2030～2050 年年均分别增长 4%、2.8%和 0.7%。未来煤炭和石油占一次能源消费的比例逐步下降,清洁能源(天然气、特高压电力受进、可再生能源和核能、氢能等)比例将不断提高。在规划下,预测未来非化石能源的比例将从 2015 年的 3%提升至 2020 年的 5.5%、2030 年的 9.7%和 2050 年的 35.9%。

2020 年、2030 年和 2050 年安徽省全社会用电量分别达到 2277.6 亿千瓦·时、3703 亿千瓦·时和 5956.7 亿千瓦·时,2015～2020 年、2020～2030 年和 2030～2050 年年均分别增长 6.8%、5.0%和 2.4%。在不进行需求侧管理的情况下,2020 年、2030 年和 2050 年安徽省全社会最大负荷分别达到 4646.8 万千瓦、8158.9 万千瓦和 13878.5 万千瓦,预计"十三五"、2020～2030 年、2030～2050 年年均分别增长 7.2%、5.8%和 2.7%。而在考虑技术进步条件下进行需求侧管理的情形,预计最优条件下在 2020 年、2030 年和 2050 年全社会最大负荷分别为 4087.34 万千瓦、6730.24 万千瓦和 11104.92 万千瓦。

分产业和工业结构看:第二产业能源消费比例稳步下降,2020 年降至 65.7%,2030 年降至 61.4%左右,2050 年进一步降至 43.6%左右;第三产业和居民能源消费比例稳步提高,到 2050 年合计比例超过 50%。电力消费方面,未来工业用电占比将下降到 2020 年的 66.4%、2030 年的 61.3%和 2050 年的 52.3%,而第三产业和生活消费占比将不断提升。

预计未来煤炭消费量将在 2025 年前后出现峰值,而电煤消费占煤炭消费的比例将不断上升。要实现清洁发展的转型,未来风能、太阳能等非化石能源将需要有比较大的增长,同时到 2050 年核电装机也需要有一定的比例。

2030 年安徽省人均用电量和人均生活用电量较 2015 年翻倍,分别达到 6129 千瓦·时/人和 1115 千瓦·时/人,2050 年进一步达到 8545 千瓦·时/人和 2111 千瓦·时/人,达到中等发达国家的省份水平;生活用电占比稳步提高,2020 年达到 16.8%,2030 年达到 18.2%,到 2050 年接近 24.7%。终端以电代煤(重点在工业和居民消费领域)、以电代油(重点在交通领域)的电能替代效果显著。

9.2　政　策　建　议

全球能源互联网实质是"智能电网＋特高压电网＋清洁能源",其中智能电网是基础,特高压电网是关键,清洁能源是根本。基于前面对安徽省经济社会和能源电力的分析，结合全球能源互联网背景下提出的清洁能源替代和电能替代，对安徽省而言，为配合国家全球能源互联网战略的推进，未来应主要重视以下几个方面。

9.2.1　促进主导产业的提升转变，实现经济转型升级

对于安徽省而言，采矿业、制造业是安徽省的支柱产业，应拓宽产业发展路径继续巩固它们作为主导产业的地位，但采矿业处于产业界限边缘，要在注重环保的基础上提高资源利用效率，提高行业产值。

批发零售业是经济发展不可或缺的行业，可通过产业间融合、技术创新、基础设施完善等措施使行业发展重新提振，稳定其应有的发展水平。

对于金融业、租赁和商务服务业等近年来快速发展的行业，由于其结构发展层次较高，可以进一步加大政策支持力度，使其尽快成为全省新的主导产业，支撑经济的转型升级。

同时应在产业适度多元化的基础上，结合安徽省区域发展的优势、劣势、机会和挑战，减少弱势产业，集中发展当前或潜在的优势产业，促使有限的资源产生最大的经济效益，实现产业结构优化调整。从行业发展的角度来看，安徽省当前要在稳步推进采矿业、制造业等行业发展的基础上，大力发展金融业、租赁和商务服务业等行业，通过促进主导产业的提升转变来实现经济转型升级。

未来安徽省应推动产业迈向中高端水平，以期实现农业现代化取得明显进展，先进制造业加快发展，高新技术产业增加值占规模以上工业的比例不断提升，新产业、新业态不断成长，服务业比例稳步上升，形成一批在国内外有重要影响力的战略性新兴产业集聚发展基地。

9.2.2　转变煤炭发展方式，推进能源技术创新，改善能源和电源结构

转变煤炭发展方式，首先，应积极实施煤矿安全改造工程，推进煤炭安全绿色开采。控制煤炭产量，关闭退出资源枯竭、灾害严重、扭亏无望的矿井，加大化解过剩产能力度，放缓续建项目建设进度，稳妥推进资源接续项目的前期工作。其次，实施煤炭清洁高效转化，促进矿区资源综合利用。加快发展芜湖煤炭物流园区，规划建设沿江、沿淮煤炭储配中心。到 2020 年，煤炭入选率达到 97% 以上，电煤占煤炭消费比例达到 60% 以上。再次，有序发展燃煤火电，有效利用两淮地区煤炭资源，科学规划煤电一体化和低热值煤发电项目。在皖中、皖南地区适度布局支撑电源项目。结合城市热网规划、工业园区发展、小锅炉替代等，支持建设热电联产项目。全面实施燃煤电厂超低排放和节能改造。完成 30 万千瓦及以上

燃煤发电机组升级改造任务。到 2020 年，电力装机 8000 万千瓦。最后，目前 IGCC 技术在国内已经开始使用，安徽省可以通过引进 IGCC 技术，提高安徽省传统电力部门的技术效率。

安徽省还需加快发展清洁能源，积极落实"以电代煤，以电代油"的电能替代战略，为清洁能源并网开辟绿色通道。从太阳能未来发展前景看，使用聚光太阳能和光伏光热联合发电等方式会给安徽省太阳能利用带来新的机遇。采用农光互补、渔光互补等多种形式建设地面光伏电站，着力实施光伏扶贫工程，充分利用厂房、公共建筑等屋顶资源发展分布式光伏发电。从风能来看，安徽省总体来说风力资源并不丰富，未来安徽省风力发电的重点也可以侧重于低风速风机的推广和利用。在风力资源条件较好的江淮分水岭、沿江环湖和皖北低山区域加快建设集中式风电项目，推进滁州、安庆百万千瓦级风电基地和宿州、合肥、芜湖、马鞍山、宣城等地 30 万千瓦以上连片风电场建设。因此，安徽省未来太阳能和风能的发展还应该根据技术进步的情况决定，不能盲目扩大规模，造成资源的浪费。从生物质能看，安徽省农林废弃物资源丰富，除了生物质发电，在生物质液体燃料方面有一定的发展空间。但在发展过程中应考虑到资源的能源化利用量和分布情况，避免过度投入和对环境造成不良影响，以及造成后期原材料供应出现问题。LNG 资源利用，推进淮南煤制天然气项目建设，加快页岩气资源普查和重点区块项目建设。加快绩溪、金寨抽水蓄能电站建设，力争开工建设桐城抽水蓄能电站，加快推进宁国抽水蓄能电站前期工作，争取岳西抽水蓄能站址纳入国家选点滚动规划。

另外，推动能源技术创新和能源体制改革十分必要。在积极推进清洁能源替代和电能替代的同时，加快煤电升级改造。未来有望推进 CCS 等技术，尤其是 CCUS 和 IGCC 技术的结合运用。而且，改革能源体制也十分重要，加快形成有效的市场竞争机制，努力构建清洁低碳、安全高效的现代能源体系。

除此之外，还应推进"疆电入皖"工程，这有利于改善安徽省单一的电源结构。未来还要逐步改变重工业和居民能源消费习惯及结构，才能更好地促进节能减排。

9.2.3　加强特高压电网建设，促进电网升级

2000 年以来安徽省的发电量始终高于电力消费量，且二者差距越来越大，使安徽逐渐向电力净输出省份转变。然而，未来安徽省将由电力净输出省份转变为电力净输入省份，远景的电网建设需要作出调整。从全国范围来看，安徽省可再生能源的可开发总量相对较小，全国可再生能源发展的重点可能不在安徽省。因此，在未来跨区域输电中，安徽省可能会是较大的电力输入方。由于风电和太阳

能发电的间歇性，目前很多地区出现了"弃风"和"弃光"现象。随着风电和太阳能发电行业的不断发展，以后风能和太阳能资源丰富的地区将会有更多的富余电力。这些可再生能源具有比较优势的地区的电力输送到其他地区是符合国家整体利益的。对于安徽省来说，在特高压受进方面，未来可能会有所增加。而且随着未来安徽省及其各行业能源消费和电力消费的增加，未来安徽省发电量将不足以满足本省的用电需求，需要通过特高压从省外调电。此外，安徽省处在中国能源资源集中区域与用电核心区域的中间，应继续发挥自身的地理位置优势，加强境内特高压工程建设，发挥特高压工程在电力资源优化配置中的作用，保障特高压输配电线路的顺利建成和稳定运营。因此，加强特高压的建设，一方面能够保障安徽省内供电的稳定性和可靠性；另一方面还能对华东地区乃至全国甚至将来的全球能源互联网建设发挥重要作用。

首先，安徽省应该完善特高压及 500 千伏电网主网架，加强皖中和皖南受电平台建设，提高电网供电可靠性，续建淮南—南京—上海交流输电工程（安徽段）、新建淮东—皖南直流输电工程（安徽段）。一方面，在全球能源互联网的推动下，"皖电东送"工程对于促进安徽省电力外送，变输煤为输电，加快电力替代，促进跨省互联、洲内互联等方面将会发挥更加重要的作用。另一方面，推进"疆电入皖"工程，有利于未来改善安徽省单一的电源结构，保障电力可靠供应，拉动经济增长，对提高安徽省非水可再生能源的消纳比例有着重要意义。其次，推进地区网架结构升级，加快枢纽变电站建设，构建 220 千伏环网结构。最后，还应适应电能替代、光伏扶贫、充电基础设施建设的要求，实施配电网建设改造行动计划。到 2020 年，基本实现每个城市拥有一座 500 千伏及以上变电站，每个县拥有一座 220 千伏及以上变电站，每个乡镇拥有一座 35 千伏及以上变电站。

9.2.4　推动储能技术和电动汽车的发展，加强应对和改变负荷变化

随着产业结构的变化，安徽省电网的整体负荷率将随着时间的增长呈现出恶化的趋势。同时，由于电力需求的上升，全社会最大负荷也将快速上升。电网的最大负荷其实只是满足少数时间高峰负荷的需要，其实大部分时间都处于闲置状态，这将给电网建设带来巨大的成本浪费。同时，在全球能源互联网以及清洁发展的大背景下，未来可再生能源的比例将有很大的提升。但可再生能源由于具有间歇性和波动性，会对电网造成很大的冲击。这就需要在电源技术、电网技术和储能技术方面全面推动技术创新。为了应对安徽省未来电网负荷率下降和全社会最大负荷上升所带来的挑战，应用储能技术以及电动汽车参与需求侧管理，可以有效地提升电网负荷率，并有效降低远景全社会最大负荷水平，提升电网的稳定性并实现充分的调峰，减少高峰负荷及对应的电网投资和电源投资。

　　基于目前的电池成本和对未来技术进步的预测，储能系统具有应用潜力的领域包括：第一，电力套利，即在电价低时储电，在电价高时由储能系统供电，未来随着电池成本的进一步下降，储能投资的可行区域将进一步扩大；第二，"分布式光伏发电＋储能系统"，目前对于分布式光伏发电采用的是"自发自用，余电上网"的原则，余电的上网电价采用的是当地脱硫火电的标杆上网电价，在这种情况下，只要峰期电价与上网电价的差值高于储能成本，进行储能投资就是有利可图的；第三，储能系统在可再生能源发电企业中的应用，由于电网的接纳能力有限，很多地区出现了大面积"弃风弃光"的现象，如果将"弃风弃光"损失的这部分电力进行储存，充电成本可视为接近于零，只要上网电价高于储能成本，可再生能源发电企业进行储能投资就是可行的，按目前储能技术的进步率来估算，在 5 年内储能技术即可实现在可再生能源发电企业中的广泛应用；第四，"储能＋可再生能源"独立微电网模式，2014 年全国平均的销售电价为 0.647 元/(千瓦·时)，只要微电网的成本能低于这个数，那么其在经济上就是可行的，即能够对传统的电力系统进行替代，根据不同情景下光伏发电技术与储能技术的进步率来估算，最迟到 2025 年，"光伏＋储能"独立微电网模式的供电成本将低于传统的电力供给模式。根据安徽电网的实际情况，储能的应用将有很大的空间。在最优状态下，利用储能系统可以使电网的高峰负荷降低 18.5%。随着高峰负荷的下降，所需要的储能装机规模是边际递增的。安徽省储能应用最多可以带来 40.67 亿元/年的社会福利增量。安徽省应推进储能系统在可再生能源发电企业中的应用，在上网电价的基础上设置一个储能补贴价格，使储能投资有利可图，最终就有可能形成电网与电源企业双赢的结果。还应降低储能系统的入网障碍，允许储能作为电源参与到供电服务中，并对储能提供的调峰调频服务等进行补偿。同时可以制定更加灵活的电价政策，鼓励通过电力套利等方式充分发挥储能调峰的功能。在未来的政策制定上，应该充分考虑储能在消纳可再生能源以及提升电网稳定性等方面的正外部性，设计合理的储能价格补偿机制和市场准入机制，同时应该对储能技术从研发到应用进行扶持。

　　而未来电动汽车能够参与到智能电网的需求侧管理中，其主要在夜间参与调峰，能够有效地改变电网的负荷特性，提升电网的运行效率。但电动汽车的发展需要电网企业研究如何制定更为灵活的电力定价策略，以吸引电动汽车参与到需求侧管理中，还需要政府在政策制定时对电动汽车参与需求侧管理给予更多的政策支持。另外，还要推进储能技术与电动汽车的结合以推动更多人使用电动汽车。如果仅考虑汽车的能源成本和储能成本，在每单位的电力存储成本低于 1.697 元/(千瓦·时)的情况下，电动汽车在使用成本上已经能替代汽油车了，而如果单位电力存储成本低于 0.814 元/(千瓦·时)，电动汽车就开始可以替代柴油车。可以说，制约电动汽车发展的不再是成本，而是汽车的续航能力。只要充电基础设施得到完善，续航能力的约束将大大减弱。目前我国正加快对充电基础设施的投入，到2020 年将基本建成能满足超过 500 万辆电动汽车的充电需求的充电基础设施体系，这将大大地推动电动汽车的普及率。

9.2.5　加强智能电网建设

未来安徽省的电力供给将依赖于互联互通、坚强智能的电力网络。近年来居民生活和服务业用电比例的增加给全球能源互联网带来较高的调峰要求，可再生能源的不稳定性也造成了可再生能源的大幅利用，而且随着全球能源互联网的发展，不同省份之间由于经济发展阶段和资源禀赋的不同存在着远距离调剂电力余缺的需要。因此，需要加强智能电网建设。

首先，推动电网运行控制和调度系统的智能化水平不断提升。智能电网需要融合先进的信息通信技术、优化控制方法、电力电子技术，同时需要电力市场理论的支撑。这就需要电网观测从稳态到动态，电网分析从离线到实时在线，还要能够实现整体的宏观控制。

其次，智能电网下用户与电网的互动加强。随着分布式等技术的发展，用户对于发电及用电的自主性和选择性将会得到加强。用户会逐渐成为电网运行与操作的主体之一。

再次，智能电网的发展要求电力网络向智能能源信息一体化基础设施的方向扩展。各类智能终端、新型用电设备的大量接入，要求电网能够成为包含能源与信息综合流动的智能电力系统。

最后，智能电网的泛在性将越来越凸显。利用智能电网庞大的用户基础，能够以电网用户为中心，不断融合新的网络与应用，使电网形成服务社会公众的基础设施泛在网络。